Stephanie Jentgens

# Das Fragment in der Kinder- und Jugendliteratur

Am Beispiel diaristischer Texte

**PETER LANG**

Berlin · Bruxelles · Chennai · Lausanne · New York · Oxford

**Bibliografische Information der Deutschen Nationalbibliothek**
Die Deutsche Nationalbibliothek verzeichnet diese Publikation
in der Deutschen Nationalbibliografie; detaillierte bibliografische
Daten sind im Internet über http://dnb.dnb.de abrufbar.

Umschlagabbildung:
© Jentgens 2023

ISSN 1435-4721
ISBN 978-3-631-91963-7 (Print)
E-ISBN 978-3-631-91964-4 (E-PDF)
E-ISBN 978-3-631-91965-1 (EPUB)
DOI 10.3726/b21882

© 2024 Peter Lang Group AG, Lausanne
Verlegt durch: Peter Lang GmbH, Berlin, Deutschland

info@peterlang.com - http://www.peterlang.com/

Alle Rechte vorbehalten.
Das Werk einschließlich aller seiner Teile ist urheberrechtlich
geschützt. Jede Verwertung außerhalb der engen Grenzen des
Urheberrechtsgesetzes ist ohne Zustimmung des Verlages
unzulässig und strafbar. Das gilt insbesondere für
Vervielfältigungen, Übersetzungen, Mikroverfilmungen und die
Einspeicherung und Verarbeitung in elektronischen Systemen.

Das Fragment in der Kinder- und Jugendliteratur

KINDER- UND JUGENDKULTUR, -LITERATUR
UND -MEDIEN
THEORIE – GESCHICHTE – DIDAKTIK

Herausgegeben von Hans-Heino Ewers,
Gabriele von Glasenapp und Michael Staiger

BAND 130

Berlin · Bruxelles · Chennai · Lausanne · New York · Oxford

*Für Jakob und Moritz – unsere Fragmente aus der Zukunft*

# Danksagung

Mein Dank gilt Michael und Alexandra Ritter, Nadine Naugk, Stefanie Granzow, Annegret Montag sowie Michael Pollmann für die wertvollen Rückmeldungen zum Manuskript, Menno Metselaar vom Anne Frank Haus in Amsterdam für die Öffnung des Archivs und Barbara Eldridge vom Anne Frank Fonds Basel für die Unterstützung bei der Bildersuche. Katharina Ritter danke ich für die Bildbearbeitung, Sabine Sadžakov für die Hilfe bei der Coverillustration und Francesco Marzano für seine Performance.

# Inhaltsverzeichnis

1. Fragmentierung eines Tagebuchs .................................................. 13

2. Einleitung: Der Blick zurück und nach vorn ........................... 17

3. Das Fragment als Forschungsgegenstand ................................. 23
   3.1 Definitionen ................................................................................ 23
   3.2 Historie des Fragments ............................................................ 25
   3.3 Forschungsstand und Typologisierung ................................. 41
   3.4 Eingrenzung des Forschungsgegenstandes .......................... 50
   3.5 Forschungsmethodik und -fragen .......................................... 52

4. Diaristische Fragmente ................................................................... 57
   4.1 Diaristische Aufzeichnungen und das Tagebuch ................ 57
   4.2 Zeit und Ich im Tagebuch ....................................................... 61
   4.3 Die Funktionen des Tagebuchs .............................................. 63
   4.4 Tagebuch und Fragment .......................................................... 64
   4.5 Einordnung der ausgewählten Texte im Genre Tagebuch ... 66
   4.6 Diaristischer Fragmentarismus und konstruierte Identitäten ................................................................................... 69

5. Entstehungs- und überlieferungsgeschichtliches Fragment: Die Tagebücher der Anne Frank ................................ 71
   5.1 Eine Begegnung mit dem Original ........................................ 71
   5.2 Biographische Hintergründe, Objektbiographie und Inhaltsübersicht ......................................................................... 72
   5.3 Privates Dokument oder öffentliche Literatur .................... 85

- 5.4 Ein entstehungsgeschichtliches Fragment .................. 88
- 5.5 Ein überlieferungsgeschichtliches Fragment ................ 89
- 5.6 Materialitätsanalyse ................................................ 92
- 5.7 Textanalyse – Fragmentierung auf personaler, sozialer und politischer Ebene .............................................. 102
- 5.8 Funktionen der Tagebücher von Anne Frank ............. 110
- 5.9 Das Fragment als ambivalentes Artefakt ................... 112

## 6. Die Fragment-Fiktion: Davide Morosinottos *Verloren in Eis und Schnee* .................. 115

- 6.1 Biographische Hintergründe und Überblick über das Werk ................................................................. 116
- 6.2 Ein Buch aus vielen Händen ...................................... 118
- 6.3 Die paratextuelle und die materielle Dimension ....... 119
- 6.4 Charakterisierung des Romans .................................. 126
- 6.5 Das fragmentierte Objekt als Motiv und erste Hinweise auf eine Fragment-Fiktion ....................................... 129
- 6.6 Der Roman als Fragment-Fiktion ............................... 131
- 6.7 Fragment-Fiktion und Heldengeschichte ................... 149

## 7. Der fragmentarische Stil: Nils Mohls *An die, die wir nicht werden wollen* .................. 153

- 7.1 Biographische Hintergründe und Objektbiographie ............. 153
- 7.2 Die paratextuelle und die materielle Dimension ....... 157
- 7.3 Charakterisierung von *An die, die wir nicht werden wollen* ................................................................. 160
- 7.4 Hinweise auf einen fragmentarischen Stil ................. 169
- 7.5 Literarische Selbstzuschreibung: „Fragmente meiner Autobiografie als Seefahrer" ...................................... 177
- 7.6 Fragment und fraktale Identität ................................. 184

8. Funktionen des Fragmentarischen in der Kinder- und
Jugendliteratur – Resümee und Ausblick .................. 187
   8.1 Identitätskonstruktion und Fragmentierung .................. 187
   8.2 Fragment und Erinnerungskultur .................. 189
   8.3 Das Fragment aus der Zukunft .................. 192
   8.4 Forschungsausblick .................. 194

9. Literatur- und Abbildungsverzeichnis .................. 197

# 1. Fragmentierung eines Tagebuchs

Abb. 1: Francesco Marzano, Foto: Jentgens, Essen 2023

Francesco Marzano[1] sitzt am 30. Juni 2023 auf einem Barhocker im Folkwang Museum in Essen. Er liest auf Italienisch aus einem seiner Tagebücher vor. Immer wenn er eine Seite beendet hat, reißt er diese aus dem Tagebuch heraus, zerknüllt das Blatt und wirft es zu Boden. Er ist Teil einer Ausstellung unter dem Titel *54 Hours Performances*, bei der Studierende die Ergebnisse ihrer Arbeit aus einem Workshop der Künstlerin Marina Abramović vorstellen. In einem kommentierenden Text zu dem Beitrag von Marzano ist zu lesen:

> Ich bin von Erinnerungen besessen. Permanent dokumentiere ich Erlebnisse und sammle Materialien, um meine Erinnerungen nicht entfliehen zu lassen. Ich hänge an der Vergangenheit fest und das hindert mich daran, den

---

1 Geboren 1992 in Bari.

gegenwärtigen Moment auszuleben. Um ein neues Kapitel aufzuschlagen, lese ich alle meine Tagebücher der letzten zehn Jahre laut vor, die ich seit dem Schreiben nicht mehr gelesen habe. Ich zerreiße sie Seite für Seite und zerknülle sie. Auf ihnen stehen meine persönlichsten Sehnsüchte und Ängste geschrieben, aber auch banale Szenen des alltäglichen Lebens. Sie werden ein letztes Mal heraufbeschworen. (Marzano 2023)

Er nennt seine Performance *Tabula Rasa. Diary Pieces.*

Als Museumsbesucherin spüre ich die Ambivalenz dieses Aktes der Zerstörung, in dem zugleich der Blick zurück und der Blick nach vorn eingefangen ist. Am Ende des Museumstages liegen auf der einen Seite des Barhockers die zerknüllten Seiten und die leeren Tagebuch-Umschläge auf dem Boden verstreut. Auf der anderen Seite des Hockers harren vierzehn weitere Hefte oder Bücher des Leseaktes und der anschließenden Fragmentierung, denn die Performance wird noch weitere acht Tage fortgesetzt werden. In der Gegenwart des Lese-Momentes erfährt das Tagebuch eine Transformation: Es wird Klang und Teil einer Kommunikation zwischen Marzano und den auf einer Bank ausharrenden Besucher:innen. Durch das mir nur in einzelnen Wörtern verständliche Italienisch und die auf Englisch eingeblendeten, computergenerierten Untertitel entsteht für mich ein Verfremdungseffekt. Meine Wahrnehmung des Originals ist angesichts der sprachlichen Hürde nur bruchstückhaft. Ich begreife, dass Marzano von seiner Familie, von Treffen mit Freund:innen und dem gemeinsamen Anschauen von Filmen erzählt. Ich nehme also einen Ausschnitt aus seinen Erinnerungen auf und trage sie mit mir aus dem Museum hinaus. Es bleibt auch eine Erinnerungsspur an den Klang der Wörter und das optische Bild von Marzano, der ganz in Schwarz gekleidet ist. Ob dieser Kleidungsstil existentialistisch oder als Ausdruck der Trauer um seine Tagebücher zu deuten ist, bleibt offen.

Hier wird ein absichtlicher Fragmentierungsvorgang als Auseinandersetzung mit einer individuellen Lebensproblematik ausgeführt und zugleich als Angebot zum Wahrnehmen, Reflektieren, Kommunizieren und Erinnern gemacht. Die Performance zeigt das Tagebuch als Hort der Erinnerungen, die losgelassen werden müssen. Das Loslassen ist allerdings ein in die Zukunft gewandtes Projekt, um sich auf die Gegenwart neu einlassen zu können. So wird der Fragmentierungsprozess des Tagebuchs selbst zu einem Moment einer neuen bewussten Identitätskonstruktion. Zugleich entsteht in den Museumsbesucher:innen, die sich auf die Performance einlassen, eine eigene neue Erinnerungsspur.

Meine Begegnung mit dieser Performance stand am Ende eines zweijährigen Forschungsprojektes über das Fragment und Fragmentierungsprozesse. Es war für mich also ein glücklicher Zufall. Marzanos Performance berührte noch einmal die unterschiedlichen Aspekte, die in meinem Schreibprozess ins Zentrum gerückt waren: Reflexionen über den Zusammenhang von Fragmentierungsprozessen und Tagebuch, Erinnerung sowie das Konstruieren von Identität. Das Ergebnis lege ich nun in diesem Buch vor.

## 2. Einleitung: Der Blick zurück und nach vorn

Fragmentierungserfahrungen sind im menschlichen Leben allgegenwärtig: das fehlende Puzzleteil, das verblassende Polaroid-Foto, die bröckelnde Hausfassade, die öden Senken, die der Braunkohletagebau hinterlässt, oder die Schneise der Holzfäller, die den Regenwald zerstückelt. Mal ist es der langsam zersetzende Zahn der Zeit, mal ein Unfall oder Zufall, oftmals sind es die Menschen selbst, die Fragmentierungsprozesse durch zerstörerische oder kriegerische Handlungen bewirken. Das Fragmentarische hat aber auch eine andere Seite, die aufscheint, wenn wir eine Burgruine sehen oder die Überreste eines antiken Mosaiks. Es löst Gedanken darüber aus, wie die Burg oder das Mosaik aussahen, bevor sie zerfielen, wie der in Bruchstücken überlieferte Text wohl fortgesetzt werden sollte oder werden könnte. Es ist die ambivalente Anmutung des Fragments, das einerseits Trauer über die Fragilität der Existenz und andererseits eine kreative Spannung, einen Schaffens- und Erfindungsdrang auslösen kann.

Fragmentierung ist eine grundlegende Erfahrung allen Lebens, insofern sollte die Auseinandersetzung mit diesem Phänomen ein lebenslanger Prozess sein. So liegt der Gedanke nahe, dies müsse sich entsprechend auch in der Kinder- und Jugendliteratur niederschlagen – und zwar nicht nur auf einer thematischen Ebene, also in der Behandlung von naheliegenden Themen wie Krieg oder Tod, sondern ebenso in materieller und formal-ästhetischer Qualität. Dies ist die Hypothese, auf der die vorliegende Studie basiert. Sie kann an zahlreiche literaturwissenschaftliche Beiträge anknüpfen, die sich mit dem Fragment in der Literatur auseinandergesetzt haben.

Einer der ersten Schritte dieser Untersuchung bestand darin, nach Beispielen in der Kinder- und Jugendliteratur zu fahnden, die selbst Fragmente sind, sich als Fragment bezeichnen oder das Fragment zu einem zentralen Motiv machen. Hinweise auf fragmentarisch überlieferte Beispiele der frühen Kinder- und Jugendliteratur finden sich im *Handbuch zur Kinder- und Jugendliteratur von 1570–1750* (vgl. Brüggemann 1991: 1615). Auch gibt es Texte, die die Bezeichnung „Fragment" schon im Titel tragen. Hier wären Friedrich Spachs *Fragmente aus der Brieftasche eines*

*Weltbürgers* zu nennen, eine Publikation *Für Jünglinge*, die er 1791 veröffentlichte (vgl. Brüggemann 1982: 1532). Darin enthalten sind Exzerpte aus Texten berühmter Männer wie Immanuel Kant, Christoph Martin Wieland, Christian Fürchtegott Gellert und Heinrich von Kleist. Heute würden diese Texte wohl eher als Auszüge denn als Fragmente bezeichnet werden. Exempel für fragmentarische kinder- und jugendliterarische Texte aus jüngerer Zeit, die aufgrund des Todes der Schreibenden nicht beendet wurden, sind Michael Endes Aufzeichnungen zu *Rodrigo Raubein und Knirps, sein Knappe* (2019) oder Siobhan Dowds unvollendetes Skript zu *Sieben Minuten nach Mitternacht* (2011).[2] Schon diese ersten Beispiele verweisen auf sehr unterschiedliche Verwendungen des Fragment-Begriffs. Es ist nicht nur das teilweise verloren gegangene oder zerstörte Artefakt, sondern auch das nicht beendete Werk. Typologisch wird hier das *überlieferungsgeschichtliche* von dem *entstehungsgeschichtlichen* Fragment unterschieden. Während das eine im Prozess der Überlieferung fragmentiert wurde, konnte das andere nicht vollendet werden. Bei Spach (1791, s. o.) wiederum bezeichnet das Fragment eine *Editionspraxis*, er verwendet den Begriff für Textauszüge. Ein weiterer Typus des Fragments ist das *konzeptionelle* Fragment, also Artefakte, bei denen der Fragment-Status bewusst herbeigeführt oder simuliert wurde.

Die unterschiedlichen Typen des Fragments sollen auch in der vorliegenden Untersuchung abgebildet werden, wobei Fragmentierung als Editionspraxis nur am Rande eine Rolle spielen wird. Ausgewählt wurden drei Exempel der Kinder- und Jugendliteratur: Die *Tagebücher der Anne Frank* (1942–1944), die sowohl entstehungs- also auch überlieferungsgeschichtlich fragmentiert wurden. Als Beispiele für das konzeptionelle Fragment dienen *Verloren in Eis und Schnee* (2018), ein Jugendroman von Davide Morosinotto, in dem er die Fiktion fragmentarisch überlieferter Texte entwickelt, und Nils Mohls Buch *An die, die wir nicht werden wollen* (2022), in dem er das Fragmentarische zum stilistischen Prinzip erhebt.

---

2 Michael Endes Fragment wurde von Wieland Freund fortgeführt und unter dem Titel *Rodrigo Raubein und Knirps, sein Knappe* 2019 bei Thienemann veröffentlicht. Patrick Ness führte eine Geschichte von Siobhan Dowd zu Ende, die unter dem Titel *A monster calls* (deutsch: *Sieben Minuten nach Mitternacht*) 2011 bei Walker Books erschien.

Alle drei Beispiele tragen diaristische Züge. Hierdurch wurde nicht nur die Vergleichsmöglichkeit verbessert, es reduziert auch die theoretischen Erörterungen zu den zu betrachtenden Genres auf ein überschaubares Maß und ermöglicht eine stärkere Kohärenz in der Darstellung. Mit der Entscheidung für diaristische Texte rückte eine Forschungsperspektive in den Blick, die sich mit dem kulturanthropologischen Verständnis des Fragments verbinden lässt: Das Tagebuch ist in der Moderne ein Ort der Selbst-Suche (vgl. Runschke 2020: 37 f.), insbesondere das Jugend-Tagebuch – gleich ob faktual oder fiktional – dient der Identitätskonstruktion. Wird diese Funktion unter dem Fokus von Fragmentierungsprozessen betrachtet, ergibt sich ein Spannungsfeld, das gegebenenfalls neue Perspektiven für die Kinder- und Jugendliteratur eröffnet. Eine erste Folgerung wäre etwa, dass diaristische Fragmente vermutlich die Persönlichkeitsbildung als ein nicht abschließbares Projekt darstellen, sondern einen von Brüchen und Abbrüchen gezeichneten Prozess zeigen. Die Bildungsfunktion solcher Beispiele läge eher in der Entwicklung von Ambiguitätstoleranz als in der Konstruktion einer festen Vorstellung von sich selbst.

Besonders inspirierend für die Verbindung von Fragment und Identitätskonzeption war die Arbeit von Karin Gerig (2000), die dies am Beispiel der Autobiographien von drei Autorinnen untersucht hat. Ihre Analyse folgt der These, dass der Glaube an einen im Menschen angelegten Wesenskern in der Postmoderne verlorenging und somit Fragmentarität „ins Rampenlicht gerückt" sei (Gerig 2000: 10). Hieraus ergab sich für die vorliegende Studie die Frage, ob sich entsprechende Identitätskonzepte in den Beispielen der Jugendliteratur wiederfinden lassen. Zu dieser Fokussierung der Identitätskonzepte in den drei Texten gesellt sich eine kulturanthropologische Fragestellung: Welche existentiellen Aussagen werden über das einzelne Subjekt hinausgehend durch den Fragment-Status oder die dargestellten Fragmentierungsprozesse über den Menschen gemacht? Hierbei spielt die Doppeldeutigkeit des Fragments eine wichtige Rolle: Einerseits ist da das Fragment aus der Vergangenheit, das den Verlust anzeigt, und andererseits das Fragment aus der Zukunft, das einen hoffnungsvollen Neubeginn andeutet. Beide Blickrichtungen sind für die Entwicklung des menschlichen Individuums von Bedeutung: beginnend mit dem Abschied aus der symbiotischen Existenz des Embryos über das Ende der Kindheit bis zum Tod, wobei jeder Schritt einen Neuanfang auslöst und immer nur ein vorläufiges Stadium beschreibt – je nach Sichtweise trifft das auch auf den Tod zu.

Der Blick zurück und nach vorn ist in dieser Untersuchung aus unterschiedlichen Perspektiven relevant. Alle drei Texte sind Teil der Erinnerungskultur bzw. zeigen Prozesse des Erinnerns, also des Zurückblickens. Dies ist durchaus typisch für die Kinder- und Jugendliteratur, für die das Erinnern häufig konstitutiv ist (vgl. Gansel 2014). Jedes Erinnern ist fragmentarisch. Es zeigt immer nur Auszüge, aufblitzende Momente und Bruchstücke einer vergangenen Erfahrung, insofern muss die Verbindung zum Fragment nicht künstlich konstruiert werden, sondern ist dem Erinnerungsdokument inhärent. Anne Franks Tagebücher sind Teil einer kollektiven Erinnerungskultur geworden. Sie zeigen Momentaufnahmen jüdischen Lebens in den Niederlanden während der deutschen Besatzung. Davide Morosinotto entwirft fingierte Gedächtnisliteratur. Die Aufzeichnungen der beiden jugendlichen Hauptfiguren vermitteln mehrperspektivische Eindrücke von zeitgeschichtlichen Geschehnissen während des Zweiten Weltkriegs. Sie sind ein literarischer Beitrag zum kulturellen Gedächtnis. Mohls Text ist dagegen eher zu verstehen als ein Erinnerungstext, in dem das Erinnern selbst thematisiert wird. Das Erinnern ist in allen drei Texten aber auch ein in Richtung Zukunft gewandter Vorgang. Frank denkt über eine Zukunft außerhalb des Verstecks in der Prinsengracht und über mögliche berufliche Perspektiven nach. Mohls Text dokumentiert ein Nachdenken über Lebensperspektiven am Ende der Schulzeit. Morosinottos Buch kann als ein Anti-Kriegsbuch gelesen werden und es fragt nach Identitätsbildung in chaotischen Zeiten; insofern ist auch dies ein Beitrag zur Gegenwarts- und Zukunftsgestaltung. Der utopische Gehalt der drei Fragment-Beispiele wird also ebenso Gegenstand der Untersuchung sein wie ihr Potenzial im Sinne einer Kultur des Erinnerns.

Der vorliegende Band ist Teil einer größeren Forschungsarbeit zum „Unfertigen in der Kinder- und Jugendliteratur". Abbrüche, Unvollendetes, die Erfahrung des noch nicht Fertig-Seins oder des Nicht-mehr-Fertigen sind anthropologische Konstanten angesichts der Prozesshaftigkeit von Leben. Aufgrund der Bedeutsamkeit dieser Erfahrung war davon auszugehen, dass das Unfertige auch in der Kinder- und Jugendliteratur eine Rolle spielt. Eine Leitfrage des Forschungsvorhabens ist, inwieweit das Unfertige vor allem auf der Ebene des *discours* in der Kinder- und Jugendliteratur umgesetzt würde und ob sich hierfür überhaupt Beispiele finden lassen. Schnell kristallisierte sich eine Konzentration auf das Essayistische und das Fragmentarische heraus. Denn sowohl dem Essay – im Sinne Montaignes – als auch dem Fragment haftet das Unfertige an. So entstand zunächst das Buch *Essayistisches Schreiben in der Kinder- und Jugendliteratur* (Jentgens 2021). Hierin wird ein Schreibmodus für die Kinder- und Jugendliteratur nachgewiesen, bei dem von vornherein den Schreibenden bewusst ist, dass sie ihren Gegenstand nicht zur Gänze behandeln können. Das Unfertige ist hierfür also konstitutiv. Während in jenem Buch ein Schreibmodus und ein spezifisch essayistisches Bildungskonzept vorgestellt wurden, geht es in dem vorliegenden Band um die fragmentarische Materialität der untersuchten Artefakte sowie um die Verbindung des Unfertigen mit Fragen der Identitätsbildung.

Zur Vorbereitung der Analyse der einzelnen Beispiele werden zunächst die Geschichte des Fragments, seine Definition und verschiedene Typologien aus der Forschungsliteratur vorgestellt, um dann die Forschungsfragen zu erläutern, den Gegenstand einzugrenzen und die Forschungsmethodik zu begründen. Es folgt ein weiteres Theorie-Kapitel, in dem die Grundlagen für die Beschäftigung mit dem diaristischen Fragment ausgearbeitet sind. Die drei Beispiel-Analysen verknüpfen jeweils eine Materialitätsanalyse mit einem narratologischen Analyseverfahren. Anhand der Texte von Anne Frank, Davide Morosinotto und Nils Mohl werden – entsprechend der vorher dargelegten Typologisierung – die unterschiedlichen Fragment-Typen exemplarisch vorgestellt. Das Schlusskapitel resümiert die Ergebnisse unter den Aspekten von Fragment und Identitätskonstruktion, Fragment und Erinnerungskultur und dem utopischen Gehalt des Fragments. Abschließend wird ein Ausblick auf Forschungsdesiderate gegeben.

# 3. Das Fragment als Forschungsgegenstand

## 3.1 Definitionen

Das Fragment ist ein „Aufbruchssignal der Moderne" (Fetscher 2001: 551), ein „Verfahrensprinzip moderner Dichtung" (ebd.: 576), eine „ästhetische Idee" (ebd.: 551), „eine versuchshafte theoretische Generalisierung" (ebd.: 564), die Bezeichnung eines „dichterischen Genres" (ebd.: 557). All diese Charakterisierungen, die nicht gerade auf eine einheitlich zu treffende Definition hindeuten, sind in ein und demselben Artikel im Lexikon der *Ästhetischen Grundbegriffe* zu finden. Johannes Weiß spricht in seinem Schlusskapitel über *Das frühromantische Fragment* gar davon, dass sich „[...] das Fragment als ‚formlose Form' einer prägnanten Gattungsdefinition entzieht [...]" (Weiß 2015: 195). Eine einheitliche Begriffsbestimmung gestaltet sich offenbar schwierig; ob es sich überhaupt um eine Gattung handelt, ist ebenfalls fraglich.[3] Die Auslegungen des Fragments und die Anwendungszusammenhänge des Fragmentarischen haben sich über Jahrhunderte immer wieder gewandelt.

Die etymologische Herleitung des Begriffs Fragment verweist auf die lateinische Herkunft des Wortstamms von „fragmen, inis u. -mentum, i, n. (frango) Bruchstück, Stück, Splitter; pl. Trümmer" (*Der kleine Stowasser* 1971: 223). Das Fragment wäre also etwas, das Teil eines Ganzen war oder sein wird, das nicht mehr – als Bruchstück, Splitter oder Trümmer – oder noch nicht ist – im Sinne eines Stücks von etwas, das im Entstehen ist oder war. Beide Deutungsrichtungen, die in die Vergangenheit und auch die in die Zukunft gerichtete, lassen sich in der Literatur über das Fragment wiederfinden. So deutet Dieter Burdorf (2020) das Fragment als Zeichen der *Zerbrechlichkeit* – so der Titel seines Buchs über das Fragment –, womit er den Blick auf das vergangene, zerstörte Ganze richtet. Dazu passt auch, dass das Substantiv „fragmentum" auf das Verb „frangere" zurückgeht, was wiederum „brechen" bedeutet (vgl. Kluge 1995: 282). Man könnte

---

3 So wird es weder in *Kleine literarische Formen der Literatur* (Stuttgart: Reclam 2008) noch in *Formen der Literatur in Einzeldarstellungen*, hrsg. von Otto Knörrich (Stuttgart: Alfred Kröner Verlag 1981), besprochen.

also annehmen, dass das Fragment aus einem Akt der Zerstörung, des Zerstückelns oder Brechens, entsteht, was zumindest eine der Bedeutungsebenen des Fragments zu sein scheint. Die andere, in die Zukunft gerichtete Deutung, die eher das schöpferische Potenzial des Fragments in den Blick rückt, findet sich in der Literatur der Frühromantik. Von Autoren wie Friedrich Schlegel oder Novalis wird der Begriff „Fragment" bewusst gewählt „[…] wegen der sich in ihm andeutenden Ausrichtung auf ein in seiner Fülle nicht fassbares Ganzes […]" (Weiß 2015: 144). Absicht der Fragment-Sammlungen (*Athenäums-Fragmente*, *Blüthenstaub*) der Frühromantik sei es, so Weiß,

> […] durch die wirkungsvolle Präsentation der individuellen Einfälle auch das Denken des Lesers anzuregen und in ihm – wie die vor allem im *Blüthenstaub* häufig gebrauchte Metapher des Samens suggeriert – den Keim des Neuen zu pflanzen. (ebd.: 145)

Das Fragment ist demzufolge einerseits das zerstörte Vergangene und andererseits ein Bruchstück eines möglichen Zukünftigen.

Abb. 2: Alltagsfragment, Foto: Jentgens 2023

Allgemein kann der Begriff Fragment als „Oberbegriff für alle unvollständigen Werke" (Burdorf 2020: 7) verwendet werden. Damit ist das Fragment nicht allein ein Phänomen der Literatur, sondern z. B. auch der Architektur (Ruine), der Bildenden Kunst (Torso) oder der Musik (unvollständig überlieferte Werke). In unserem Alltag begegnen uns ebenfalls zahlreiche Fragmente. Das Fragmentarische zeigt sich hier an Dingen, die nicht als Werk aufgefasst werden können, wenn unter einem Werk das Ergebnis einer künstlerischen Tätigkeit zu verstehen ist. Bezieht man die Alltagsfragmente ein, sollte in der allgemeinen Definition, die Burdorf formuliert, der Begriff des „Werks" gestrichen werden. Verkürzt heißt dies: Das Fragment ist etwas Unvollständiges. Das ist gewissermaßen der kleinste gemeinsame Nenner einer begrifflichen Annäherung an das Fragment.

Als etwas Unvollständiges wirft das Fragment zugleich immer die Frage nach dem Ganzen auf – der Torso als Teil eines Körpers, der angerissene Zettel auf der Straße als Überrest eines Strafzettels (s. Abb. 2) oder das Romanfragment als Verweis auf eine noch nicht auserzählte Geschichte. So lässt sich festhalten: „[D]as Fragment, ob es sich von der Totalität abstößt oder auf sie integrativ bezieht, ist von ihr unabhängig nicht zu denken" (Dällenbach, Nibbrig 1984: 14).

Im Zentrum der folgenden Überlegungen steht das Fragment in der Literatur. Hierzu soll zunächst ein historischer Überblick gegeben werden, wobei aufgrund kulturhistorischer Verknüpfungen auch andere Künste punktuell einbezogen werden.

## 3.2 Historie des Fragments

> Erst die humanistische Philologie überträgt angesichts der prekären Überlieferungslage die antike Vokabel ‚fragmentum', die bisher Restbestände und Absplitterungen von Material, etwa Brot, Stein oder Holz bezeichnet hatte, auf unvollständig überlieferte Texte. (Fetscher 2001: 555[4])

Bereits im 14. Jahrhundert wandten sich humanistische Gelehrte, wie der Dichter Francesco Petrarca (1304–1374), dem Studium der antiken Schriften zu. In Kloster-Archiven in ganz Europa wurden antike Texte

---

[4] Als Referenz wird hier der Text von Ernst Zinn: *Fragment über Fragmente* (1959) angegeben.

aufgespürt, übersetzt und als Modell eigener Dichtungen genutzt. Bei der Suche stießen die Gelehrten immer wieder auf bruchstückhafte Überlieferungen. In diesem Kontext entstand das Interesse am Fragment. Es war Teil der archäologischen Spurensuche nach einer als modellhaft begriffenen Kultur, von der man sich Impulse für eine Erneuerung der eigenen Kultur erhoffte. Die Rezeption der antiken Fragmente ist im 16. und auch noch über die Renaissance hinaus bis ins 17. Jahrhundert vor allem bestimmt durch Sammlungen, Übersetzungen, Nachdichtungen und Supplement-Literatur, also Versuche, die fragmentarischen Überlieferungen zu ergänzen und zu vervollständigen.

Parallel zu dem philologischen Interesse entsteht in der Kunst über die Auseinandersetzung mit den antiken, fragmentarisch überlieferten Bildern und Skulpturen die Ästhetik des Non-Finito. Bis heute wird die Geschichte kolportiert, Michelangelo Buonarotti (1475–1564) habe den Auftrag abgelehnt, den aus dem 1. Jh. v. Chr. stammenden *Torso von Belvedere* zu vervollständigen (vgl. Burdorf 2020: 94).[5] Selbst wenn es sich hierbei um eine Legende handeln sollte, so sind die Einflüsse der unvollständigen Werke aus der Antike auf die eigene künstlerische Produktion bei Michelangelo nachweisbar (vgl. Tamerl-Lugger 2017: 28–31). „Das Unvollendete ist ein zentraler Aspekt im gesamten Oeuvre Michelangelo Buonarottis" (ebd.: 5).[6] Tamerl-Lugger belegt für das bildhauerische, das zeichnerische und auch das lyrische Werk Michelangelos verschiedene Grade des Unvollendeten. Inwieweit es sich hier bereits um ein bewusst angewandtes ästhetisches Konzept handelt, ist nicht eindeutig zu beantworten. Sicher ist allerdings, dass die antiken Überlieferungen in der Renaissance als Quelle für die Suche nach kulturellen Vorbildern und eine Möglichkeit der Erneuerung zum Gegenstand intensiver Auseinandersetzung wurden. Die archäologische Beschäftigung mit antiken Fragmenten, die in der Renaissance

---

5  Ein Foto des Torsos findet sich auf folgender Internetseite: https://www.museiv aticani.va/content/museivaticani/de/collezioni/musei/museo-pio-clementino/ sala-delle-muse/torso-del-belvedere.html

6  In der Diskussion um das Non-Finito in der Bildenden Kunst werden auch immer wieder Werke von Leonardo da Vinci (1452–1519) aufgeführt, z. B. *Der Gedanke* oder *Erwachen des Sklaven*. Ob diese Werke absichtlich fragmentarisch blieben, scheint allerdings bis heute ungeklärt zu sein.

ihren Ausgang nahm, bleibt über Jahrhunderte bis heute erhalten. Die Idealisierung der antiken Fragmente, die sich in der Renaissance bereits ankündigte, erlebt in der Klassik im 18. Jahrhundert einen neuerlichen Höhepunkt. Damit ist eine Hinwendung zur Auseinandersetzung mit der Materialität des Fragmentarischen verbunden.

## Das 18. Jahrhundert

Der *Torso von Belvedere* spielt dabei auch in der deutschen Klassik eine wichtige Rolle. So befasst sich Johann Joachim Winckelmann intensiv mit dem fragmentierten Zustand des Bildnisses, das ihm zunächst wie ein „ungeformte[r] Klumpen Stein" (Winckelmann 1759, zit. n. Burdorf 2020: 91) erscheint, bei genauerer Betrachtung aber aufgrund der „Vollkommenheit des übrigen [sic]" (ebd.) eine ideale Ergänzung imaginieren lässt.[7] Die fragmentierte Skulptur löst einerseits Trauer über die Misshandlung und Verstümmelung aus, andererseits lässt sie die Idee der vollkommenen, vergangenen Schönheit aufscheinen (vgl. ebd.: 92). Dieser Gedanke findet sich auch bei Goethe in der *Einleitung in die Propyläen* wieder: „In dem kleinsten Fragmente noch die zerstörte Herrlichkeit des Ganzen zu schauen, wird der Genuß des vollendeten Kenners" (Goethe 1798: 38). Fragmente sind mehr als Trümmerstücke und Sinnbild der Zerstörung. Das Ganze, die Einheit, das Vollkommene lebt vielmehr zeichenhaft in ihnen fort. „Sie transzendieren ihren defizienten Zustand, werden vielfach sogar zu Reliquien, die zur Andacht einladen." (Strack 1997: 322) Dem Fragment wird damit ein Verweischarakter zugeschrieben.

Zu dieser Idealisierung des antiken Fragments passt, dass die Ästhetik des Fragments im 18. Jahrhundert geradezu zur Mode avanciert. Exemplarisch hierfür sei an die Parklandschaften erinnert, in denen Ruinen nachgebildet wurden. Das Bruchstückhafte wird hier künstlich erzeugt, ist nicht mehr dem Zahn der Zeit geschuldet. Programmatisch formuliert

---

7   Der vollständige Satz lautet: „Ob dieses Stück schon ohne Kopf, Arme noch Beine ist, so bildet die Vollkommenheit des übrigen [sic] in unseren Gedanken schönere Glieder, als wir jemahls [sic] gesehen haben." (ebd.) Die Formulierung „des übrigen" meint demnach das, was von der Figur erhalten bzw. übriggeblieben ist.

Diderot 1767 in seinen Kunstkritiken: „Il faut ruiner un palais pour en faire un objet d'interêt" (Diderot 1767: 235).[8] Wie in der Architektur so schlägt sich die Fragmenten-Mode auch in der Literatur nieder: Es erscheinen zahlreiche Schriften mit dem Titelhinweis, dass es sich um Fragmente handele. Für die zweite Hälfte des 18. Jahrhunderts spricht Strack sogar von einer „riesige[n] Flut" (Strack 1997: 338) von Fragment-Sammlungen.[9] Dazu zählt z. B. Johann Jacob Bodmers und Christoph Martin Wielands *Fragmente in der erzählenden Dichtart: von verschiedenem Inhalte* (1755), worin sich u. a. Auszüge aus der *Odyssee*, aus dem *Parsival* sowie eigene Gedichte befinden. „Fragment" wird hier verwendet im Sinne eines Auszugs, ist also eher ein editorischer Hinweis. Diese Praxis schlägt sich auch in der Jugendliteratur des 18. Jahrhunderts nieder. Spachs Buch *Fragmente aus der Brieftasche eines Weltbürgers* (1791) wurde hierfür als Beispiel bereits angeführt (vgl. Kap. 2). Zur Deutung des Fragments als Auszug aus einem größeren Text passt weiterhin der *Fragmentenstreit*, eine theologische Debatte, die ebenfalls im 18. Jahrhundert ausgetragen wird. Gotthold Ephraim Lessing veröffentlicht zwischen 1774 und 1778 mehrere Beiträge unter dem Titel *Fragmente eines Ungenannten*. Dies sind Auszüge aus der Schrift *Apologie oder Schutzschrift für die vernünftigen Verehrer Gottes* von Hermann Samuel Reimarus. Es gab mehr als 50 Reaktionen auf die in den Fragmenten geäußerten theologischen Behauptungen und Lessing, über den in Folge des Fragmentenstreits ein Publikationsverbot für Schriften auf dem Gebiet der Religion verhängt wurde, setzte die Diskussion in seinem Drama *Nathan der Weise* (1779) fort.

Ausdruck der Fragment-Mode im 18. Jahrhundert sind des Weiteren die Ossian-Dichtungen, die unter dem Namen *Fragments of ancient poetry* 1760 herausgegeben wurden und angeblich Bruchstücke alter, in den schottischen Highlands gesammelter Dichtungen sein sollten, tatsächlich aber aus der Feder von James Macpherson (1763–1793) stammten. Hier

---

8 Übersetzung des Diderot-Zitats: „Man muss einen Palast ruinieren, um ihn zu einem Objekt des Interesses zu machen."
9 Strack verweist auf eine Dissertation von Dirk Schröder (1976), der 600 Titel nachgewiesen habe (vgl. Strack 1997: 338). Auch Fetscher (2001: 556 f.) erwähnt die große Anzahl von Publikationen mit dem Fragment-Hinweis im Titel.

ist selbst der Verweis auf die fragmentarische Materialität des Textes also fiktional. Es handelt sich um ein fingiertes Fragment.

Für die weitere Entwicklung des Fragments im 18. Jahrhundert bedeutsam ist Johann Gottfried Herders erstes Buch, das unter dem Titel *Über die neuere deutsche Literatur. Erste Sammlung von Fragmenten* 1767 erscheint. Darin sind Reflexionen über Sprache und Literatur enthalten, die Herder selbst als „Stückwerke von Betrachtungen" (Herder 1767: 14) bezeichnet. Sie sind also nicht eine systematische Abhandlung über die Literatur, sondern gesammeltes Material. Die Publikation wurde, so Friedrich Strack, zum „wichtigsten Anreger der romantischen Fragmentliteratur" (Strack 1997: 338).

Eine andere Konnotation als bei Herder hat der Fragment-Begriff, wenn Johann Wolfgang von Goethe den *Faust* 1790 mit dem Untertitel *Ein Fragment* veröffentlicht. Es ist die zweite Fassung des *Urfaust*. Hier bezeichnet der Untertitel *Ein Fragment* ein Werk, das noch im Entstehen war.

Neben den bereits erwähnten Verwendungen des Begriffs Fragment weist Fetscher noch auf weitere Deutungsmuster in der englischen Literatur des 18. Jahrhunderts hin:

> Fragmentierung charakterisiert zudem ein literarisches Verfahren des 18. J[ahrhunderts]. Samuel Richardson präsentiert in seinen Briefromanen zerfetzte Schreiben, die den Zustand einer verstörten Person verraten. Mit ihren Herausgeberfiktionen erklären auch Jonathan Swift und Laurence Stern augenzwinkernd, das in ihren Romanen Publizierte sei unvollständig auf sie gekommen oder bedürfe keiner Ausführung. So wird im Sinne der Affektästhetik die Imagination des Publikums angeregt. (Fetscher 2001: 556)

Angesichts der Fülle von Beispielen ist es sinnvoll, hier ein kurzes Zwischenresümee zu ziehen, bevor in einem nächsten Schritt die Fragment-Auffassung der Frühromantiker in den Blick genommen werden soll. Es lassen sich verschiedene Strömungen zusammenfassen:

- Seit der Renaissance werden Fragmente unter einem archäologischen Blickwinkel betrachtet. Sie werden gesammelt und übersetzt. Außerdem gibt es Ergänzungsversuche.
- Dem antiken Fragment wird ein Verweischarakter zugeschrieben, als Zeichen einer „zerstörten Herrlichkeit" (Goethe 1798: 38).

- Es entstehen Nachahmungen antiker Fragmente, erste fingierte Fragmente (z. B. Ruinen in der Gartenarchitektur oder in der Literatur *Fragments of ancient poetry*).
- Der Begriff Fragment wird als editorischer Hinweis verwendet, wenn Ganztexte nur in Teilen übernommen werden (z. B. bei Bodmer/Wieland und bei Lessing), oder als Hinweis auf die Unabgeschlossenheit des Projektes (bei Goethes *Faust. Ein Fragment.*), das aber noch zu einem Ende geführt werden wird.
- Fragmentierung ist ein Motiv und ein literarisches Verfahren zur Charakterisierung von Figuren sowie zur Anregung der Imagination des Publikums.
- Bei Herder zeigt sich eine weitere, neue Begriffsbedeutung: Seine Fragmente sind „Stückwerk", sie haben einen vorläufigen, „improvisatorischen und gestischen Charakter [...], ihren gewollt flüchtigen Reiz, der im Vorübergehen, in der Gebärde genossen sein will." (Strack 1997: 338)

Diese letzte Perspektive auf das Fragment deutet bereits auf die Fragment-Interpretation der Frühromantik voraus.

## Die Fragment-Auffassung in der Frühromantik

Ende des 18. Jahrhunderts erscheinen die Fragment-Sammlungen der Frühromantiker. Friedrich Schlegel publizierte zunächst 1797 die *Lyceums*-Fragmente als Alleinverfasser. Darin werden zahlreiche und ständig wechselnde Themen behandelt. Johannes Weiß sieht darin Zeichen „[...] eines konsequent geübten Verzichts auf Strukturierung, Sequenzierung, Herstellung expliziter Bezugnahmen der Fragmente untereinander" (Weiß 2015: 100). Ganz ähnlich geht Friedrich Schlegel auch in den ab 1798 veröffentlichten *Athenäums*-Fragmenten vor, die er gemeinsam mit seinem Bruder August Wilhelm Schlegel publiziert. „Weder inhaltlich noch stilistisch sind die romantischen Fragmente festgelegt." (Strack 1997: 335) Sie sollen verblüffen und irritieren und auf diese Weise die Gedanken der Lesenden in Bewegung setzen.

Im *Athenäums*-Fragment 220 spricht Friedrich Schlegel in Bezug auf Leibnizens Philosophie von „witzigen Fragmenten" (Schlegel 1798). „Die besten sind *echapées de vue* ins Unendliche. Leibnizens gesamte Philosophie

besteht aus wenigen in diesem Sinne witzigen Fragmenten und Projekten."
(Ebd.) Das Fragment ist in diesem Sinne ein Ausblick ins Unendliche. Es
wird teleologisch verstanden als eine utopische Zukunftserwartung.

Über den Begriff des Projektes, den Schlegel im *Äthenäums*-Fragment
220 verwendet, erfahren die Lesenden mehr im *Athenäums*-Fragment 22:

> [22] Ein Projekt ist der subjektive Keim eines werdenden Objekts. Ein vollkommnes Projekt müßte zugleich ganz subjektiv, und ganz objektiv, ein unteilbares und lebendiges Individuum sein. Seinem Ursprunge nach, ganz subjektiv, original, nur grade in diesem Geiste möglich; seinem Charakter nach ganz objektiv, physisch und moralisch notwendig. Der Sinn für Projekte, die man Fragmente aus der Zukunft nennen könnte, ist von dem Sinn für Fragmente aus der Vergangenheit nur durch die Richtung verschieden, die bei ihm progressiv, bei jenem aber regressiv ist. Das Wesentliche ist die Fähigkeit, Gegenstände unmittelbar zugleich zu idealisieren, und zu realisieren, zu ergänzen, und teilweise in sich auszuführen. Da nun transzendental eben das ist, was auf die Verbindung oder Trennung des Idealen und des Realen Bezug hat; so könnte man wohl sagen, der Sinn für Fragmente und Projekte sei der transzendentale Bestandteil des historischen Geistes. (Schlegel 1798)

Hier sollen vor allem zwei Aspekte bezüglich des Fragments aus diesem Zitat hervorgehoben werden: 1. Die Begriffe *Fragment* und *Projekt* werden teilweise synonym verwandt. Zu unterscheiden sind dabei die „Fragmente aus der Zukunft" (ebd.), die progressiv auf eine Utopie verweisen, und „Fragmente aus der Vergangenheit" (ebd.), die regressiv auf ein Vergangenes hindeuten. 2. Das Fragment offenbart sich bei Schlegel, ähnlich wie bei Herder, als eine formlose Form der philosophischen und kritischen Reflexion. Was sich schon im *Fragmentenstreit* entwickelte, das Fragment als Medium der Kritik und der Auseinandersetzung mit den Schriften anderer zu verstehen, greift Schlegel wieder auf. Dabei verhält sich der Fragmenten-Autor ebenso kritisch zu seinen eigenen Äußerungen. Er erhebt sich „[...] auch über die eben noch eingenommenen eigenen Positionen [...]" (Fetscher 2001: 561).

In die von Novalis stammenden *Blüthenstaub*-Fragmente, die 1798 in der Zeitschrift *Athenäum* veröffentlicht werden, hat Friedrich Schlegel redaktionell eingegriffen. Er nahm Streichungen vor und fügte vier eigene Fragmente ein. So weist Johannes Weiß nach, dass Schlegel beispielsweise von Novalis angelegte Verknüpfungen von zwei Fragmenten durch Streichungen aufhob (vgl. Weiß 2015: 129). Schlegel baut bei Novalis angelegte

Kohärenzen zwischen den Fragmenten ab, verstärkt so den Fragment-Charakter, legt aber auf einer Meta-Ebene auch neue reflexive Verbindungen an (ebd.: 131). Das 114. *Blüthenstaub*-Fragment von Novalis zeigt beispielhaft die frühromantische Deutung des Fragments als Quelle der Neuerung:

> Die Kunst Bücher zu schreiben, ist noch nicht erfunden. Sie ist aber auf dem Punkt erfunden zu werden. Fragmente dieser Art sind litterarische Sämereyen. Es mag freylich manches taube Körnchen darunter sein: indessen, wenn nur einiges aufgeht! (Novalis 1798, *Blüthenstaub* 114)

Während sich Novalis organischer Metaphern bedient und Fragmente als „Glieder eines lebendigen Ganzen" (Strack 1997: 344) beschreibt, gleichen sie bei Schlegel eher

> [...] Atomen und Partikeln, die im Wechselspiel miteinander ihre Selbständigkeit behaupten. Aber beide – Schlegel und Novalis – berufen sich auf den ‚Geist des Selbstdenkens' und die Kraft des ‚kombinatorischen Geistes' [...] (ebd.).

Das Fragment wird von Novalis und auch von Friedrich Schlegel als etwas verstanden, das auf das noch nicht existente Ganze vorausdeutet. Es gibt seine Unfertigkeit zu erkennen und „[...] so verweisen die Fragmente aufs Unendliche (Unbegrenzte) durch die Unvollendetheit des Endlichen (Begrenzten) ihrer endlichen Form" (Fetscher 2001: 561).

## Vom 19. Jahrhundert bis zur Gegenwart

Eine ganz neue Deutungsschicht des Fragments – oder besser gesagt: des Fragmentierens – eröffnet sich zu Anfang des 19. Jahrhunderts mit Heinrich von Kleists Drama *Penthesilea* (1808), das er „[...] zuerst stückweise im ersten Heft seiner Zeitschrift *Phöbus* publiziert, und zwar in Form eines *Organischen Fragments aus dem Trauerspiel Penthesilea.*" (Fetscher 2001: 596). Fragmentarisch ist nicht allein die Praxis des stückweisen Publizierens eines Werks, vielmehr wird die Fragmentierung des menschlichen Körpers in dem Stück *Penthesilea* dargestellt: das Zerreißen dessen, was man liebt. Penthesilea tötet Achill nicht nur, ungläubig stellt sie fest „Ich zerriß ihn." (Kleist 1808: Z. 2973).[10] Vorbilder für das Motiv des Zerreißens menschlicher Körper finden sich in der antiken Mythologie verschiedene,

---

10 Ausführlich beschäftigt sich hiermit Andrea Allerkamp (2019: 135–154).

so wird z. B. Pentheus von seiner eigenen Mutter und den Tanten zerrissen und Dionysos widerfährt Gleiches durch die Titanen. Kleists *Penthesilea* ist ein frühes Beispiel für den „Zerrissenheitstopos", der charakteristisch für „eine Hauptströmung der europäischen Spät- und Nachromantik der 1820er bis 1840er Jahre" ist (Fetscher 2001: 570). Als Protagonisten dieser Strömung nennt Fetscher in seiner Übersicht Friedrich Hölderlin, Lord Byron und Heinrich Heine. Ein Beispiel für die Fragmentierung des literarischen Projektes findet sich bei Heine u. a. in der *Harzreise* (1824):

> Die ‚Harzreise' ist und bleibt Fragment, und die bunten Fäden, die so hübsch hineingesponnen sind, um sich im Ganzen harmonisch zu verschlingen, werden plötzlich wie von der Schere der unerbittlichen Parze, abgeschnitten. (Heine 1824: 83)

Bei Heine sind viele Texte „literarische Momentaufnahmen diskontinuierlicher Impressionen, Bruchstücke autobiographischer Bekenntnisse" (Fetscher 2001: 571).[11]

Insgesamt dominiert in der Spät- und Nachromantik die Deutung von Fragmentierung als Verlusterfahrung. Im Laufe des 19. Jahrhunderts wird die Titulierung „Fragment" in der Buchproduktion immer weniger gebräuchlich. „Lassen sich für das erste Jahrzehnt des 19. Jh. noch mindestens 39 Titel nachweisen, die sich so nennen, findet man in den 1870er Jahren kaum mehr als sechs solcher Titel." (Ebd.: 577) Eine Erklärung für dieses Phänomen formuliert Fetscher in seinen Ausführungen nicht.[12]

In der Bildenden Kunst des 19. Jahrhunderts wird Auguste Rodin (1840–1917) zum Wegbereiter des Non-Finito in der Skulptur der

---

11 Allerdings hat die Fragmentierung der Texte auch einen ganz realen Hintergrund: die politische Zensur, die ab 1830 ihren Höhepunkt erlebte. Heine entwickelte zahlreiche Umgehungsstrategien, um trotz der Zensur den verständigen Leser:innen seine Deutung mitteilen zu können – sei es über rhetorische Wendungen oder über den Abdruck des Symbols der Schere im Text.

12 Betrachtet man die deutsche Romanliteratur dieser Zeit, so findet sich vielleicht ein erklärender Kontext: Die zweite Hälfte des 19. Jahrhunderts ist die Zeit des poetischen Realismus, in dem der Widerspruch zwischen Innen und Außen, Ideal und Wirklichkeit zwar thematisiert, aber letztlich in einem sinnstiftenden Zusammenhang aufgehoben wird, z. B. im *Grünen Heinrich* (1854) von Gottfried Keller, in dem Heinrich am Ende seine künstlerischen Ambitionen als Irrweg begreift und zugunsten einer bürgerlichen Laufbahn aufgibt.

Moderne. Er unternimmt 1875/1876 eine Studienreise nach Italien. Dort begegnet er Werken der Antike und vor allem auch jenen Michelangelos. Unter dem Einfluss dieser Eindrücke entstehen zahlreiche fragmentarische Skulpturen, z. B. der *Schreitende Mann* (1877/1878), dem Arme und Kopf fehlen. Rodin erhebt das Fragment zum ästhetischen Stilmittel. Seine Schülerin und Künstlerkollegin Camille Claudel wendet dieses Mittel ebenfalls bei vielen ihrer Figuren an, z. B. bei einer Porträt-Skulptur, die sie von Rodin (1892) anfertigt, wobei der Bart des Künstlers in eine rohe, scheinbar unbearbeitete Form übergeht. Es entstehen Skulpturen, die sich als Bruchstücke oder im Übergang vom rohen zum gestalteten Material präsentieren. Mit dieser Entwicklung wird zugleich auch der Werkbegriff obsolet. Collage und Montage, also das aus Schnipseln und Bruchstücken Zusammengesetzte, das seine Risse offenlegt, lösen in der Kunst und Literatur der Moderne das geschlossene Werk ab.

In der deutschsprachigen Literatur ist es Hugo von Hofmannsthal, der im ausgehenden 19. und beginnenden 20. Jahrhundert Fragmentarismus zum ästhetischen Programm erhebt (vgl. Mayer 1995: 263–272): „Künstler lieben vollendete Kunstwerke nicht so sehr wie Fragmente, Skizzen, Entwürfe und Studien, weil sie aus solchen am meisten fürs Handwerk lernen können" (Hofmanntsthal 1891: 331). Hofmannsthal bezeichnet verschiedene seiner Gedichte oder lyrischen Dramen als Bruchstücke oder Fragmente (vgl. Fetscher 2001: 578). Sein Roman *Andreas oder Die Vereinigten*, an dem er von 1907 bis 1927 arbeitet, bleibt unvollendet. Und in seinem berühmten *Brief des Lord Chandos an Francis Bacon* (1902) beschreibt jener seine „seltsamen geistigen Qualen" (Hofmannsthal 1902: 465), die dazu führen, dass seine Sprache, sein Denken und sogar die Wahrnehmung ihm zersplittern:

> Es gelang mir nicht mehr, sie [Menschen und ihre Handlungen, S.J.] mit dem vereinfachenden Blick der Gewohnheit zu erfassen. Es zerfiel mir alles in Teile, die Teile wieder in Teile und nichts mehr ließ sich mit einem Begriff umspannen. (Ebd.: 466)

Der Briefschreibende resümiert: „Es ist mir völlig die Fähigkeit abhanden gekommen, über irgend etwas zusammenhängend zu denken oder zu sprechen." (Ebd.: 465) Die Sprache und sogar das Denken selbst werden als fragmentiert erfahren.

Vor allem zwei miteinander verwobene Entwicklungen bereiten bereits im 19. Jahrhundert vor, dass im 20. Jahrhundert das Fragmentarische zu einem zentralen Prinzip der Literatur und Kunst wird: 1. die durch die Industrialisierung und Technisierung veränderte Lebensrealität der Menschen, welche von Komplexität, Beschleunigung, großstädtischer Reizvielfalt, Arbeitsteilung und damit verbundener Entfremdungserfahrung gekennzeichnet ist und 2. die Krise der Metaphysik (vgl. Gerig 2000: 15), die bereits im 19. Jahrhundert bei Friedrich Nietzsche formuliert wird. Er schreibt in *Die fröhliche Wissenschaft* (1882):

> *Der tolle Mensch.* – Habt ihr nicht von jenem tollen Menschen gehört, der am hellen Vormittage eine Laterne anzündete, auf den Markt lief und unaufhörlich schrie: „Ich suche Gott! Ich suche Gott!" – Da dort gerade viele von denen zusammenstanden, welche nicht an Gott glaubten, so erregte er ein großes Gelächter. Ist er denn verlorengegangen? sagte der eine. Hat er sich verlaufen wie ein Kind? sagte der andere. Oder hält er sich versteckt? Fürchtet er sich vor uns? Ist er zu Schiff gegangen? ausgewandert? – so schrien und lachten sie durcheinander. Der tolle Mensch sprang mitten unter sie und durchbohrte sie mit seinen Blicken. „Wohin ist Gott?" rief er, „ich will es euch sagen! *Wir haben ihn getötet* – ihr und ich! Wir alle sind seine Mörder! [...] Irren wir nicht wie durch ein unendliches Nichts? Haucht uns nicht der leere Raum an? Ist es nicht kälter geworden? [...] Gott ist tot! Gott bleibt tot! Und wir haben ihn getötet! [...]" – Hier schwieg der tolle Mensch und sah wieder seine Zuhörer an: auch sie schwiegen und blickten befremdet auf ihn. Endlich warf er seine Laterne auf den Boden, daß sie in Stücke sprang und erlosch. „Ich komme zu früh", sagte er dann, „ich bin noch nicht an der Zeit. Dies ungeheure Ereignis ist noch unterwegs und wandert – es ist noch nicht bis zu den Ohren der Menschen gedrungen. [...]" (Nietzsche 1954 [1882]: 126–128)

Was sich hier bereits äußert, wird angesichts von zwei Weltkriegen und schrecklicher Gräueltaten im 20. Jahrhundert zu einem verbreiteten Diktum: der Verlust einer transzendentalen Vorstellung von Einheit und Sinn. Der Mensch ist auf sich selbst zurückgeworfen und verliert den großen Begründungszusammenhang, in dem er sein eigenes Dasein einordnen kann. Damit mangelt der zerbrechlichen menschlichen Existenz ihr Bezug zu einem Ganzen, verhaftet also im Fragmentarischen.

Gleichzeitig verändert sich die Lebensrealität der meisten Menschen im 19. Jahrhundert. In Deutschland steigt in der zweiten Hälfte des 19. Jahrhunderts die Bevölkerungszahl explosionsartig an und viele Menschen ziehen in die Städte. Ein Beispiel: In Essen vervielfachte sich die

Bevölkerungszahl zwischen 1875 und 1910 von circa 57.000 auf rund 214.000 Menschen (vgl. Bergmann 2017). Das Leben vieler Menschen ist vom Rhythmus der Maschinen geprägt. Beschleunigung ist eine der Grunderfahrungen des städtischen Lebens.

Passend zu dieser Entwicklung wird der neue Lebensraum Großstadt zu einem dominierenden Thema insbesondere der avantgardistischen Literatur der 1920er-Jahre. Die geschilderten Wahrnehmungen des städtischen Umfelds sind in diesen Romanen geprägt von Realitätsfetzen, die auf die Lesenden einströmen, oftmals sogar ohne eine den Sinnzusammenhang klärende und gleichbleibende Erzählinstanz. Es erscheinen in kurzer Folge drei Romane, in denen das Bild einer Großstadt entworfen wird, *Ulysses* (1922) von James Joyce, *Manhattan Transfer* (1924) von John Dos Passos und *Berlin Alexanderplatz* (1929) von Alfred Döblin. Bei Joyce löst sich der Roman von herkömmlichen Erzählmustern. Folgen wir den Irrgängen des Leopold Bloom durch die Straßen Dublins, wechselt ständig die Innen- und Außensicht, springt die jeweilige Erzählinstanz innerhalb eines Satzes von einem zum nächsten Thema, lässt Sätze abbrechen, formuliert Klangassoziationen oder zitiert aus Zeitungsfetzen. Bei Dos Passos treten rund hundert Figuren auf, bei keiner dürfen die Lesenden konsequent bleiben. Vielmehr ergibt sich das Bild der Stadt hier kaleidoskopartig aus Einzelstimmen. Auch Döblin montiert seinen Roman aus verschiedenen Fragmenten:

> Kleinbürgerliche Drucksachen, Skandalgeschichten, Unglücksfälle, Sensationen von 28, Volkslieder, Inserate schneien in diesen Text. Die Montage sprengt den „Roman", sprengt ihn im Aufbau wie auch stilistisch [...] (Benjamin 1930: 230).

Alle drei Romane sind keine Fragmente, aber sie verwenden neue Stilmittel wie den *stream of consciousness*, die Montage, Simultaneität und eine dramatische, dem Augenblick verhaftete Erzählform. Diese Stilmittel sind durch Brüche und Sprünge gekennzeichnet. Sie bilden eine komplexe Wirklichkeit ab, die nur noch fragmentiert wahrnehmbar ist und nicht mehr linear wiedergegeben werden kann. Eco spricht in Bezug auf Joyce von einer „Obsession des atomisierten Realen" (Eco 2019: 364).

> Joyce lehnt die Substanz des scholastischen *ordo* ab und akzeptiert das Chaos der modernen Welt, versucht aber deren Aporien dadurch zu beherrschen, daß er sie einfügt in die Formen der angezweifelten *ordo* (ebd.: 367 f.).

indem er seinen Text in die Ordnung der homerischen *Odyssee* einfügt. So entsteht eben kein Fragment und doch die sprachliche Repräsentanz einer fragmentierten Weltwahrnehmung.

Auch in der Kinderliteratur wird die Großstadt als Kindheitsraum von Erich Kästner schon 1929 in *Emil und die Detektive* thematisiert:

> Diese Autos! Sie drängten sich hastig an der Straßenbahn vorbei; hupten, quiekten, streckten rote Zeiger links und rechts heraus, bogen um die Ecke; andere Autos schoben sich nach. So ein Krach! Und die vielen Menschen auf den Fußsteigen! Und von allen Seiten Straßenbahnen, Fuhrwerke, zweistöckige Autobusse! Zeitungsverkäufer an allen Ecken. Wunderbare Schaufenster mit Blumen, Früchten, Büchern, goldenen Uhren, Kleidern und seidener Wäsche. Und hohe, hohe Häuser.
> Das war also Berlin. (Kästner 1929: 63 f.)

Die Großstadt wird bei Kästner als Ort von Lärm, Fülle und Tempo in verkürzten Sätzen dargestellt. Akustische und visuelle Wahrnehmungsfetzen formen ein facettenreiches Bild Berlins. Gleichzeitig ist die Stadt Handlungsfeld eines neuen autonom handelnden Kindes, ein Abenteuerraum. Nicht nur die Schilderung der Großstadt zeichnet den Roman Kästners innerhalb der Kinderliteratur als avantgardistisch aus. Auch die surreale Traumsequenz im vierten Kapitel, in der Emil durch einen von neun Pferden gezogenen Zug verfolgt wird, ist ein Beispiel für das Eindringen neuer Schreibweisen:

> Dreimal drei Pferde zogen den Zug. Sie hatten silberne Rollschuhe an den Hufen, fuhren darauf über die Schienen und sangen: Muss i denn, muss i denn zum Städele hinaus. (Ebd.: 49)[13]

Solche absurd wirkenden Bilder erinnern bereits an Formen des *stream of consciousness*. Kästner entwirft in dieser Traumsequenz ein ambiges Erlebnis, in dem alte und neue Welt, das kleinstädtische und das großstädtische Umfeld in den Bildern von Pferdekutsche und Eisenbahn, Windmühle und Hochhaus sich verbinden oder aufeinanderprallen. Eingebettet ist das Ganze allerdings nicht in eine fragmentarische Darstellung, sondern in ein sinnstiftendes Narrativ.

---

13 Vorbereitet wird die Traumsequenz durch die Lügengeschichten von Herrn Grundeis über Berlin (vgl. Kästner 1929: 43).

Die avantgardistische Kunst dieser Zeit wendet sich dagegen von illusions- und einheitsstiftenden Techniken ab. Fragment und Montage werden in den ersten Jahrzehnten des 20. Jahrhunderts zu ihren wichtigsten Verfahren, sei es bei Dada, im Kubismus, Futurismus oder Surrealismus. Und sie werden zu einem transmedialen Phänomen: Filmbeispiele wären etwa der Montage-Film *Panzerkreuzer Potemkin* (1925) von Sergei Eisenstein oder der surrealistische Film *Un chien andalou* (1929) von Luis Buñuel und Salvador Dalí. Letzterer beginnt mit einer berühmt gewordenen Fragmentierungsszene, in der das Auge einer jungen Frau zerschnitten wird. In der Musik arbeitet Igor Strawinsky in seinem Ballett *Le sacre du printemps* (1913) bereits mit bewussten Brüchen und kreiert einen „ästhetischen Fragmentarismus" (Wild 1999: 261), für den er von Rezensenten heftig kritisiert wurde (ebd.: 260).

Fragmentierung und Montage sind in den avantgardistischen Werken mehr als nur ein handwerkliches Verfahren:

> Es genügt nicht, die Montage nur als ein Verfahren zu definieren [...]. Interessant wird dieses Verfahren [...] erst dann, wenn das Montageprinzip provozierend eingesetzt wird, sei es als schockierende Aktion gegen die klassische Idee der organischen Einheit des Kunstwerks, oder als Verfahren, das den Blick des Lesers bzw. Betrachters auf die Konstruktion oder Konstruierbarkeit des Werks, die Heterogenität seiner Elemente und die Bruchstellen lenkt. In dieser Hinsicht sind Fragmentierung und Montage als Mittel der Dekonstruktion vor allem illusionistischer, mimetischer Darstellungsweisen eng verbunden. (Roloff 1999: 242)

Fragmentierung und Montage sind demgemäß Ausdruck einer künstlerischen Entscheidung, nicht mehr eine Abbild-Funktion zu übernehmen und auch nicht die Illusion von Einheit und Sinn zu erzeugen. Im Kontext der beiden Weltkriege, angesichts von Todeserfahrungen, Massenmord, Verfolgung und Zerstörung erhält die Frage nach Sinn, Einheit und Totalität eine neue Brisanz. „Erst wenn wir immer wieder darauf gekommen sind, dass es das Ganze und Vollkommene nicht gibt, haben wir die Möglichkeit des Weiterlebens." (Bernhard 1985: 42), schreibt Thomas Bernhard in seinem Roman *Alte Meister* (1985). Theodor W. Adorno erhebt in seiner *Ästhetischen Theorie* (1970) das Fragment zu einem künstlerischen Paradigma: „Kunst obersten Anspruchs drängt über Form als Totalität hinaus, ins Fragmentarische." (Adorno 1973: 221) Während für ihn das Fragment „[...] der Eingriff des Todes ins Werk" (ebd.: 537) ist, knüpft

Ernst Bloch an die frühromantische Fragment-Deutung an. Für ihn ist gerade das „nachträgliche Fragment" eine Möglichkeit der „Verwesentlichung" (zit. n. Fetscher 2001: 581) und damit wiederum des Aufscheinens einer Utopie. Susan Sontag resümiert in einem Interview von 1978: „Das Fragment scheint die angemessene Kunstform unserer Zeit zu sein" (Sontag 2016: 73).

Das Fragment in der Literatur nimmt in der zweiten Hälfte des 20. Jahrhundert ganz unterschiedliche Formen und Gestalten an, hingewiesen sei hier nur auf einzelne: die Dramen von Heiner Müller (vgl. ebd.), Gedichte von Friederike Mayröcker (vgl. Burdorf 2020: 133), oder Italo Calvinos Roman *Wenn ein Reisender in einer Winternacht* (1979), der seine Lesenden permanent mit dem Abbruch der gerade begonnenen Geschichte konfrontiert. Am Ende resümiert der als „du" in den Text eingeschriebene Lesende: „Mir scheint, es gibt heutzutage auf der Welt nur noch Geschichten, die in der Schwebe bleiben oder sich unterwegs verlieren." (Calvino 1987: 309 f.) Sie bleiben Fragmente. So wie die Geschichten in der Schwebe bleiben, zeichnen die Autor:innen des 20. Jahrhunderts auch Figuren, deren Identitäten brüchig oder fluid sind. Die Erfahrung von Fragmentierung wird in zahlreichen Romanen des 20. Jahrhunderts zum konstituierenden Moment neuer Identitätskonzepte, insbesondere auch weiblicher Protagonist:innen, z. B. bei Margaret Atwood in der fiktiven Autobiographie der Malerin Elaine Risley, die unter dem Titel *Cat's Eye* (1988) erschienen ist (vgl. Gerig 2000: 45–103).

Zusammenfassend lässt sich festhalten: Im 20. Jahrhundert ist das Fragment eine poetologische Antwort auf die Frage nach dem Verhältnis von Realität und Fiktion. Die Abbildfunktion tritt zurück und der oder die Schreibende versteht sich nicht mehr als Sinnerzeuger:in. Das Fragment ist eine Absage an die Vorstellung des abgeschlossenen künstlerischen Werks. Darüber hinaus ist die Fragmentierungserfahrung Grundlage postmoderner, prozessualer Identitätskonzepte, wie sie sich in literarischen Figuren verschiedener Autor:innen finden lassen (vgl. ebd.: 10 f.).

Die Aktualität der fragmentarischen Formen ist bis heute in allen Kunstsparten ungebrochen. Auch im Digitalen wird diese Entwicklung fortgeführt. Wie in der Literatur taucht das Fragment als Motiv in digitalen Produktionen auf. So zum Beispiel in dem Computerspiel *The Unfinished Swan* (2012), das für die PlayStation-3-Konsole entwickelt wurde. Die

Hauptfigur ist der zehnjährige Junge Monroe, dessen Mutter Malerin ist und keines ihrer Gemälde vollendet. Nicht nur auf der Ebene der *histoire* spielt das Fragmentarische im Narrativ des Computerspiels eine Rolle, sondern auch auf der Ebene des Spieldesigns. So begegnen die Spielenden im ersten Kapitel des Spiels einer weißen Bildoberfläche, die durch ihren Eingriff erst Farben und Formen annimmt. Das Fragmentarische ist im Digitalen nicht nur Motiv und Gestaltungselement einzelner Produkte, sondern vielmehr ein Grundprinzip des Mediums, das durch Prozessualität und Unabgeschlossenheit charakterisiert ist.

> Die ehemals utopischen Versprechen experimenteller Kunst wurden zur dystopischen Poetik von Google, Facebook, Amazon und Microsoft, deren Systeme sich prozessual, unabgeschlossen, modular und variabel in den Alltag hinein transkodieren. (Cramer 2019: 168)[14]

Nicht nur dem Produkt haftet das Unabgeschlossene im digitalen Raum an, sondern auch seiner Rezeption. Sie gestaltet sich sprunghaft, immer wieder von Hyperlinks, aufploppenden Informationen oder Werbeanzeigen unterbrochen. Das Fragmentarische ist gewissermaßen der Normalzustand im Digitalen. Künstlerisch hat dieses Charakteristikum wiederum zu avantgardistischen Experimenten herausgefordert. So entwickelte beispielsweise Bastian Böttcher schon 1997 die Internetseite *looppool.de*. Dabei können sich die User durch einen verzweigten Text- oder Musiktitel navigieren. Je nach Navigation entsteht eine Vielzahl von neuen Kombinationen. 2002 wurde das Projekt interaktiv erweitert. Die User konnten nun selbst Textbausteine für das ornamentale Geflecht aus Textfragmenten beifügen, so dass es ein immer weiter wachsendes Gebilde mit schier unendlichen Möglichkeiten wurde.

**Resümee**

Aus der historischen Entwicklung der Beschäftigung mit dem Fragment ergeben sich im Wesentlichen vier Phasen und Deutungsebenen:

1. Das Fragment als ein Relikt der Vergangenheit, als Verlusterfahrung und Zeugnis einer zerstörten Ganzheit, die für Vollkommenheit und

---

14 Wenn Cramer hier von experimenteller Kunst spricht, so bezieht er sich auf die Fluxus-Bewegung.

Schönheit steht. Fragment wird hier in Opposition zum Werk gedacht. Der Blick richtet sich vor allem auf die Materialität der überlieferten Relikte. Diese Sichtweise beginnt in der Renaissance, lebt aber bis heute auch fort, z. B. bei Forscher:innen wie Burdorf (2020).
2. Das Fragment als fingiertes Relikt der Vergangenheit: Aus der Bewunderung für die antiken Zeugnisse entstehen Nachahmungen, die im 18. Jahrhundert eine so enorme Verbreitung finden, dass von einer damaligen Mode gesprochen werden kann.
3. Das Fragment als Teil einer zukünftigen oder transzendenten Ganzheit: Es ist etwas, das die Autor:innen selbst erschaffen, „literarische Sämereyen" (Novalis, 1798, *Blüthenstaub* 114), aus denen etwas Neues wächst. Diese Deutung des Fragments entwickelt sich in der Frühromantik und setzt sich bis zur Philosophie Ernst Blochs fort.
4. Das Fragment aus der Gegenwart: Fragmentarisches Schreiben wird zum stilistischen Mittel zur Beschreibung einer als fragmentiert wahrgenommenen Welt. Erste Zeugnisse dieser Sichtweise entstehen bereits in der Spätromantik. Ab Ende des 19. Jahrhunderts wird diese Deutung dominant. Damit löst sich auch die Opposition von Fragment und Werk auf, da eine Ganzheit unmöglich erscheint.

## 3.3 Forschungsstand und Typologisierung

Über das Fragment sind zahlreiche wissenschaftliche Erörterungen geschrieben worden. Gibt man in eine wissenschaftlich orientierte Suchmaschine im Internet das Stichwort „das literarische Fragment" ein, so werden rund 17.000 Einträge aufgeführt. Einen umfassenden Überblick geben zu wollen, wäre also vermessen. Hier sollen eine Strukturierung des Forschungsmaterials versucht sowie, unter Hervorhebung einzelner einschlägiger Publikationen, Themenschwerpunkte und Typologisierungsversuche dargestellt werden.

Als Publikationsschwerpunkte zu unterscheiden sind:

- übergreifende, manchmal historisch angelegte Darstellungen (z. B. Dällenbach, Nibbrig 1984, Ostermann 1991, Fetscher 2001, Burdorf 2020),
- Monographien, Anthologien oder Aufsätze, die sich mit einzelnen literarischen Epochen oder Autor:innen beschäftigen (z. B. Strack 1997, Töns 1998, Gerig 2000, Burdorf 2010, Weiß 2015),
- fächerübergreifende Forschungen, wobei insbesondere die Verbindung zwischen Literatur und Kunst (z. B. Camion et al. 1999; Sorg, Würffel

2006; Tamerl-Lugger 2017; Scherpe, Wagner 2019) sowie Literatur und Philosophie (Ostermann 1991) hervorsticht.

Eine der umfassendsten historisch angelegten Ausführungen zum Fragment in der europäischen Literatur hat – der bereits mehrfach zitierte – Justus Fetscher (2001) für das Lexikon der *Ästhetischen Grundbegriffe* verfasst. Er bezieht sich vor allem auf Entwicklungen in Frankreich, England und Deutschland, hier allerdings sowohl auf philosophische als auch literarische Reflexionen und Praktiken des Fragmentarischen. Viel zitiert und ebenfalls einschlägig für die Erforschung des Fragments ist die 1984 von Lucien Dällenbach und Christiaan L. Hart Nibbrig herausgegebene Anthologie, in der die Herausgeber eine fragmentarisch verfasste Einstimmung in ihr Thema geben und eine Wesensbestimmung des Fragments vorlegen, welche später noch zu diskutieren sein wird. Ebenfalls übergreifend ist der Ansatz von Dieter Burdorf (2020) in dem Band *Zerbrechlichkeit. Über Fragmente in der Literatur*. Er deutet das Fragment aus einer anthropologisch-literaturwissenschaftlichen Sicht und kontextualisiert es mit der Bedeutung der Ruine in der Architektur und dem Torso in der Bildenden Kunst.

Vielfältige Publikationen widmen sich dem Fragment in der Frühromantik, insbesondere den Veröffentlichungen Friedrich Schlegels (z. B. Mennemeier 1968, Gockel 1979, Strack 1997, Burdorf 2010, Weiß 2015). Johannes Weiß (2015) gibt einen umfassenden Forschungsüberblick zum frühromantischen Fragment. Er stellt sich vor allem der gattungstypologischen Frage und erläutert die geistesgeschichtlichen Ursprünge des frühromantischen Fragments sowie seine Wirkungsgeschichte bis ins 20. Jahrhundert.

Von den zahlreichen Einzeldarstellungen seien hier nur einige stellvertretend genannt: Dorothea Boltes Dissertation *Wortkult und Fragment* (1989), in der sie sich mit der Poesie von Francis Ponges beschäftigt; Karin Gerigs Buch *Fragmentarität* (2000), worin sie sich mit dem Zusammenhang von Fragmentarität und Identität in den Texten von Margaret Atwood, Iris Murdoch und Doris Lessing auseinandersetzt, oder Andreas Töns' Ausführungen zur Erzählprosa von Franz Kafka (1998).

Unter den fächerübergreifenden Publikationen sei hier vor allem die Dokumentation der Mosse-Lectures an der Humboldt-Universität, erschienen unter dem Titel *NON-FINITO. UN-FERTIG* (Scherpe, Wagner

2019), herausgegriffen, worin der Bogen bis zum Un-Fertigen in der Welt des Digitalen gespannt wird.

## Typologisierungen

An dieser Stelle sollen die unterschiedlichen Typologisierungen des Fragments vergleichend vorgestellt werden, da dies auch für die Suche nach dem Fragmentarischen in der Kinder- und Jugendliteratur sowie für den Aufbau der vorliegenden Arbeit eine Strukturierungshilfe darstellt und zudem die unterschiedlichen Begriffskonnotationen deutlich werden, also eine zweite Annäherung an den Begriff des Fragments möglich wird.

In der Regel werden drei Typen des Fragments unterschieden: 1. das überlieferungsgeschichtliche, 2. das entstehungsgeschichtliche und 3. das beabsichtigte Fragment. Diese Dreiteilung findet sich zum Beispiel bei Gero von Wilpert im *Sachwörterbuch der Literatur* (1979: 278 f.), in *Der Literatur-Brockhaus* (Habicht et al. 1988: 687 f.) oder auch bei Cori Mackrodt im *Metzler Lexikon Literatur* (2007: 250 f.). Was ist nun unter diesen drei Kategorien zu verstehen?

*Überlieferungsgeschichtliche Fragmente* können unzusammenhängende Bruchstücke sein, die in anderen Texten auftauchen, oder es sind Dokumente, die einem Zerfallsprozess ausgesetzt waren. Die Schriftzeichen dieser Zeugnisse einer vergangenen Zeit sind verblasst, zerkratzt oder von Flecken unkenntlich gemacht, der Schreibuntergrund zerrissen, durch die Witterung oder von Tieren zerfressen, von Feuer oder Wasser beschädigt. Besonders aus Antike und Mittelalter, vor der Zeit des Buchdrucks und damit der leichteren Vervielfältigung von Literatur, gibt es zahlreiche überlieferungsgeschichtliche Fragmente, z. B. die *Poetik* (um 335 v. Chr.) von Aristoteles oder das *Hildebrandslied* (um 830/840).

Während bei den überlieferungsgeschichtlichen Fragmenten davon ausgegangen wird, dass sie einmal eine Ganzheit waren, haben die *entstehungsgeschichtlichen Fragmente* den Zustand eines abgeschlossenen Werks nicht erreicht. Sie sind aufgrund des Todes oder einer Krankheit der Autor:innen nicht zu Ende geführt worden. Eine weitere Ursache für ein entstehungsgeschichtliches Fragment kann auch sein, dass die Schreibenden an ihrem eigenen Vorhaben gescheitert sind oder das Interesse daran verloren. Zu den entstehungsgeschichtlichen Fragmenten wäre z. B.

Robert Musils *Der Mann ohne Eigenschaften* (1930–1943) zu zählen oder Franz Fühmanns *Im Berg* (1991), das er selbst als ein gescheitertes Projekt einordnete.

Die dritte Kategorie der Fragmente ist die am schwersten zu fassende. Es sind Texte, die vorgeben fragmentarisch zu sein. Dies kann durch paratextuelle Hinweise, wie den Titel, angedeutet werden oder sich in der Konzeption des Textes niederschlagen, manchmal auch in der Materialität des Buchs. Wilpert zählt insbesondere die Werke der Frühromantiker unter die *beabsichtigten Fragmente*. Sie zeigen „als bewußte lit[erarische] Form [...] die Unendlichkeit e[ines] Stoffes oder Themas" (Wilpert 1979: 278). Sie verweisen auf eine utopische Ganzheit. Burdorf, der es ablehnt, sich mit der beabsichtigten Form des Fragments weiter zu befassen, bezeichnet diese als „Fragment-Simulate" (Burdorf 2020: 124). Dies seien Schriften, die nur den Eindruck des Unvollständigen zu erwecken versuchen. Beispiele, die er hierfür anführt, sind u. a. Gedichte von Friederike Mayröcker (Burdorf 2020, 126).

Lucien Dällenbach und Christiaan Hart Nibbrig (1984) unterscheiden ebenfalls drei Bestimmungen des Fragments. Basierend auf der Grundthese, dass das Fragment von Totalität nicht unabhängig zu denken sei (vgl. Dällenbach, Nibbrig 1984: 14), ergibt sich bei ihnen die folgende Differenzierung: 1. Das Fragment als Teil eines Ganzen, dessen Vollständigkeit nicht in Frage steht. Hierunter könnte man zum Beispiel die Editionspraxis fassen, die Auszüge aus anderen Texten als Fragmente bezeichnete. Die Autoren kommentieren diese Bestimmung dann auch als widersinnig, denn so verlöre „[...] das Fragment den Charakter des Fragmentum, das gerade durch sein Abgerissensein vom Ganzen ist, was es ist" (ebd.: 15). 2. Das Fragment ist „[...] Teil eines Ganzen, dem es in zeitlicher Hinsicht nicht mehr oder noch nicht angehört und für dessen Abwesenheit es in stückhafter Präsenz einsteht" (ebd.), also im Sinne eines pars pro toto. Hierunter fassen die Autoren zum einen unter archäologischer Perspektive Fragmente, die „als Rest, Abfall, Schlacke, Krümel, Spur, Ruine, Memorandum" (ebd.) erhalten sind, und zum anderen unter eschatologischer Perspektive die Fragmente aus der Zukunft. Von Dällenbach und Nibbrig wird hier eine übergreifende Kategorie eröffnet, in der sowohl die überlieferungsgeschichtlichen als auch die frühromantischen Fragmente zu subsumieren wären. 3. In der dritten Auffassung des Fragments ist die

Kluft zwischen Fragment und Totalität absolut. Weder rückwärts- noch vorwärtsgewandt ist ein Bezug zu einer Ganzheit impliziert: „Hier ist das Fragment weder Moment eines Totalisierungsprozesses noch Element eines wie immer zu denkenden Ganzen, noch eine Miniatur-Ganzheit wie etwa Sentenz, Aphorismus, Haiku." (Ebd.) Als Vertreter dieser dritten Auffassung des Fragments wird Friedrich Nietzsche genannt (vgl. ebd.: 9), der mit dem Anspruch auf Ganzheit bricht.

George Steiner differenziert in seinem Aufsatz *Das totale Fragment* drei Arten der „Unvollendetheit" (Steiner 1984: 18). Die erste entspringt einem biographischen Zufall, also z. B. dem Tod der Schreibenden. Dies würde der Kategorie der entstehungsgeschichtlichen Fragmente entsprechen. Steiner interpretiert diese Art der Unvollendetheit als ein „Sich-Verweigern des Werks" (ebd.), was er an Alban Bergs *Lulu* und Robert Musils *Der Mann ohne Eigenschaften* exemplifiziert, was aber sicher nicht für alle entstehungsgeschichtlichen Fragmente gelten kann. Die zweite Kategorie bei Steiner ist „die gewollter oder konventioneller Unvollendetheit" (ebd.: 19). Es geht dabei um das bewusste Weglassen oder Unvollendet-Lassen. Beispiele hierfür wählt Steiner vor allem aus der Bildenden Kunst, z. B. der chinesischen Malerei, und stellt diese in den Kontext einer Ästhetik des Skizzenhaften. Dabei macht er feine Unterschiede, ob die gewollte Unvollendetheit Fragment-Charakter habe oder nicht.[15] Auch in der Dichtung findet Steiner Beispiele für die zweite Art des Phänomens:

> Das ausgelassene Wort, die fortgelassene Zeile, die unterdrückte Strophe und das *rubato* des Versmaßes innerhalb eines strengen prosodischen Schemas sind verbreitete Kunstgriffe in der spätmittelalterlichen und barocken Verskunst. Ein berühmtes Beispiel für derartige Techniken in der Moderne finden wir bei Ezra Pound, der in einem Gedicht, das einem verstümmelten Papyrus nachempfunden ist, nur das jeweils erste Wort dreier als verloren gedachter Zeilen angibt. (Ebd.: 20)

---

15 „Die Ruine eines Hubert Robert ist kein Fragment, sondern ein stilisiertes Kürzel für Vollendetheit. Anders hingegen die ziellose Linie, das unschattierte Volumen, die Masse ohne natürliche Tiefe und Standfestigkeit in der Skizze Watteaus. Hier ist das Ideal der Ganzheit selbst ironisiert und unterhöhlt." (Steiner 1984: 19)

Diese Ausführungen evozieren eine Frage, die für den hier zu wählenden Forschungsansatz Folgen haben wird: Wie lassen sich Fragment und Leerstelle voneinander abgrenzen? Oder: In welchem Verhältnis zueinander stehen sie? Dies ist noch zu klären (vgl. Kap. 3.4).

Steiners dritte Kategorie der Unvollendetheit verweist auf eine Variation, die in den bisher referierten Typologisierungen des Fragments noch nicht inkludiert war: „Sie rührt von einem Akt freiwilliger Zerstörung her, einem Akt des Autors selbst, dem Akt solcher Personen, die im Interesse des Autors zu handeln glauben, oder einem Akt des Zensors." (Ebd.: 21) Beispiele hierfür sind Georg Büchners *Aretino* oder Nicolai Gogols zweiter Teil der *Toten Seelen*.[16] Durch den Akt der Zerstörung verändert sich der Blick auf das Gesamtwerk, es erscheint fragmentarisch. Für Steiner ist das Fragmentarische mit dem Archaischen synonym. Es wirke „authentischer", näher am „Lebensfluss des Schöpferischen" (ebd.: 24), bewahre „eine Wahrheit" (ebd.: 29). „Wir haschen nach ihm wie ein Kind, das auf der Suche nach dem Schatz den Wald durchstreift." (Ebd.)

Schon Steiner geht auf das Wechselspiel von Produzent:in und Rezipient:in ein. Bei Michael Braun (2002) entwickelt sich hieraus eine neue Kategorie des Fragments, die auf Umberto Ecos Modell des „offenen Kunstwerks" fußt (Eco 2019). In seiner Habilitationsschrift benennt Braun vier Typen des Fragments: 1. Das überlieferungsbedingte Fragment, dessen Definition bei Braun nicht von denen anderer Autor:innen abweicht. 2. Das produktionsbedingte, das „[...] durch konzeptionelle Mängel, inhaltliche Lücken, Ungenügsamkeit des Autors oder das Dazwischentreten eines anderen Projekts" (Braun 2002: 20) nicht fertiggestellt wurde. Als Beispiele nennt er Friedrich Schillers Drama *Demetrios* und Robert Musils *Der Mann ohne Eigenschaften*. 3. Das „konzeptionelle Fragment" (ebd.: 21), das durch eine „offen oder insgeheim geplante Unabschließbarkeit" (ebd.: 22) gekennzeichnet wird. Beispiele sind hier u. a. Wolfgang Koeppens Romanfragment *Eine Jugend*,[17] das zeitweilig den Untertitel *Fragment einer Fiktion* trug,

---

16 Büchners Werk soll nach seinem Tod von seiner Verlobten verbrannt worden sein. Gogol vernichtete den zweiten Teil seines eigentlich als Trilogie gedachten Romans kurz vor seinem Tod (vgl. Steiner 1984: 21).

17 2024 wird Band 11 der Suhrkamp-Gesamtausgabe von Koeppens Schriften erscheinen, darin werden die Romanfragmente abgedruckt sein.

und E.T.A. Hoffmanns *Lebens-Ansichten des Katers Murr* (1819–1821), in dem in der Zusammenhanglosigkeit der beiden Biographien des Katers und des Kapellmeisters das gestalterische Prinzip „einer markierten Fragmentarik" offenbar werde.[18] Als ein „Sonderproblem" des konzeptionellen Fragments führt Braun die „Kunst zu enden" an (ebd.: 24), allerdings fehlt in den Ausführungen eine Bestimmung der Beziehung zum literarischen Phänomen des offenen Endes. 4. Das „rezeptionsbedingte Fragment" (ebd.: 25): Gemeint sind hiermit Texte, die konzeptionell offen gestaltet sind und erst im Akt des Lesens und Interpretierens vollendet werden. Beispiele, die Braun hierfür nennt, sind Italo Calvinos *Wenn ein Reisender in einer Winternacht* (1979, deutsch 1983) und Thomas Bernhard, dem nichts „fremder" gewesen sei, „als die Erwartung, etwas Perfektes und Abgeschlossenes zu liefern" (Braun 2002: 27). Rezeptionsästhetisch betrachtet birgt jedes künstlerische Produkt Offenheit, auch das von der schöpfenden Person als geschlossen verstandene Werk, denn

> [...] jeder Konsument [bringt] bei der Reaktion auf das Gewebe der Reize und dem Verstehen ihrer Beziehungen eine konkrete existentielle Situation mit, eine in bestimmter Weise konditionierte Sensibilität, eine bestimmte Bildung, Geschmacksrichtungen, Neigungen, persönliche Vorurteile, dergestalt, daß das Verstehen der ursprünglichen Form gemäß einer bestimmten individuellen Perspektive erfolgt. (Eco 2019: 30)

Unter dem „offenen Kunstwerk" versteht Eco allerdings solche Musikstücke oder literarischen Texte:

> [S]ie sind, um es einfach auszudrücken, ‚nicht fertige' Werke, die der Künstler dem Interpreten mehr oder weniger wie die Teile eines Zusammensetzspiels in die Hand gibt, scheinbar uninteressiert, was dabei herauskommen wird. (Ebd.: 30 f.)

Die Grenzen des „rezeptionsbedingten Fragments" nach Braun sind eher schwer zu fassen.

---

18 Braun führt des Weiteren Thomas Manns *Bekenntnisse des Hochstaplers Felix Krull* als ein Beispiel für das konzeptionelle Fragment an. Diese Einordnung erscheint allerdings nicht wirklich überzeugend, wenn Braun selbst von dem „Geständnis der Unvollendbarkeit" (Braun 2002: 23) des Werks bei Thomas Mann spricht und ein Zitat von diesem anführt, das doch eher darauf hindeutet, dass es sich um ein produktionsbedingtes Fragment handelt.

Zusammenfassend lässt sich von einer dominanten Typologisierung in drei Kategorien sprechen: das überlieferungsgeschichtliche, das entstehungsgeschichtliche und das konzeptionelle Fragment. Letzterem kann das rezeptionsbedingte Fragment durchaus zugeordnet werden, da auch die Offenheit des Textes der Planung und Konzeption des Schreibenden entspringt.

### Häufige Themen der Sekundärliteratur

Handelt es sich beim Fragment überhaupt um eine Gattung? Dies ist eine in der Diskussion über das Fragment immer wieder gestellte Frage. So zielt Johannes Weiß' (2015) Untersuchung der „literarischen Gattung des Fragments" (ebd.: 13) darauf ab, dieses „als eine vom Aphorismus emanzipierte eigenständige Form" (ebd.) in den Blick zu nehmen. Auch am Ende seiner Ausführungen schreibt er von einer durch die Frühromantiker entwickelten „neue[n] Gattung" (ebd.: 195), die sich allerdings „[...] als ‚formlose Form' einer prägnanten Gattungsdefinition entzieht [...]" (ebd.). Auch bei Arlette Camion findet sich der Hinweis auf die „Literaturgattung des Fragments" (Camion et al. 1999: 16), die 1797 entstehe, als Friedrich Schlegel seine Sammlung *Kritische Fragmente* veröffentlichte. Die dezidierte Gegenposition vertritt Burdorf (2020), der in Friedrich Schlegels Begriff des Fragments „die Skizze einer Gattungstheorie des Aphorismus" (ebd.: 112) sieht. Insbesondere Schlegels Bestimmung des Fragments im *Athenäums*-Text 206 zieht Burdorf hier als Nachweis heran: „Ein Fragment muß gleich einem kleinen Kunstwerke von der umgebenden Welt ganz abgesondert und in sich selbst vollendet sein wie ein Igel." (Schlegel 1798: 206) Gattungstypologisch betrachtet, könnte Schlegels Charakterisierung tatsächlich den Aphorismus zum Gegenstand haben. Dennoch lässt sich das Phänomen, dass sich in der Frühromantik ein eigener Fragment-Begriff entwickelt, nicht einfach ignorieren.

Neben der Abgrenzung zum Aphorismus spielen in der gattungstypologischen Diskussion um das Fragment die Bezüge zu Formen wie der Notiz, der Aufzeichnung und dem Tagebuch eine Rolle. Voß spricht in Bezug auf Notizen und Tagebuchaufzeichnungen von Hugo von Hofmannsthal und Thomas Mann von „diaristische[m] Fragmentarismus" (Voß 2019: 570). Gemeint sind hiermit alltägliche, diskontinuierlich ausgeführte, oft nicht ausformulierte Aufzeichnungen, Momentaufnahmen und unfertige Skizzen, manchmal auch kommentierende (paratextuelle) Hinweise zu den jeweils entstehenden Werken der beiden Autoren. Die Betrachtung des diaristischen Fragmentarismus ist für die Untersuchung jugendliterarischer Texte produktiv, insofern die Form des Tagebuchs in der aktuellen Kinder- und Jugendliteratur populär und eine gattungsspezifische Nähe zum Fragment anzunehmen ist.

Neben gattungs- und kunsttheoretischen Aspekten wird das Fragment besonders unter anthropologischen Blickwinkeln betrachtet. Burdorf deutet es als Sinnbild der allgemein-menschlichen Erfahrung von Fragilität (vgl. Burdorf 2020: 16). Das Fragment als Verlusterfahrung wird immer wieder thematisiert. Bezogen auf die frühromantische Fragment-Deutung formuliert Strack: „Trauer und Utopie korrelieren in ihm." (Strack 1997: 324)

In der modernen und postmodernen Literatur wird das Fragment Thema im Diskurs um neue Identitätskonzepte. So konstatiert Karin Gerig,

> [...] daß die Erkenntnis der Konstrukthaftigkeit und die Anerkennung der eigenen Fragmentarität nicht einen völligen Zusammenbruch von Identität zur Folge haben muß, sondern einen Durchbruch zu prozessualen Identitätskonzepten eröffnet, die den Anforderungen moderner Existenz angemessener gerecht werden. (Gerig 2000: 9)

Diese Überlegung ist für die Jugendliteratur mindestens ebenso relevant wie für die Erwachsenenliteratur. Identitätsbildung ist eine der zentralen Funktionen von Jugendliteratur. Gerigs Gedanken folgend müssten auch in der Jugendliteratur prozessuale Identitätskonzepte vorgestellt werden, die die Fragmentarität menschlichen Seins anerkennen. Um den Gedankengang Gerigs noch deutlicher zu machen, sei sie hier ausführlicher zitiert:

> Denn bis heute wird die Diskussion um die Beschreibung und Festlegung von Fragmentarität von einer Oppositionsstruktur beherrscht: In dieser wird Fragmentarität immer nur negativ als pathologisches Versagen von Identität definiert. Das bedeutet wiederum, daß geglückte Identität in der Abgrenzung gegenüber fragmentarischer Nicht-Identität die idealisierte Zielsetzung einer bruchlosen und ganzheitlichen Persönlichkeit impliziert. Diesem Konzept von geglückter Identität und Autobiographie, das in dieser Studie kritisch beleuchtet werden soll, liegt also ein ganzheitliches und in sich geschlossenes Persönlichkeitsbild zugrunde, das im Laufe seiner Entwicklung deswegen Kontinuität

beanspruchen kann, weil von der Existenz eines „wahren Selbst" in einem Wesenskern ausgegangen wird. Vor diesem Hintergrund muß die Wahrnehmung von Brüchen und Unstimmigkeiten in der eigenen Persönlichkeit, von Entfremdungserfahrungen innerhalb des eigenen Selbst und in der Interaktion mit der Umwelt als krankhaftes Phänomen erscheinen, das auf eine nicht lebenstaugliche, schwache und instabile Persönlichkeit hinweise. Der Grund, warum Fragmentarität in der Moderne und insbesondere in der Postmoderne so sehr ins Rampenlicht gerückt ist, liegt nun darin, daß der Glaube an einen im Menschen angelegten Wesenskern, der trotz aller Entwicklungen und Veränderungen eine Basisstabilität und Kontinuität der Persönlichkeit gewährleisten kann, weitgehend zerbrochen ist. (Ebd.: 10)

Aus den Erläuterungen von Gerig ergeben sich für den vorliegenden Forschungsgegenstand interessante Fragestellungen: 1. In welchem Verhältnis stehen Identitätskonstruktionen und Fragmentarisierung in kinder- und jugendliterarischen Texten? 2. Welche Identitätskonzepte bieten die betreffenden jugendliterarischen Texte den Lesenden an? 3. Inwiefern entfaltet sich im Fragment ein in die Zukunft gerichtetes Potenzial?

Mit diesen Fragen gelange ich zur Darstellung des hier gewählten Forschungsansatzes.

## 3.4 Eingrenzung des Forschungsgegenstandes

Grundlegend für das vorliegende Vorhaben ist die Frage, inwiefern Fragmente und fragmentarisches Schreiben in der Kinder- und Jugendliteratur vorkommen. Es soll eine exemplarische Bestandsaufnahme unterschiedlicher Typen des Fragmentarischen in der Kinder- und Jugendliteratur sowie eine Analyse einzelner Beispiele vorgenommen werden. Die Bestandsaufnahme der unterschiedlichen Ansätze aus der Sekundärliteratur bietet bereits wichtige Anhaltspunkte für eine Strukturierung des Materials. So werden die drei grundlegenden Formen des Fragments aufgegriffen werden: das überlieferungsgeschichtliche, das entstehungsgeschichtliche sowie das konzeptionelle Fragment.

Voraussetzung für die Diskussion des Fragments ist die Frage: Wie zeigt sich das Phänomen in der Literatur? Wie kann es wahrgenommen werden? Das Fragment ist im Grunde eine Eigenschaft der Materie; einer Materie, der etwas fehlt. Das kann ein Buch sein, dem Seiten fehlen, ein beschriebenes Blatt, das Löcher aufweist, so dass der Text unvollständig ist. Das sind offensichtliche Beispiele, bei denen die räumliche Ausdehnung eines literarischen Objektes Beschädigungen aufweist. Es kann aber auch eine Geschichte sein, die mittendrin abbricht, weil die Schreibenden im Prozess der Entstehung das Interesse verloren oder gestorben sind. Es gibt natürlich auch konzeptuelle Abbrüche. Der Fragment-Begriff soll hier aber nicht so weit ausgedehnt werden, dass jede Geschichte, die ein offenes Ende hat, als Fragment zu betrachten sei. Vielmehr sollen vor allem solche Texte aufgegriffen werden, in denen die narrativen Abbrüche und Leerstellen zur Darstellung des Fragmentarischen dienen und sich eine Fragment-Fiktion entwickelt. Jeder mehrdeutige Text arbeitet mit Leerstellen, also Stellen, die im Sinne von Wolfgang Iser (1976) die Lesenden dazu auffordern, eigene Vorstellungen zu entwickeln. Laut Iser bezeichnen Leerstellen „[...] die Besetzbarkeit einer bestimmten Systemstelle im Text durch die Vorstellung des Lesers. Statt einer Komplettierungsnotwendigkeit zeigen sie eine Kombinationsnotwendigkeit an." (Iser 1976, 284) Auch wenn ein Text viele Leerstellen aufweist, wird er dadurch noch nicht zum Fragment. Vielmehr verweist das Fragment auf einen Akt der Zerstörung oder des Abbruchs oder auf eine besondere Art der Weltwahrnehmung, was nicht zwangsläufig jede Leerstelle beabsichtigt oder vermag.

Das Fragment kann in einer weiteren Dimension auch ein Phänomen sein, über das in literarischen Texten gesprochen wird. Demgemäß können fragmentierte Objekte zu bedeutungstragenden Motiven werden. Dies wird vermutlich häufig in der Kinder- und Jugendliteratur vorkommen. So gehört das Auffinden von Bruchstücken einer Schatzkarte oder kriminalistischer Hinweise zu typischen Motiven der Kinder- und Jugendliteratur. Es sollen aber nur solche Beispiele herausgegriffen werden, in denen der Akt der Fragmentierung oder der fragmentarische Charakter des Objekts zum Thema gemacht wird.

Des Weiteren sollen solche Texte Gegenstand der Untersuchung sein, die von den Schreibenden selbst als Fragment bezeichnet werden.

Fragmentierung kann darüber hinaus als stilistisches Prinzip auftreten. Gemeint sind Texte, die skizzenhaft und montiert sind, in denen Brüche nicht geglättet sind, sondern als formales Prinzip auftreten. Es sind Texte, die eine fragmentierte Weltbeobachtung zeigen – auf der Ebene der *histoire* wie auf der Ebene des *discours*.

Zusammengefasst sind es folgende Ausformungen des Fragmentarischen, die hier vorgestellt werden sollen:

- das literarische Fragment als materielles Objekt, das sowohl überlieferungsgeschichtlich als auch entstehungsgeschichtlich begründet sein kann,
- das literarische Fragment als Fragment-Fiktion, das konzeptionell begründet ist,
- literarische Selbstzuschreibungen als Fragment,
- das fragmentierte Objekt als Motiv,
- der fragmentarische Stil, der in einer bestimmten Weltwahrnehmung oder einem postmodernen Identitätskonzept begründet ist.

Zur Eingrenzung des Textkorpus wurde nach Beispielen aus der Kinder- und Jugendliteratur gesucht, die diese unterschiedlichen Varietäten des Fragmentarischen aufweisen. Zunächst folgen Überlegungen dazu, wie die Analyse der Beispiele methodisch anzulegen ist.

## 3.5 Forschungsmethodik und -fragen

Die Untersuchung fußt im Wesentlichen auf zwei Forschungsansätzen: aus der Materialitätsforschung und aus der Narratologie. Da der Fragment-Status wesentlich eine Eigenschaft der Materie ist, lag es nahe, hieran zunächst anzusetzen. Die Materialitätsforschung hat den großen Vorteil der Interdisziplinarität. Wie schon der Überblick über die Sekundärliteratur und über die historische Entwicklung des Fragments gezeigt hat, gibt es diverse Berührungspunkte in der Erforschung des Fragments zwischen Literaturwissenschaft, Archäologie, Kunstgeschichte, Psychologie und anderen Fachrichtungen. Diese übergreifende Perspektive ist für eine Annäherung an literatur-gebundene Artefakte sinnvoll, da auch hier multimodale Kunstwerke vorliegen, die eine bestimmte Materialität, Visualität, Haptik und Historie aufweisen.

Literatur und Materialität stehen in einem unmittelbaren Zusammenhang (vgl. Scholz, Vedder 2018). So ist das Erscheinungsbild von Literatur ein Materielles, ein haptisch, visuell und olfaktorisch Erfahrbares: Das Buch hat ein bestimmtes Gewicht, eine Größe, einen charakteristischen Geruch. Es weist unterschiedliche Papiersorten, diverse Arten von Einbänden, verschiedene Schriftarten, -größen und -farben auf. Selbst die Texte auf einem E-Reader oder auf dem Computerbildschirm haben eine bestimmte Stofflichkeit. Die Materialität spielt auch schon beim Entstehungsprozess eines Textes eine Rolle, so ist zu unterscheiden, ob er mit einem Stift oder mit einer Tastatur, von Hand geschrieben oder mündlich diktiert wurde und welche Schreibunterlagen zur Verfügung standen. So hat jeder Text seine eigenen Entstehungskonditionen und -geschichte.

Darüber hinaus bedienen sich Texte materieller Objekte zur Darstellung vielfältiger Sinngehalte, um eine realistisch erkennbare diegetische Welt zu schaffen (vgl. ebd.: 12). Dinge im Text können auch als symbolische Akteure auftreten oder als ästhetisch-poetologische Reflektoren fungieren.

Eine weitere materielle Komponente spielt insbesondere in der Kinder- und Jugendliteratur eine wichtige Rolle: die illustrative Gestaltung. Das Bild ist eine zweidimensionale Abbildung von Materie, komponiert aus Linien, Flächen, Farben, geschaffen mit ganz unterschiedlichen Materialien und Techniken.

Die neuere Materialitätsforschung befasst sich mit der materiellen Beschaffenheit von Dingen und Artefakten und deren Potenzial in je spezifischen Kontexten (vgl. Tietmeyer et al. 2010). Dinge und Artefakte haben eine eigene Biographie mit unterschiedlichen Lebensabschnitten, Wertigkeiten und Gebrauchsweisen (vgl. Appadurai 1986). Schon Sergej Tretjakow spricht von der „Biographie des Dings" in seinem gleichnamigen Aufsatz von 1929 (Tretjakow 2007). Die Erforschung einer Objektbiographie ist für die Betrachtung des Fragments von großem Interesse, denn durch den biographischen Ansatz können unterschiedliche Stadien des Objekts und der Prozess der Fragmentarisierung offenbart werden.

Ein anderer Aspekt der Materialitätsforschung wird von Hans Peter Hahn als der „Eigensinn der Dinge" (2015) bezeichnet. Gemeint ist damit die „Entfaltung von Sinnhorizonten in der Aktion zwischen Menschen und Dingen" (Hahn 2015: 14). Eigensinn bezeichnet hier die Disposition, sich bestimmten Praktiken in den Weg zu stellen. Auch dies eröffnet eine spannende Perspektive auf das Fragment. Es stellt sich z. B. die Frage, inwieweit sich das Fragment einem kontinuierlichen Lesefluss oder einer Sinnkonstruktion entgegenstellt.

In der Literaturwissenschaft wird die Materialität der untersuchten Objekte in ganz unterschiedlichen Kontexten betrachtet, z. B. in der Motivforschung oder in der Editionsforschung. Aber auch in der Narratologie spielt die materielle Dimension eine Rolle. Für die Analyse von Bilderbüchern hat Michael Staiger 2014 ein fünfdimensionales narratologisches

Modell entwickelt, das er 2022 um eine sechste Dimension erweiterte. Dieses Modell berücksichtigt multimodale Objekte aus dem Kontext der Kinder- und Jugendliteratur, insofern bietet es sich auch für die vorliegende Forschungsarbeit an. Staigers Werkzeugkasten unterscheidet folgende Dimensionen des zu untersuchenden Artefaktes: die peritextuelle und materielle, die verbale, die bildliche, die intermodale, die narrative und die kontextuelle Dimension. Zu der Untersuchung der peritextuellen und materiellen Dimension zählt er neben den Beschreibungsmerkmalen des materiellen Objektes auch den Titel sowie Zusatzmedien, die dem Buch beigefügt sind. Die Typographie wird hier nicht aufgeführt. Bei der verbalen Dimension nennt Staiger die Kategorien: Wortwahl, Satzbau, Textgestaltung, Stil, Tempus, Übersetzung und Mehrsprachigkeit; bei der bildlichen Dimension sind es: Linie, Farbe, Fläche, Raum/Perspektive, Bildnerische Technik, Stil, Textur, Design und Layout. Bei der intermodalen Dimension wird das Verhältnis von Schrifttext und Bild zueinander untersucht. Die narrative Dimension gliedert sich (Gérard Genette folgend) in Kategorien, die die *histoire*, also was erzählt wird, und den *discours*, also wie erzählt wird, beschreiben. Die neue, sechste Dimension ist die kontextuelle. Diese umfasst die Untersuchung der Intertextualität, der Intermedialität, von Epitexten, historischen Bezügen und Entstehungsbedingungen, biographischen Bezügen, der Rezeptions- und Wirkungsgeschichte sowie „weitere[r] theoretische[r] Hintergründe oder Bezugswissenschaften" (Staiger 2022: 8). Staiger betont, dass die einzelnen Dimensionen nicht nur im zu untersuchenden Objekt selbst, sondern auch in der Analyse „[…] untrennbar miteinander verbunden […]" (ebd.: 5) seien. Insofern sind Staigers Kategorien durchaus flexibel zu handhaben. In der vorliegenden Untersuchung werden z. B. einige Kategorien der kontextuellen Dimension bereits in der Objektgeschichte behandelt werden.

Aus dem bisher Gesagten ergeben sich eine grundlegende Struktur für die Analyse und diverse Forschungsfragen in Bezug auf den Fragment-Status der Artefakte:

1. Objektbiographien von Fragmenten:
    – Ist das Artefakt als Objekt ein Fragment?
    – Gibt es paratextuelle Hinweise auf einen Fragment-Status?
    – Wurde das Artefakt durch einen Prozess der geplanten oder zufälligen Zerstörung zum Fragment?

- Wurde es als Fragment geschaffen – als Plan der Buchgestaltung?
- Gibt es überlieferungsgeschichtliche Fragmentierungsereignisse?
- Welche objektbiographischen Phasen lassen sich erkennen – vom Manuskript zum veröffentlichten Text zum Fragment?
- Wie ist das Artefakt in den Kontext der Autor:innen-Biographie und der schriftstellerischen Produktion einzuordnen? Ergeben sich hieraus Erklärungsansätze für die Fragmentierung?
2. Analyse auf der Basis der Dimensionen nach Staiger:
   - Inwiefern ergeben sich aus der Analyse der einzelnen Dimensionen Hinweise auf Fragmentierung?
   - Wie werden fragmentierte Dinge verbal und bildnerisch sowie intermodal repräsentiert?
   - Was bedeutet Fragmentierung für die Organisation des Textes – Erzählperspektive, Figurencharakterisierung, Raumkonstellationen, Handlungsverlauf, Darstellung von Zeit?
3. Schlussfolgerungen
   - Inwiefern spielt die Unterscheidung von Fragmenten aus der Vergangenheit und aus der Zukunft in den Artefakten eine Rolle?
   - Finden sich Fragmentierungsprozesse oder Fragmente in der Darstellung von Identitäten bzw. von Identitätsentwicklung in der Jugendliteratur? Was sagt dies über das Identitätskonzept aus?
   - Welche Aussagen werden auf der Grundlage fragmentierter Objekte über Menschen und Kultur gemacht?

Diesen Fragen soll in der Analyse der Einzeltexte nachgegangen werden. Je nach Text sind die Fragen auch unterschiedlich stark zu gewichten. Vor den Analysen sind aber noch einige genrespezifische Überlegungen anzustellen.

# 4. Diaristische Fragmente

Die Eingrenzung des Textkorpus auf diaristische Texte ermöglicht eine Fokussierung der Studie auf die Verknüpfung von Fragment und Identitätskonzept, da Tagebücher Ego-Dokumente sind und sich damit als Beispiele für Identitätskonstruktionen besonders eignen. Ausgewählt wurden die *Tagebücher der Anne Frank*, der Roman *Verloren in Eis und Schnee* von Davide Morosinotto, der zwei fiktionale Tagebücher beinhaltet, und Nils Mohls *An die, die wir nicht werden wollen*, ein Text, in dem er in peritextuellen Hinweisen auf einen autobiographischen Diskurs hindeutet und der von seiner Anmutung her an ein Weblog erinnert. Diese genrespezifischen Bestimmungen werden am Ende dieses Kapitels weiter ausgeführt werden. Die drei Exempel haben zudem den Vorteil, dass sich an ihnen die verschiedenen Ausformungen des Fragments darstellen lassen – das Fragment als materielles Objekt, die Fragment-Fiktion, die Selbstzuschreibung als Fragment, das fragmentierte Objekt als Motiv und der fragmentarische Stil (vgl. Kapitel 3.4).

## 4.1 Diaristische Aufzeichnungen und das Tagebuch

Zunächst zum Begriff des Diaristischen: Diaristisch heißt in der Art eines Tagebuchs. Die etymologische Herleitung von „Tagebuch" lautet bei Kluge:

> Tagebuch n. (< 17. Jh.). Übersetzt aus ml. *diurnalis* (s. *Journal*) oder 1. *diurnum (commentatoriolum)* zu 1. *diēs f./m.* ‚Tag'. Dies ist seinerseits eine Lehnübersetzung von gr. *ephēmeris f.* ‚Tagebuch' zu gr. *hēmérā f.* ‚Tag'. (Kluge 1995: 813, Hervorh. i. O.)

In allen europäischen Sprachen findet sich die begriffliche Herleitung der Genre-Bezeichnung über das Wort Tag (vgl. Schönborn 2007: 574). Im Italienischen heißt es *giornale* und *diario*, im Spanischen *jornal* und *diario*, im Französischen *journal*, im Englischen *diary* (vgl. Boerner 1969: 13). Bis ins 18. Jahrhundert war der Begriff *Ephemerides* gebräuchlich (Schönborn 2007: 574), was wiederum – wie der Erläuterung von Kluge zu entnehmen ist – auf das griechische Wort für Tag zurückzuführen ist. Vorläufer des diaristischen Schreibens finden sich schon im 6. Jahrhundert vor Christi in der Form von assyrischen Tontafelkalendern, auf denen in Keilschrift

Angaben zum Wetter und zu Getreidepreisen gemacht wurden. Aus antiken Schriften sind zudem diaristische Aufzeichnungen über Herrschertaten überliefert. „Ausgehend von den [...] antiken Vorläuferformen gilt die beginnende Neuzeit als Ausgangspunkt für wesentliche Veränderungen der Tagebuchform hin zu unserem heutigen Verständnis." (Runschke 2020: 25)[19] Die Anfänge tagebuchartiger Texte im deutschsprachigen Raum liegen im 15. und 16. Jahrhundert. Während in der Renaissance noch der chronikalische Stil überwiegt, rückt im 18. Jahrhundert das Subjekt und damit die Selbstbeobachtung in den Blick der diaristischen Aufzeichnungen. Im Pietismus wird das Tagebuch zum Instrument der Gewissensprüfung, in der Aufklärung ist es Mittel einer selbstreflexiven Erziehung und in der Empfindsamkeitsbewegung wird es zur Beobachtung der eigenen Gefühlsregungen genutzt. Zwei Aspekte tragen zur Popularisierung des Tagebuchs im 18. Jahrhundert wesentlich bei: die zunehmende Alphabetisierung, wodurch das Tagebuchschreiben zu einem Alltagsphänomen von gebildeten Bürger:innen werden konnte, und der Zuwachs an Individualreisen, die in Reisejournalen festgehalten wurden. Während die Tagebuchaufzeichnungen des 18. Jahrhunderts noch Gegenstand des öffentlichen Diskurses in (kleinen) Kreisen, z. B. der Salon-Kultur, waren, entwickelt sich im 19. Jahrhundert in Frankreich das *Journal intime*, also das private Tagebuch, das der Beobachtung der eigenen Psyche gewidmet und nicht für die Öffentlichkeit bestimmt ist. Ein wenig zeitverzögert wird diese Form des Tagebuchs auch im deutschsprachigen Raum populär. Runschke konstatiert, dass vor allem negative Gefühle hier thematisiert werden (vgl. Runschke 2020: 38): „Der Mensch wird [...] sich selber zum Problem" (Vogelsang 1971: 171, zit. n. Runschke 2020: 37 f.) und nutzt das Tagebuch als psychologische Stütze. Es entstehen Adoleszenten-Journale, die Boerner folgendermaßen charakterisiert: „Konflikte mit den Eltern, religiöse und philosophische Probleme, Gedanken über das allgemeine Zeitgeschehen und immer wieder Selbstanklagen, Selbstbelobigungen, endlose Gefühlsergüsse" (Boerner 1969: 52, zit. n. Runschke 2020: 39).

---

19 Bei den weiteren historischen Ausführungen folge ich weitgehend Runschke (2020), die eine Zusammenfassung der Forschungsliteratur zur Geschichte des europäischen Tagebuchs leistet. Sie rekurriert hierbei auf Boerner (1969), Hocke (1963), Görner (1986) und Wuthenow (1990).

Neben der immer größeren Verbreitung des privaten Tagebuchs wird ebenfalls im 19. Jahrhundert die Tagebuch-Form als literarisches Muster immer populärer. Berühmte Beispiele sind Wilhelm Raabes *Chronik der Sperlingsgasse* (1857) und Bram Stokers *Dracula* (1897), dessen Text aus einer Folge von Tagebucheinträgen besteht. Auch in der Jugendliteratur setzt sich das Muster des fiktiven Tagebuchs immer mehr durch. Zu den populärsten Büchern der Jugendliteratur am Ende des 20. Jahrhunderts und des beginnenden 21. Jahrhunderts gehören gleich mehrere fiktive Tagebücher, z. B. *Berts Katastrophen* (ab 1987) von Sören Olsson und Anders Jacobsson, *Gregs Tagebuch* von Jeff Kinney (ab 2004), *Rico, Oskar und die Tieferschatten* (2008) von Andreas Steinhöfel, worin Rico ein Ferientagebuch führt.[20]

Ab dem Ende des 20. Jahrhunderts wird das Tagebuch, im Zuge der Digitalisierung, wieder – wie schon im 18. Jahrhundert – auch zu einem öffentlichen Dokument. Als einer der Wegbereiter des Online-Tagebuchs gilt Justin Hall, der 1994 als Student mit einem Online-Tagebuch auf seiner Homepage startet. Der Begriff des Weblogs wird (vermutlich) durch John Barger 1997 für diese Form des Tagebuchs geprägt, heute ist der Begriff Blog für die Form des Online-Tagebuchs üblich geworden.

Aus der kurzen historischen Übersicht lassen sich bereits zwei wesentliche Aspekte der Bestimmung des Tagebuchs festhalten: 1. Während das Tagebuch zunächst vor allem zur Aufbewahrung von Daten, Ereignissen und Erinnerungen genutzt wurde, entwickelt es sich in der Neuzeit zu einem Instrument der Selbstbeobachtung und -erziehung. 2. Das Tagebuch steht in einem Spannungsverhältnis von Privatem und Öffentlichem, woraus sich die Frage ableitet: Wer ist das Gegenüber der Schreibenden?

Dies sind nur zwei Aspekte, die in der Bestimmung des Tagebuchs diskutiert werden. Immer wieder heißt es in der Sekundärliteratur, dass das Tagebuch schwer zu fassen sei (vgl. Runschke 2020: 18; Vogelsang 1971: 5). Jurgensen schreibt dazu: „Jeder Versuch einer dogmatisch-präzisen Definition des Tagebuchs scheint daher sinnlos." (Jurgensen 1979: 10)

---

20 2021 schrieben Jan Standke und Inger Lison einen Call for papers zu dem Thema *Tagebücher, Briefe, Listen, Blogs & Co. Selbstzeugnisse in Kinder- und Jugendliteratur und -medien* aus. Der Band wird 2024 unter dem Titel *Sich selbst schreiben* 2024 erscheinen.

Einigkeit besteht nur insoweit, als das Tagebuch „[...] das Buch eines oder des Tages" (Runschke 2020: 16) sei. „Es erzählt nicht nur *von* ‚Tagen', sondern auch *in* ‚Tagen'." (Dusini 2005: 93). Durch die Struktureinheit des Tages unterscheidet es sich von der Autobiographie, in der das schreibende Ich eine „retrospektive Gesamtperspektive" (Schwalm 2007: 750) einnimmt. Dusini rechnet das Tagebuch neben Autobiographie und Brief zu den „Gattungen des autobiographischen Diskurses" (Dusini 2005: 9). Er setzt sich intensiv mit der Frage nach den Gattungsmerkmalen auseinander und unterscheidet dabei drei Typen von Gattungsmarkierungen: 1. intratextuelle gattungsbezogene Auskünfte, die im Text selber gegeben werden; 2. peritextuelle Hinweise auf die Gattung, die im Vorwort, durch Zwischentitel, Randglossen oder eine Zusammenfassung angezeigt werden, und 3. hypertextuelle Gattungsmarkierungen über die Titulatur[21] (vgl. ebd.: 34 f.). Diese Differenzierung wird für die Analyse der drei Textbeispiele aus der Kinder- und Jugendliteratur hilfreich sein.

Als Gattungsmerkmal hebt Dusini vor allem die Struktureinheit des Tages hervor, wodurch mit einer größeren „Brennweite" (ebd.: 76) als in der Autobiographie das Bild des Lebens eingefangen werde.[22] Die Tagebuch-Aufzeichnung sei von besonderem Detailreichtum, gleichzeitig aber auch das „Destillat eines Tages" (ebd.: 75), also „[...] das Ergebnis einer rigorosen Selektion." (Ebd.: 104) Runschke fasst als Kennzeichen des Tagebuchs zusammen,

- dass es chronologisch geführt sei,
- theoretisch nie abgeschlossen sei – es sei denn, es bezieht sich bewusst auf einen abgeschlossenen Zeitraum wie z. B. das Reisejournal –,
- dass die Eintragungen erkennbar getrennt seien und eine gewisse Regelmäßigkeit aufweisen und
- dass es ein Ego-Dokument sei.

---

21 In der Verwendung des Begriffs „hypertextuell" weicht Dusini bewusst von Genettes Terminologie ab.
22 Dies korrespondiert mit dem Anspruch der Genauigkeit, den Jurgensen für das Tagebuch ausmacht (vgl. Jurgensen 1979: 13), wodurch es in die Nähe von Tageszeitungen rücke.

Für Inhalt, Umfang und Form gebe es kein Maß und keine Regel. Tagebücher seien vielmehr von jeglichen Normen enthoben (vgl. Runschke 2020: 20 f.).

Während Hocke immer wieder vom „echten Tagebuch" (Hocke 1963: 25) spricht, das nicht für die Öffentlichkeit bestimmt sei, und zwischen unliterarischen, literarischen Pseudo-Tagebüchern sowie fingierten Tagebüchern (vgl. ebd.: 11) unterscheidet, betont die Mehrheit der Forscher:innen, dass eine trennscharfe Abgrenzung von privaten und literarischen Tagebüchern nicht möglich sei (vgl. Kochinka 2008: 17, Runschke 2020: 14). Auch Jurgensen vertritt die Auffassung, dass die Unterscheidung von literarischem und nicht-literarischem Tagebuch auf einem „Missverständnis" (Jurgensen 1979: 8) beruhe.

Die beiden wichtigsten Kriterien zur Bestimmung des Tagebuchs sind die Zeit und das Ich, genauer: die Zeiteinheit Tag und das schreibende Ich, daher sollen diese beiden Aspekte noch genauer betrachtet werden.

## 4.2 Zeit und Ich im Tagebuch

„Tagebücher präsentieren gewesenes Präsens." (Kästner 1961: 13), sie sind „materialisierte Zeit" (Dusini 2005: 9). Insofern gehören sie auch zu den wichtigsten Forschungsobjekten der *Memory Studies*. Durch das Aufschreiben der Tagesereignisse oder täglichen Gedanken wird vergangene Lebenszeit verfügbar und greifbar gemacht. Sie wird gewissermaßen im Text festgehalten. Das Datum hat dabei eine strukturierende Funktion, es ermöglicht die zeitliche Orientierung „auf einer ‚chronikal' regulierten Zeitachse" (ebd.: 173). Die Datierung eröffne dem Tagebuch eine „unvergleichliche Dramaturgie von Zeiterfahrung" (ebd.), so Dusini. Die Datierung des beschriebenen Tages muss allerdings nicht unbedingt mit dem Tag des Erlebens und dem Tag des Aufzeichnens übereinstimmen. Nur scheinbar rücken Erleben, Beschreibung und Aufzeichnung in einem Tag zusammen (vgl. Runschke 2020: 16). Im Tagebuch wird „biographisch reflektierte Ich-Geschichte" (Jurgensen 1979: 22) festgehalten. Literatur und Geschichte gehen dabei ineinander über. Es ist im Text eingefangene Zeiterfahrung. Gerade im 20. Jahrhundert wird das Tagebuch somit zum zentralen Medium der Erfahrung von Krieg, Gewalt, Verfolgung und Exil. Es ist „Augenzeugenbericht eines Betroffenen" (Jurgensen 1979: 13), der

„Zivilisationsbericht eines Zeitgenossen" (ebd.: 15). Häufig ist das Tagebuch Dokument einer Krise – sei es einer weltpolitischen, wie der Zweite Weltkrieg, oder einer persönlichen, wie der Selbstfindung im Adoleszenten-Tagebuch. Beides ist oftmals nicht voneinander getrennt, wie die Tagebücher der Anne Frank zeigen werden. „Textuelle Zeiterfahrung ist, gerade in ihren Inkohärenzen, Erfahrung von Lebenszeit" (Dusini 2005: 188), jede Unterbrechung der Aufzeichnungen ist auch eine mögliche Unterbrechung des Lebens, womit sich allmählich die Frage nach dem Zusammenhang von Tagebuch und Fragment anbahnt. Zugleich eröffnen sich für die vorliegende Untersuchung weitere Forschungsfragen im Horizont der *Memory Studies*: Wie spiegeln sich Zeiterfahrung und der Vorgang des Erinnerns in den ausgewählten diaristischen Texten? Wie ist der symbolische Gehalt von fragmentierten Objekten in der Darstellung von vergangener Zeit einzuordnen oder wird das Erinnern selbst als fragmentierter Prozess beschrieben? Hierauf wird bei der Betrachtung der Textbeispiele einzugehen sein.

Zunächst aber zum Ich im Tagebuch: Alle autobiographischen Genres setzen eine Identität von Autor:in, Erzähler:in und Hauptperson voraus. Allerdings kann auch der oder die Schreibende eines Tagebuchs eine fiktive Figur sein, so dass sich, wie z. B. bei Morosinotto zu zeigen sein wird, alle drei Instanzen – schreibendes Ich, erzählendes Ich und Protagonist:in – als fiktional herausstellen. Das schreibende Ich ist zugleich das erste lesende Ich des Tagebuchtextes, insofern ist dieser auch immer eine Art Selbstgespräch, das sich aber ebenso an andere Lesende richten kann, wie das Beispiel des Weblogs, welches sich an eine große Öffentlichkeit richtet, deutlich macht.

Insbesondere Jurgensen hat sich mit dem Ich im Tagebuch auseinandergesetzt. Er betont, dass das Ich im Tagebuch ein Ergebnis von „Selbstgestaltung" (Jurgensen 1979: 7) sei und somit immer auch fiktional: „Im Tagebuch prallen Ich-Erfindung(en) und Erfindung(en) des Ich aufeinander." (ebd.: 8) Dem entspricht Jurgensens Diagnose, was das große Thema des Tagebuchs sei: „Ich weiß nicht, wer ich bin." (ebd.: 16) Das Tagebuch sei das Medium der Ich-Analyse. „Gerade im Stadium jugendlicher Ungewißheit spielt das Tagebuch eine entscheidende Rolle in der Selbstbestimmung des sich bewußt werdenden Ich." (Ebd.: 19) Es ist also ein Medium der Identitätskonstruktion. Damit gelangt die Bestimmung des Tagebuchs zu der Frage nach den Funktionen dieser Textform.

## 4.3 Die Funktionen des Tagebuchs

Mehrere Funktionen wurden in den vorausgegangenen Erläuterungen bereits erwähnt. Jurgensen fasst die Impulse der „diarischen Bestandsaufnahme" und Reflexion (1979: 12) in Fragen zusammen: „[W]as bin ich? [...] warum ist das, was ist, so, wie es ist? und: warum bin ich, der ich bin, so, wie ich bin? und: wie sind wir Existenzformen im Verhältnis zueinander?" (ebd.) Es geht also auch um eine Verortung des Selbst in der Welt und der Gesellschaft. „Erkenne dich selbst!" (Dusini 2005: 138) sei das Ziel des autobiographischen Tagebuchs. Es ermöglicht, Klarheit in Gedankengänge und Gefühlszustände zu bringen. „Das Selbstgespräch [im Tagebuch, S.J.] regt zu Selbstauslegung, Selbstplanung und Selbstermunterung an." (Hocke 1963: 73) Diese drei Variationen implizieren verschiedene Funktionen des Tagebuchs: Es dient der Identitätsfindung, der Selbstgestaltung sowie der Lebensplanung und als psychologische Stütze. Wenn Johann Caspar Lavater in seinem Tagebuch schreibt: „Über mich selbst nachdenken, ist das Leben des Lebens" (Lavater 1771: 56, zit. n. Hocke 1963: 73), wird die textuelle Verarbeitung zu einer Existenz in einer zweiten Dimension. Das Leben im Tagebuch wird zu einer fiktionalen Existenz, der ebenfalls ein Realitätsanspruch zukommt. Durch das Sich-Selbst-Erzählen, also eine Art Selbstgestaltung im Tagebuch, eröffnet es auch die Möglichkeit, es als Medium der Selbststilisierung zu verwenden: „[I]m diarischen Ich-Theater findet der Autor seine literarische Identität" (Jurgensen 1979: 17). Diese Funktion verdeutlicht Jurgensen am Beispiel des Tagebuchs von Friedrich Hebbel, der es „[...] als Korrektiv und komplementäre Eigendarstellung seiner Biographie [...]" (ebd.: 16) geschrieben habe.

Eine andere zentrale Funktion des Tagebuchs ist das Erinnern. Hier unterscheidet Runschke zwei Ebenen: das Erinnern aus der Fülle von Tagesgeschehnissen und das Tagebuch als „Magazin zukünftigen Erinnerns" (Runschke 2020: 12). Das heißt: Im Schreiben werden die Ereignisse des Tages erinnert und resümiert, es ist eine „tägliche reécriture" (Dusini 2005: 76), gleichzeitig ist das Tagebuch auch Aufbewahrungsort der Erinnerung und damit auf ein späteres Wiedererinnern angelegt.

Verschiedene Typen des Tagebuchs deuten des Weiteren auf unterschiedliche Funktionen hin: Für viele Dichter:innen ist das Tagebuch vor allem ein Werkbuch, in welchem Skizzen und Schreibideen festgehalten werden.

So finden sich z. B. bei Hermann Hesse Tagebuch-Aufzeichnungen, in denen Vorstudien für den *Steppenwolf* (1927) notiert sind (vgl. Jurgensen 1979: 17).

Andere Typen von Tagebüchern sind das Kriegstagebuch oder das Exiltagebuch. Während das Kriegstagebuch oftmals als Augenzeugenbericht oder zur Verarbeitung der krisenhaften Erlebnisse dient, haben Tagebücher, die im Exil entstehen, für die Schreibenden eine Art Fluchtfunktion: „In der diaristischen Selbstgestaltung beheimatet sich ein flüchtiges Ich." (Ebd.: 21)

Tagebücher haben einerseits Funktionen für die Schreibenden und andererseits für die Lesenden. Für die Lesenden sind sie historische Quellen, Dokumente vergangener oder unbekannter Erlebnis- und Alltagswelten. Stellenweise mag das Tagebuch auch voyeuristische Interessen befriedigen, indem es Einblicke in intime Erfahrungen eröffnet. Es kann für Lesende Begleiter bei der eigenen Identitätssuche werden oder eine Entlastungsfunktion übernehmen, indem die Lesenden erkennen, dass das Leben auch von den Tagebuch-Schreibenden als krisenhaft erlebt wurde. Darüber hinaus kann das Tagebuch zum Modell für eigene Schreibprojekte werden.

Nach diesen Überlegungen zur Funktion des Tagebuchs geht es nun darum, herauszuarbeiten, was das Tagebuch und das Fragment miteinander verbindet.

### 4.4 Tagebuch und Fragment

Hierfür soll zunächst die Materialität des Tagebuchs in den Blick genommen werden. Der Begriff „Buch" für das Tagebuch ist in der Regel irreführend. Meist wird es in Heften festgehalten. Die Varianten der Textträger sind mannigfaltig: „Eingelegte Zettel, Durchschußblätter, Blätter, Blattkonvolute, Hefte, Heftstöße, Pakete [...]" (Dusini 2005: 137). Dusini betont, dass ihm kein Tagebuch bekannt sei, das durchgängig in einem Buch geführt worden wäre (vgl. ebd.: 134). Es sei „[...] mit seinen Büchern, Heften, Konvoluten und Blättern oder Zetteln materialiter von schöner Zerstreutheit." (Ebd.: 208) Zerstreut kann in diesem Kontext mehrere Bedeutungen annehmen: Das Tagebuch ist nicht auf einen Textträger konzentriert und es kann auf viele Orte verteilt sein, es bietet – im Sinne Dusinis – eine positive Vielfalt an materiellen Erscheinungsformen, aber auch seine in der Materie gespiegelte Geisteshaltung ist die der Zerstreuten, die zwischen Formen und Themen des Schreibens frei fluktuieren.

Materalität des Tagebuchs bedeutet aber auch: Seine Textträger sind weitaus flüchtiger als ein Buch: Zettel, Blätter und Hefte gehen leicht verloren und können ebenso leicht zerstört werden. Ihnen droht immer die Gefahr der Fragmentierung. Das Flüchtige und das Partielle scheint aber nicht nur dem Textträger anzuhaften, sondern auch seinem Inhalt. So schreibt Kästner:

> Tagebücher präsentieren gewesenes Präsens. Nicht als Bestandsaufnahme, sondern als Momentaufnahmen. Nicht im Überblick, sondern durch Einblicke. Tagebücher enthalten Anschauungsmaterial, Amateurfotos in Notizformat, Szenen, die der Zufall arrangierte, Schnappschüsse aus der Vergangenheit, als sie noch Gegenwart hieß. (Kästner 1961: 13)

Kästners Unterscheidung von „Überblick" und „Einblick" deutet an, dass das Tagebuch zum einen nicht einem übergreifenden rückblickenden Plan folgt – wie z. B. die Autobiographie – und dass es zum anderen kein vollständiges Abbild der Lebenszeit ist. Was es zeigt, sind Ausschnitte, Partikel und Fragmente eines sich selbst beziehungsweise sein Leben spiegelnden Ich. Jurgensen spricht dementsprechend von *„Ich-Improvisationen"* und von *„Gelegenheitsskizzen"* (Jurgensen 1979: 20, Hervorh. i. O.). Vielsagend für den Bezug zum Fragment sind auch einige der Topoi, die Dusini für das Tagebuch zusammengetragen hat. Hier finden sich Bezeichnungen wie „'Abort der Literatur' ", „'Schnupftuch' " oder „'Spucknapf meiner Stimmungen und Verstimmungen' " (Dusini 2005: 68).[23] Dies offenbart nicht nur eine negative Sicht auf das Tagebuch, sondern auch die Auffassung, dass das Tagebuch nur bröckchenhafte Teile und Ausscheidungen beinhalte, also stets ein unvollständiges, fragmentarisches Bild zeige.

Der Materie des Tagebuchs, seinem Inhalt und offenbar auch seiner Struktur ist etwas Fragmenthaftes zu eigen. So begründet Schwalm den Bedeutungszuwachs des Tagebuchs in der Moderne mit seiner „offene[n] Struktur [, die] der modernen und postmodernen Poetik des Fragmenthaften, Zerstreuten und Medialen entspricht." (Schwalm 2007: 751)[24] Einziges

---

23 Leider gibt Dusini hier keine Quellen an.
24 Auch Thibaut spricht von der „offenen Struktur" diaristischer Texte und der Neigung des Tagebuchs „zur Abbreviatur, zum Fragment" (Thibaut 1990: 43).

Strukturprinzip des Tagebuchs ist der Tag. Dabei können Tage, manchmal auch Wochen, Monate oder Jahre ausgelassen werden und der Tag der Niederschrift muss nicht dem Tag des Beschriebenen entsprechen. Der erste Tag muss nicht als Einleitung fungieren und der letzte Tag nicht als gestalteter Schluss.

Manche Formen des Tagebuchs – wie das Reisejournal oder der Reiseblog – beschreiben einen in sich abgeschlossenen Zeitraum, die meisten Tagebücher aber zeigen immer nur einen Ausschnitt des Lebens. Sie brechen irgendwann ab – sei es, weil die Krise, aus der heraus das Tagebuch entstanden ist, überwunden wurde, oder weil das Interesse am Tagebuchschreiben verloren ging oder weil der oder die Schreibende verstarb. Während „[die] leere Seite des anzufangenden Schriftträgers [...] ein Versprechen [ist]; [sind] die leere Seite oder die leeren Seiten am Ende desselben [...] ein Unfertiges: kein Noch-Nicht, sondern ein Nicht-Mehr." (Ebd.: 195) Dies gilt in besonderem Maße für die Tagebuchaufzeichnungen der Anne Frank.

Damit komme ich zur Begründung der Einordnung der drei ausgewählten Texte in das Genre des Tagebuchs.

## 4.5 Einordnung der ausgewählten Texte im Genre Tagebuch

> In mancher Hinsicht ist Anne Frank zur Symbolgestalt des Tagebuchs überhaupt geworden: jugendlich selbstbewußt und verunsichert zugleich, auf der Suche nach ihrem sich entfaltenden Ich, Autorin einer diarischen Dialoggestalt, eines Zeitdokuments und einer Biographie zugleich. Fast alle wesentlichen Merkmale des Tagebuchs finden sich bei ihr. (Jurgensen 1979: 16)

Anne Franks Tagebücher sind auf den ersten Blick eindeutig in das Genre Tagebuch einzuordnen. Es gibt intratextuelle Hinweise darauf, wenn Anne selbst von ihrem „dagboek" (21. September 1942, de Bruijn 2021, dagboek 1: 62) spricht. Die Aufzeichnungen sind nach Tagen geordnet, tragen auch jeweils eine Datierung und sind weitgehend chronologisch sortiert. Peritextuell ist in den Vor- oder Nachworten in (fast) allen Editionen von Annes „dagboek" (de Bruijn 2021) oder „Tagebuch" (Frank, 2019b: 7) die Rede. Sie selbst verwendet für das zweite und dritte Heft die Titulatur *dagboek*, womit auch der dritte Typus der Gattungsmarkierung – nach Dusini (vgl. 2005: 34 f.) – nachweisbar ist. Lediglich die von Anne Frank selbst überarbeitete Fassung des Tagebuchs wurde 2019 unter dem Titel

*Liebste Kitty. Ihr Romanentwurf in Briefen* herausgegeben und damit einem anderen Genre der Literatur zugeordnet. Wie sich die verschiedenen Fassungen der Tagebücher zueinander verhalten, wird in dem Kapitel zu Anne Frank noch zu diskutieren sein.

Bei Davide Morosinottos *Verloren in Eis und Schnee* (2018) handelt es sich um einen Roman, der im Wesentlichen aus den fiktiven Tagebuchaufzeichnungen von den Zwillingsgeschwistern Viktor und Nadja besteht. Sowohl bei der italienischen (Schutzumschlag, Innenseite 2017) als auch bei der deutschen Ausgabe (Klappentext 2018) wird die Tagebuchform explizit benannt. Auch im Text selbst finden sich Hinweise hierauf. So gibt der Vater der beiden Kinder ihnen den Auftrag in dem Heft, das er ihnen schenkt, „zu zweit ein Tagebuch" (Morosinotto 2018: 18) zu führen. Eine etwas andere Konnotation erhalten die Hefte, die der Vater den Kindern mitgibt, als diese sich von den Eltern auf Grund der Invasion der Deutschen in Leningrad trennen müssen:

> „Schreibt hinein, was ihr auf eurer Reise erlebt. Wenn wir wieder zusammenkommen, können Mama und ich alles nachlesen und es wird sein, als wären wir niemals getrennt gewesen." [...] „Versprecht ihr mir, dass ihr alles aufschreibt?" (ebd.: 38 f.)

So werden die Hefte zu einer Art Reise- und Kriegstagebuch. Es ist also ein in sich tendenziell abgeschlossener Zeitraum, der hier angekündigt wird. Als Tagebuchaufzeichnungen kenntlich gemacht sind die fiktiven Notizen auch durch die Datierungen, wobei deren Chronologie im Text selbst durch verschiedene Anmerkungen als nicht sicher dargestellt wird. Hierzu aber mehr in dem entsprechenden Kapitel zu Morosinottos Roman.

Bei Nils Mohls Text *An die, die wir nicht werden wollen* ist die Einordnung in den Kontext des Tagebuchs weitaus weniger eindeutig. Es ist kein privates und kein fingiertes Tagebuch. Es weist z. B. nicht die typischen Datierungen auf. Aber auch in Mohls Buch gibt es verschiedene Hinweise auf einen diaristischen Aufbau: Die grundlegende Struktureinheit des Textes ist – wie im Tagebuch – der Tag. Es sind „Zwei Handvoll" (Mohl 2021: 15), also zehn Tage, in die die Aufzeichnungen aufgeteilt sind. Allerdings werden die Tage nicht konkret datiert mit einer Zahl für Tag – Monat – Jahr, sondern abstrakter wird vom 10. Tag vor dem 18. Geburtstag des jugendlichen Ich heruntergezählt. Die Tagesstruktur spiegelt sich auch in einzelnen Texten wieder, wenn z. B. ein Textabschnitt als „Tagesauftakt im Wohnblock" (ebd.: 10) tituliert wird oder von der Langeweile am Abend – „I am bored tonight" (ebd.: 6) – die Rede ist. Das Ich steht im Zentrum des Textes. Es beobachtet, notiert und versucht sich selbst zu definieren: „du=ich (17), schulpflichtiger Dingsdabums aus Schießmichtot." (Ebd.: 13). Auf der letzten Seite des Buchs findet sich eine zeitliche und räumliche Verortung der Entstehungsgeschichte des Textes: „Hamburg & Amrum, 2005–2009 & 2018–2021" (ebd.: 167). Damit verweist Mohl, der in einem Stadtteil von Hamburg lebt und auf Amrum einen Wohnwagen stehen hat, auf einen Zeitraum aus seinem eigenen Leben, in dem er die Texte in digitalen Notizen[25] aufgezeichnet hat. Die eingeschobenen „Kommentare" von „Anna Super G." (ebd.: 17) und anderen, Zwischentitel wie „))) 1 neue Mitteilung (((" (ebd.: 10) sowie die mit einer Computertastatur erzeugten graphischen Elemente verleihen dem Print-Text die Anmutung eines Weblogs. Es sind zumindest intermediale Zitate, die die Assoziation hervorrufen, die Texte seien als ein digitales Werk(tage)buch entstanden. Weitere Überlegungen zur Einordnung des Textes folgen im Kapitel zu Nils Mohl.

Zusammenfassend lassen sich alle drei Texte dem diaristischen Schreiben zuordnen. Die Struktureinheit ist der Tag, wobei alle drei Texte ganz unterschiedliche Formen des Umgangs mit der Struktureinheit zeigen. Während Anne Frank weitgehend chronologisch vorgeht, werden bei Morosinotto zwei Tagebücher miteinander verschränkt und die Chronologie wird immer wieder hinterfragt, bei Mohl ist die Reihenfolge der Tage als Countdown angelegt. Auch in Bezug auf das Tagebuch-schreibende-Ich unterscheiden sich die drei Texte deutlich: Bei Anne Frank liegt ein Text des autobiographischen Diskurses vor. Es besteht eine Einheit von Autorin, Schreiberin und erster Leserin. Bei Morosinotto sind Autor und die beiden fiktiven Tagebuch-Schreibenden voneinander zu trennen. Als Lesende ist ein jugendliches Publikum adressiert. Bei Mohls *An die, die wir nicht werden wollen* handelt es sich um einen autofiktionalen Text. Er

---

25 Dass das gesamte Buch am Computer geschrieben wurde, bestätigte Mohl mir bei einem persönlichen Gespräch während der Tagung *Jemanden zum Pferde stehlen... der Arbeitsgemeinschaft Jugend und Medien der GEW* vom 4. bis 6. November 2023.

ist ebenfalls in einen autobiographischen Diskurs einzuordnen. Wer das lesende Gegenüber des Textes sein soll, ist noch zu diskutieren. Aus den verschiedenen Textkonstellationen ergeben sich wiederum verschiedene Arten der Ich-Konstruktion.

## 4.6 Diaristischer Fragmentarismus und konstruierte Identitäten

Einerseits werden dem Tagebuch-Schreiben ab dem 18. Jahrhundert die Selbsterkenntnis, -kontrolle und die Selbstgestaltung als seine wichtigsten Funktionen zugeschrieben, andererseits werden ihm eine offene Struktur und eine Affinität zum Fragment attestiert. Indem es nur Einblicke und keinen Überblick über eine Persönlichkeit gibt, kann es auch kein ganzheitliches Bild einer Identität entwerfen. Dies entspricht der modernen Auffassung des Selbst, das „durch eine schier unbegrenzte Flexibilität gekennzeichnet sei" (Moser, Nelles 2006: 7):

> Man unterzieht seine Persönlichkeit einem *styling*, ohne sich ein für alle Mal auf einen bestimmten Stil festzulegen; man betrachtet sein Leben als ein Kunstwerk, das nach ästhetischen Prinzipien beurteilt werden soll; man entwirft Selbstbilder, nach denen man seine Lebensführung einrichtet, um sie nach einiger Zeit gegen andere auszutauschen; oder man kombiniert gar gleichzeitig verschiedene kulturelle Identitätsmuster, um sich – nach Art einer *bricolage* – ein hybrides *patchwork*-Selbst zu verfertigen. Das Selbst erscheint unter diesen Umständen nicht als natürliche Gegebenheit, sondern als ein künstliches Konstrukt. Subjektive Identität bestimmt sich nicht mehr als Treue zu einem präexistenten Wesenskern, sie wird vielmehr als das Produkt einer kreativen Tätigkeit angesehen. (Ebd., Hervorh. i. O.)

Im Erzählen und Schreiben von sich, im Posten und Bloggen, im autobiographischen Diskurs konstruiert sich eine flexible und fluide Identität. Diese ist das Produkt einer (literarischen) Repräsentationstechnik (vgl. ebd.: 8 f.), die das erzeugt, wovon sie erzählt. Foucault spricht von der „écriture de soi" (zit. n. ebd.: 12), die narrative Psychologie bezeichnet das Phänomen als „eine geschichtenförmige Konstruktion" (Polkinghorne 1998: 33) von Identität. Beide Ansätze gehen davon aus, dass diese Konstruktionen „kulturellen bzw. gesellschaftlichen Regularien" (Moser, Nelles 2006: 14) unterliegen. Während Foucault und Bruner – als wichtigster Vertreter der narrativen Psychologie – noch von der Idee einer singulären

Identität ausgehen, die das Individuum sich selbst er-schreibe oder erzähle, erweitern Nelles und Moser „[…] das Modell in Richtung auf die Möglichkeit *multipler Identitätskonstruktionen* […]" (ebd.: 15, Hervorh. i. O.). Sie wählen das Bild einer *bricolage* als Baumuster postmoderner, vielschichtiger Identitätskonstruktionen.

Inwieweit entsprechende postmoderne Identitätskonzepte in den Textbeispielen von Frank, Morosinotto und Mohl aufzuspüren sind, wird eine Frage für die folgenden Kapitel sein. Ich komme nun zur Einzelanalyse der drei Artefakte.

Abb. 3a: © Sabine Sadžakov 2023

# 5. Entstehungs- und überlieferungsgeschichtliches Fragment: Die Tagebücher der Anne Frank

## 5.1 Eine Begegnung mit dem Original

Wer das Original des rotkarierten Tagebuchs der Anne Frank sehen möchte, muss nach Amsterdam in das Anne Frank Haus in der Prinsengracht 263 reisen. Es liegt dort im Zentrum eines abgedunkelten Raums, in einer Art Schrein, hinter dickem Panzerglas, von mehrfachen durchsichtigen Hüllen umgeben in einem klimatisierten dunklen Behältnis von der Größe eines Altars. Eine beschriebene Seite aus dem ersten Drittel des Tagebuchs ist aufgeschlagen. Zu sehen sind der zerstörte Verschluss des Poesiealbums, der Rand des in Stoff gebundenen Umschlags und die gewellten Kanten der Seiten. Das Buch lässt sich nicht berühren, nicht riechen, nicht blättern, es kann nicht hineingeschrieben werden, es ist nur sichtbar. Zu lesen ist – sofern die Besucherströme es zulassen – eine Seite in Annes Schreibschrift. Dieses Objekt, das in einem gläsernen Sarg ruht, ist kein privater Gebrauchsgegenstand mehr. Es ist eine Ikone, die nur eine fragmentierte Wahrnehmung ihrer selbst zulässt, was aus musealer Perspektive vollkommen logisch erscheint, denn Papierobjekte sind durch die Widrigkeiten der Umwelteinflüsse in besonderem Maße gefährdet. Anne Franks kariertes Tagebuch ist ein privater Gegenstand, welcher in Amsterdam der Öffentlichkeit präsentiert wird und dieser nur einen scheuen Einblick gewährt. Die Funktion dieses Poesiealbums hat sich schon, während Anne darin ihre Notizen machte, verändert. – Diese These wird im Weiteren noch zu erläutern sein. – Heute ist aus dem privaten Notizbuch eine Art Denkmal geworden, das geschützt und bewahrt wird. Wie schon bei dem antiken Torso von Belvedere (vgl. Kap. 3.2) führt die museale Inszenierung zu einer Bedeutungsauflading und Überhöhung des Gegenstands. Er steht nicht mehr nur für sich, sondern für ein künstlerisches Ideal und als Symbol für die Leiden der Juden im Nationalsozialismus.

Im Archiv des Amsterdamer Museums werden Faksimile der Tagebücher sowie weiterer überlieferter Schriften von Anne Frank aufbewahrt.

Hierdurch ist es möglich, einen umfassenderen Eindruck von Annes Arbeitsprozess und dem Erscheinungsbild der Objekte zu erhalten. Auf dieser Basis konnten die hier später folgenden Gedanken zur Materialität der Tagebücher angestellt sowie der Vergleich der verschiedenen Versionen und Ausgaben vorgenommen werden. Zuvor soll aber eine biographische Einführung zur Orientierung gegeben werden. Obwohl Anne Franks Leben vielen Lesenden vermutlich gut bekannt ist, soll die Chronologie der Ereignisse kurz vorgestellt werden, da sie für das Verständnis der Aufzeichnungen in einem faktualen Ego-Dokument wichtig sind. Darüber hinaus werden die Editionsgeschichte und der Inhalt der Tagebücher kurz zusammengefasst. Hierauf aufbauend ist u. a. die Frage zu klären: Inwieweit sind die Tagebücher von Anne Frank ein privates Dokument oder für die Öffentlichkeit gedachte Literatur? Diese Fragestellung ist relevant für die weitere Einordnung des Fragment-Status und die Beurteilung, um was für eine Art von Fragment es sich handelt. Fortgesetzt wird diese Überlegung durch die Suche nach Indizien für ein entstehungsgeschichtliches Fragment sowie für ein überlieferungsgeschichtliches Fragment. Anne Franks Tagebücher dienen in diesem Band als Exempel für diese beiden Varianten des Fragments. Es folgen eine Materialitäts- und eine Textanalyse unter dem Aspekt der Fragmentierung.

## 5.2 Biographische Hintergründe, Objektbiographie und Inhaltsübersicht

Anne Frank wurde am 12. Juni 1929 in Frankfurt am Main als zweite Tochter von Otto und Edith Frank geboren. Beide Eltern stammten aus wohlhabenden Familien, allerdings geriet das Bankgeschäft der Familie Frank durch die Weltwirtschaftskrise in Schwierigkeiten (vgl. Leopold 2023: 13 f.). Nach der Machtübernahme durch die Nazis emigrierte Otto Frank 1933 nach Amsterdam, wo er eine Niederlassung der Firma Opekta aufbaute, die sich mit der Herstellung und dem Vertrieb von Pektin befasste (vgl. ebd.: 20). Edith und Margot, Annes ältere Schwester, folgten ihm im Dezember 1933. Anne wurde Anfang 1934[26] nachgeholt. In Amsterdam

---

26 Hier variieren die Zeitangaben etwas: Paape gibt für den Umzug von Anne den März 1934 an (vgl. Paape 1993: 8), Pressler nennt hingegen den Februar 1934

besuchte Anne den Montessori-Kindergarten und später die Montessori-Schule. 1940 besetzten deutsche Truppen die Niederlande und damit begannen für die jüdische Bevölkerung einschneidende Repressionen. „Im Laufe der Besatzungszeit wurden mehr als hundert antijüdische Gesetze und Verordnungen erlassen." (Leopold 2023: 35) So musste Otto Frank als Firmendirektor zurücktreten[27] und nach den Sommerferien 1941 mussten Margot und Anne eine jüdische Schule besuchen (vgl. ebd.: 39 f.). Alle Versuche Otto Franks, die Niederlande mit seiner Familie zu verlassen, scheiterten (vgl. ebd.: 42), daher richtete er in seiner Firma ab 1941 ein Versteck ein, um der Verfolgung durch die Nazis zu entgehen.

Am 12. Juni 1942 bekam Anne zu ihrem dreizehnten Geburtstag das rotkarierte Poesiealbum geschenkt, in dem sie begann, Tagebuch zu schreiben. Bereits wenige Wochen später, am 6. Juli 1942, tauchte die Familie Frank unter, nachdem Margot einen Aufruf erhalten hatte, sich zum Einsatz im Arbeitslager zu melden (vgl. Pressler 2022: 8; Sparr 2023: 25). Die Familie lebte fortan in ihrem Versteck im Hinterhaus der Prinsengracht 263, unterstützt von Otto Franks ehemaligen Mitarbeiter:innen, v. a. von Miep Gies, Johannes Kleiman, Viktor Kugler und Bep Voskuijl. Am 13. Juli 1942 zog die Familie van Pels (Auguste, Hermann und Sohn Peter) ebenfalls in das Versteck ein und am 16. November 1942 kam noch der Zahnarzt Fritz Pfeffer hinzu, mit dem Anne sich fortan ein Zimmer teilen musste. Während der Zeit im Versteck schrieb Anne nicht nur an ihrem Tagebuch, sondern auch verschiedene Geschichten und Szenen, die sie säuberlich in ein Kassenbuch, ihr *Verhaaltjesboek,* übertrug, sowie ein Zitatenbuch (*Mooie-zinnenboek,* das 43 Seiten umfasst) und im Winter 1943/1944 den Anfang des Romans *Cadys leven.* Außerdem entstand vom 20. Mai 1944 bis zum August 1944 eine Überarbeitung der Tagebuchaufzeichnungen, die sie auf losen Durchschlagpapieren anfertigte. Zu der Überarbeitung wurde Anne durch eine Rede des Ministers Bolkestein[28] angeregt, die sie im Radio

---

(vgl. Pressler 2022: 7). Leopold gibt hierzu auch keine eindeutige Auskunft (vgl. Leopold 2023: 19 und 21).

27 Über die genauen Vorgänge berichten Leopold (2023: 34 ff.) und Paape (1993: 13 ff.) ausführlich.

28 Minister van Onderwijs, Kunsten & Wetenschappen van de Nederlandse Regering in London. Die niederländische Exilregierung hatte ihren Sitz in London.

*Oranje* am 28.03.1944 gehört hatte. Bolkestein formulierte darin – aus dem Exil heraus – die Aufforderung, dass die Niederländer Tagebücher und Briefe oder z. B. auch Reden von Priestern aus der Kriegszeit aufbewahren sollten, damit sie dokumentieren könnten, was das niederländische Volk unter der deutschen Besatzung durchgestanden habe.[29]

Am 4. August 1944 wurden Anne und alle anderen Untergetauchten sowie ihre Helfer Viktor Kugler und Johannes Kleiman verhaftet (vgl. Leopold 2023: 65). Die Franks, Familie van Pels und Pfeffer wurden in das Lager *Westerbork* gebracht, von wo sie am 3. September weiter nach Auschwitz deportiert wurden. Anne und ihre Schwester wurden dann in das KZ Bergen-Belsen verlegt. Beide starben dort an Typhus. Ihr genaues Todesdatum ist nicht bekannt, vermutlich war es im Februar 1945.[30] Otto Frank überlebte als Einziger der acht in der Prinsengracht versteckten Menschen.

**Objektbiographie**

Die Schriften von Anne bewahrte Miep Gies auf und übergab diese Otto Frank im Juli 1945 (vgl. Sparr 2023: 33 f.). Überliefert wurden: das Poesie-Album mit dem ersten Teil von Annes Tagebuch (Aufzeichnungen vom 12.06.–05.12.1942), zwei Schulhefte mit weiteren Tagebuchaufzeichnungen (Tagebuch 2: 22.12.1943–17.04.1944 und Tagebuch 3: 17.04.–01.08.1944), das Kassenbuch mit den Geschichten, das Zitatenbuch und die losen Blätter mit der Überarbeitung des Tagebuchs. Die Tagebuchaufzeichnungen im Poesiealbum und in den beiden Schulheften werden als *Version a* bezeichnet, die Überarbeitung ist *Version b* (vgl. van der Stroom 1993: 70). Otto Frank tippte die Aufzeichnungen seiner Tochter teilweise ab. Zunächst entstanden diese Abschriften wohl mit dem Ziel, sie Verwandten und Freunden zum Lesen zu geben. Diese erste „[…] Abschrift ist nach Otto Franks Auskunft verlorengegangen." (Sparr 2023: 38). Otto Frank erstellte eine zweite Abschrift, die wesentlich auf Annes *Version b*

---

[29] Man findet die vollständige Rede auf der Homepage des Anne Frank Hauses unter: https://www.annefrank.org/de/timeline/74/nach-appell-von-minister-anne-will-ihr-tagebuch-veroffentlichen/ (13.11.2023)

[30] So die Auskunft von Menno Metselaar, Mitarbeiter des Anne Frank Hauses. Sparr datiert den Tod der Schwestern auf März 1945 (Sparr 2023: 33).

beruhte, die er aber mit Teilen aus dem Album und den Heften vermischte. Außerdem ließ er einige Passagen weg:

> So ließ er eine Passage über den Haushalt einer Freundin Annes („Lotterwirtschaft") weg, nahm eine Passage, die sich nachdrücklich gegen die Familie van Pels richtete, nicht auf und ließ wiederum eine Reihe von Bemerkungen seiner umgekommenen Tochter über seine ebenfalls tote Frau weg. (Van der Stroom, 1993: 72)

Sparr beschreibt das Vorgehen von Otto Frank folgendermaßen: Gestrichen wurde

> [...] was ihm marginal, anstößig oder kompromittierend zu sein schien. Der Vater kürzte und ließ aus, wenn es um das Verhältnis des Mädchens zur Mutter, die Liebesgeschichte mit Peter oder die erwachende Sexualität der Heranwachsenden ging oder wenn er darum bemüht war, das Andenken der Untergetauchten zu schonen, wenn Anne sie sarkastisch oder zumindest aus Otto Franks Sicht zugespitzt dargestellt hatte. (Sparr 2023: 36)

Otto Frank bat seinen Freund, den Dramaturgen Albert Cauvern, das Typoskript zu überarbeiten. „Das von Otto Frank getippte und von anderen verbesserte und geänderte Typoskript wurde, vermutlich 1946, von Isa Cauvern mit der Schreibmaschine sauber abgeschrieben." (Paape 1993: 73) Diese neue Version, das *Typoskript II*, stellte Otto Frank mehreren Freunden und Bekannten vor. Erste Anfragen bei Verlagen scheiterten. Erst durch einen Artikel von Jan Romein in der Tageszeitung *Het Parool* vom 3. April 1946, in dem er über Annes Leben berichtete, wurden Verlage auf das Tagebuch aufmerksam (vgl. Sparr 2023: 48). So kam es, dass der Verlag Contact in Amsterdam die erste Publikation von Annes Tagebuch verlegte. Auch hierfür wurden weitere Änderungen am Text vorgenommen. Sparr bezeichnet das Kriterium für die Eingriffe durch den ersten Verleger als „Sittenstrenge", die „[...] von der Gegenwart des niederländischen Lesepublikums 1947 – und von gänzlich anderen editorischen Maßstäben jener Zeit" (ebd.: 37) diktiert worden seien. Schließlich erschien im Juni 1947 die erste Ausgabe von Annes Tagebüchern unter dem Titel *Het Achterhuis* (Das Hinterhaus) im Contact Verlag (vgl. ebd.: 82).[31] Diese Publikation wird als *Version c* bezeichnet.

---

31 Laut van der Stroom (vgl. 1993: 82) erschien das Buch in einer Auflage von 1.500 Exemplaren. Laut Leopold belief sich die Auflage auf 3.000 Exemplare (vgl. Leopold 2023: 49).

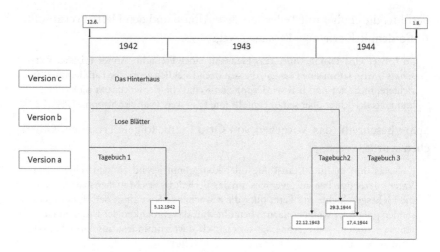

Abb. 3: Schematische Übersicht über die verschiedenen Versionen von Anne Franks Tagebüchern, angelehnt an van der Stroom 1993: 70

Eine ungekürzte Übersetzung des *Typoskripts II* ins Deutsche fertigte die Journalistin – und Bekannte von Otto Frank – Anneliese Schütz an. Diese Fassung war also umfassender als die niederländische Ausgabe (vgl. van der Stroom 1993: 83). Die deutsche Erstausgabe erschien 1950 bei dem Verlag Lambert-Schneider in Heidelberg. Erfolg hatte aber erst die deutsche Taschenbuchausgabe, die 1955 bei Fischer erschien.[32] 1950 kam eine französische Übersetzung heraus und 1952 eine englischsprachige, die in England und den USA gleichzeitig veröffentlicht wurde. Es folgten Ausgaben in der DDR, der Schweiz, Italien, Dänemark und vielen anderen Ländern. Anne Franks Tagebuch ist millionenfach verkauft und überall auf der Welt in Übersetzungen erhältlich. Das dokumentiert auch ein Schaukasten im Anne Frank Haus in Amsterdam, wo die Ausgaben in verschiedenen Sprachen zu sehen sind:

---

32 Auf Unterschiede zwischen dieser und der Schneider-Ausgabe verweist van der Stroom (1993: 85).

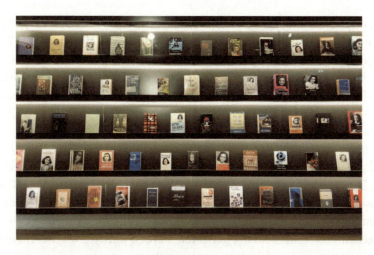

Abb. 4: Internationale Ausgaben, Foto: Jentgens, aufgenommen im Anne Frank Haus, Amsterdam 2022

International sind zahlreiche Editionen der Tagebücher von Anne Frank herausgegeben worden (s. Abb. 4), allein auf dem deutschsprachigen Markt gibt es diverse Ausgaben. Sie sind vornehmlich im S. Fischer-Verlag erschienen.[33] Es gibt u. a. eine aus dem Niederländischen von Mirjam Pressler übersetzte Quellenedition, herausgegeben vom Rijksinstituut voor Oorlogsdocumentatie,[34] dem Niederländischen Staatlichen Institut für Kriegsdokumentation (S. Fischer Verlag 1993). Diese Ausgabe hat den großen Vorteil, dass sie die *Versionen a*, *b* und *c* nebeneinanderstellt, so dass Vergleiche möglich sind. Außerdem wurden bei dieser Übersetzung Satzstellungen und unvollständige Sätze nicht verändert oder ergänzt, auch die Interpunktion wurde beibehalten, so dass auch Fehler übernommen wurden. Neben dieser Ausgabe gibt es eine ebenfalls von Pressler übersetzte Gesamtausgabe mit *Version a* und *b* des Tagebuchs, die vom Anne Frank Fond Basel herausgegeben wurde (S. Fischer Verlag 2013), dieser

---

33 Im Folgenden werden nur die für die vorliegende Studie ausgewerteten Ausgaben erwähnt.
34 Im Weiteren abgekürzt: RvO.

Gesamtausgabe folgend wurden 2019 die beiden Versionen des Tagebuchs in einem Band unter dem Titel *Das Hinterhaus. Het Achterhuis. Die Tagebücher von Anne Frank* publiziert (S. Fischer Verlag). Außerdem existiert eine Jubiläumsausgabe des Tagebuchs mit der Übersetzung von Mirjam Pressler von 1991 (*Version d*) (S. Fischer Verlag 2022). Diese Übersetzung von Mirjam Pressler ist die, nach Maßgabe des Anne Frank Fonds Basel, weltweit verbindliche Ausgabe. Des Weiteren ist eine Übersetzung der *Version b* des Tagebuchs von Waltraud Hüsmert unter dem Titel *Liebe Kitty. Ihr Romanentwurf in Briefen* im Secession Verlag (Zürich 2019) erschienen. Hüsmerts Übersetzung wurde durch Mitarbeitende des Anne Frank Hauses in Amsterdam begleitet. Es gibt also eine Vielzahl an unterschiedlichen Versionen der Übersetzung. Die Konsequenz ist, dass für das weitere Vorgehen eine Entscheidung getroffen werden musste, welche Texte der Untersuchung zugrunde gelegt werden sollten.

Um den beiden fragmentarischen Fassungen der Tagebücher sowie der Überarbeitung für *Het Achterhuis* möglichst nahe zu kommen, wurden, soweit möglich, die handschriftlichen Aufzeichnungen von Anne Frank ausgewertet. Die Grundlage für die weiteren Erörterungen bilden also die Faksimiles, die in Amsterdam im Anne Frank Haus eingesehen werden konnten. Bei Zitaten aus dem niederländischen Original wurde die wissenschaftliche Online-Ausgabe der Manuskripte, herausgegeben von Peter de Bruijn (2021), verwendet. Sie bildet die Originalseiten mit all ihren Tintenklecksen, Rissen, Durchstreichungen und Überarbeitungen durch Anne Frank ab. Bei dieser Ausgabe werden die Manuskripte von *Version a* als „dagboek", also „Tagebuch", bezeichnet und die von *Version b* als „Het Achterhuis", also „Das Hinterhaus". Für die deutschsprachigen Übersetzungen wurden die vom Rijksinstituut voor Oorlogsdocumentatie herausgegebene und von Mirjam Pressler übersetzte Ausgabe sowie die Übersetzung der *Version b* von Waltraud Hüsmert genutzt (Frank 2019).[35] Immer wenn es auf einzelne Formulierungen ankommt, werden sowohl die niederländische wissenschaftliche Ausgabe als auch die deutsche

---

35 Diese Ausgaben sind vom Anne Frank Haus in Amsterdam oder vom Anne Frank Fond in Basel autorisiert und wurden wissenschaftlich begleitet. Im Frühjahr 2024 soll eine neue kommentierte, textkritische Ausgabe der Tagebücher a und b, herausgegeben von Raphael Gross und Martin van Gelderen,

Übersetzung angegeben.[36] Die Bearbeitung von Otto Frank (*Version c*) als auch die Übersetzung von Mirjam Pressler (*Version d*) sind für die vorliegende Untersuchung weniger relevant, weil sie das Fragmentarische der ersten Fassungen von Anne Frank teilweise nicht mehr widerspiegeln. So hatten die Veränderungen von Otto Frank zum Ziel, einen „kohärenten Text" (Sparr 2023: 36) aus den Tagebüchern zu machen. Mirjam Pressler

> [...] griff auf die Fassung von Otto Frank, c, zurück, überarbeitete sie grundlegend, indem sie darauf achtete, dass es so gut wie keine Auslassungen gegenüber den Fassungen a und b gibt, die sie für die Kritische Ausgabe ins Deutsche übersetzt hatte. (Ebd.: 53)

Ihre Bearbeitung stand unter der Maßgabe „einer einfachen Ausgabe" (ebd.), was sich vermutlich auf die Lesbarkeit bezieht. Für die Untersuchung des Fragmentarischen sind aber gerade die Brüche und Auslassungen im Text von Interesse.

## Inhaltsübersicht

In der von Peter de Bruijn (2021) herausgegebenen Internetpublikation findet sich ein Überblick über die verschiedenen Themen, die Anne Frank in ihren Tagebüchern behandelte. Bei de Bruijn werden fünf Themenbereiche unterschieden: 1. Außerhalb des Hinterhauses, 2. Alltag, 3. Betreuung und Versorgung der Untergetauchten, 4. Lesen, lernen und reden im Hinterhaus, 5. Persönliche Lebensumstände und Entwicklung.[37] Diese Gliederung führt zu einigen Überschneidungen in den inhaltlichen Ausführungen,[38] was auf einer Internetseite kein Problem darstellt, aber in einem linearen Text eher störend wirkt. Daher soll hier eine feingliedrigere Aufteilung der Themen vorgestellt werden. Dabei wird zunächst vor allem

---

    beim S. Fischer Verlag erscheinen. Diese lag zum Zeitpunkt der Niederschrift dieses Kapitels noch nicht vor.

36  Bei längeren Zitaten wurde meist zugunsten der Lesbarkeit auf den niederländischen Text verzichtet.

37  „Buiten het Achterhuis", „Dagelijks leven", „Verzorging en bevoorrading van de onderduikers", „Lezen, leren en praten in het Achterhuis", "Persoonlijke omstandigheden en ontwikkeling" (de Bruijn 2021).

38  So werden beispielsweise die Themen Verordnungen gegen Juden oder auch der Tagesablauf der Versteckten an mehreren Stellen beschrieben.

auf *Version a* Bezug genommen, auf die Unterschiede zu *Version b* wird punktuell eingegangen.

*Alltag und besondere Ereignisse*: Wie in einem Tagebuch üblich nimmt auch in Annes Notizen die Beschreibung des Alltags viel Platz ein: von der Raumaufteilung im Hinterhaus über die Aufgabenverteilung,[39] die Lebensmittelbeschaffung durch die Helfer:innen, Art und Umfang der Mahlzeiten, bis hin zu einer detaillierten Beschreibung des Tagesablaufs, die Anne ab dem 4. August 1943 notiert (nur in *Version b* überliefert). Anne erzählt von Streitigkeiten zwischen den Untergetauchten, z. B. über die Lebensmittelaufteilung, aber auch von gemeinsamen Momenten beim Radio-hören oder Spielen. Das Tagebuch beginnt sie noch vor dem Untertauchen in der Prinsengracht mit der Schilderung ihres dreizehnten Geburtstags. Hier zählt sie ihre Geschenke auf und beschreibt die Feier mit ihren Freundinnen.[40] Geburts- und Feiertagen widmet Anne auch in ihren weiteren Notizen einige Aufmerksamkeit. Unter dem Einfluss der Helfer:innen feiert Anne zum ersten Mal Nikolaus und Weihnachten. Jüdische Feier- oder Festtage werden kaum erwähnt.[41] Als besondere Ereignisse heben sich auch die Berichte von den Einbrüchen in die Firma ab, die bei den Versteckten große Ängste auslösten.

*Lesen und lernen*: Annes Tagesablauf im Versteck war ganz wesentlich vom Lesen und Lernen bestimmt. Sie führt immer wieder detailliert auf, an welchen Fächern sie arbeitet und welche Bücher sie gerade liest. Gemeinsam mit Margot und Peter fängt Anne an, Stenographie zu lernen. So findet sich im Faksimile des Poesiealbums auch ein eingeklebtes Blatt mit einem stenographierten Text. Bei der Lektüre nennt sie u. a. Mädchenromane und Kinderbücher, aber auch Werke zur Mythologie und Geschichte sowie Biographien berühmter Männer, wie Galileo Galilei. Jeden Samstag

---

39 Frau van Pels kocht, Edith Frank putzt, Peter van Pels versorgt die Katze, spaltet Holz und bringt den Müll weg, Anne und Margot helfen bei Büroarbeiten, Otto Frank arbeitet weiter für die Firma.
40 In ihrer eigenen Überarbeitung (*Version b*) lässt Anne diese Geburtstagsfeier weg und beginnt mit dem 20. Juni.
41 In dem Eintrag vom 3. November 1943 wird in *Version b* das Chanukka-Fest erwähnt (de Bruijn 2021, het achterhuis: 220).

erhalten die Untergetauchten neue Bücher aus der Bibliothek, die ihnen die Helfer:innen ausleihen.

*Die eigene Lebensgeschichte*: Anne gibt schon in *Version a* eine Zusammenfassung ihrer eigenen Biographie, von der Geburt in Frankfurt, über den Umzug nach Amsterdam, den Tod ihrer Großmutter mütterlicherseits im Winter 1941/1942 bis zu schulischen Ereignissen. Sie erzählt von den Kindern in ihrer Klasse und ihren „aanbidders" (de Bruijn 2021, dagboek 1: 23), also ihren „Verehrer[n]" (RvO 1993: 230). Dazu klebt sie Fotos von sich und ihrer Schwester Margot in das Album und einen Brief, den sie von ihrem Vater 1939 erhalten hatte. Schon diese ersten Aufzeichnungen am Anfang von *Version a* machen deutlich, dass das Tagebuch von Anne auch als autobiographisches Dokument aufgefasst wurde. Sie hat diese ersten Ausführungen zwar für die Fassung b deutlich gekürzt, aber der autobiographische Impuls ist immer noch ablesbar. Anne nennt ihr Tagebuch in *Version b* auch ihr „memoiren-boek" (2. Januar 1944, de Bruijn 2021, het achterhuis: 246) und ihr „levensboek" (12. Januar 1944, ebd.: 257). Die Notizen haben nicht nur die Funktion, tagesaktuelle Ereignisse festzuhalten, sie sind schon recht früh als papierne Lebensspur, als Medium der Erinnerung von Anne Frank gedacht. Möglicherweise hatte auch Annes Lektüre von Biographien Einfluss auf die Schreibhaltung im Tagebuch.

*Freundschaft*: Das Thema Freundschaft spielt in Annes Aufzeichnungen immer wieder eine wichtige Rolle. Sie erzählt in *Version a*, dass Hannah Goslar und Sanne Ledermann früher ihre besten Freundinnen waren und nun sei es Jacqueline van Maarsen, die sie auf dem jüdischen Lyzeum kennengelernt hatte (Eintrag vom 15. Juni 1942). In *Version b* ist unter dem Eintrag zum 20. Juni 1942 zu lesen: „ich habe keine Freundin" (Frank 2019: 9). Weiter heißt es:

> Um nun die Vorstellung der lang ersehnten Freundin in meiner Fantasie noch zu verstärken, will ich nicht einfach nur Tatsachen im Tagebuch festhalten, wie das üblich ist, sondern das Tagebuch soll die Freundin sein, und diese Freundin heißt Kitty. (Ebd.: 10)

Für Anne wird das Tagebuch zur „vriendin" (de Bruijn 2021, het achterhuis: 3), der sie den Namen Kitty verleiht. Schon in *Version a* im allerersten Eintrag vom 14. Juni 1942 spricht Anne ihr Tagebuch als „Du" an und am 22. September 1942 adressiert Anne ihren Tagebucheintrag zum ersten Mal an Kitty (de Bruijn 2021, dagboek 1: 65). Am 28. September schreibt sie auf das Vorblatt des Tagebuchs: „Ich werde hoffe ich dir alles anvertrauen können, wie ich es noch an niemand gekonnt habe, und ich hoffe dass du eine große Stütze für mich sein wirst." (RvO 1993: 215)[42] Wie in einem modernen Freundschaftsbuch folgt hierauf eine steckbriefartige Auflistung von äußeren Merkmalen, die „12 Schönheiten" (ebd.), bei denen Anne mit „ja" und „nein" markiert, was auf sie zutreffe.

*Selbstbeobachtung und Selbstdarstellung*: Diese Auflistung ist ein Beispiel für diverse Stellen im Tagebuch, an denen sich Anne mit ihrem Äußeren, mit den Veränderungen ihres Körpers (z. B. der ersten Menstruation), mit ihren Vorlieben, Hobbys (Fotos sammeln von Filmstars, Erstellen von Stammbäumen, Mythologie), Stimmungsschwankungen und Abneigungen beschäftigt. Am 19. Januar 1944 schreibt Anne selbstkritisch in ihr Tagebuch (*Version a*): „Bin ich nicht schrecklich, daß ich mich immer mit mir selbst beschäftige?" (Ebd.: 527)

*Schreiben*: Anne schildert Situationen, in denen sie schreibt (vgl. 13. Dezember 1942, de Bruijn 2021, het achterhuis: 120) und reflektiert die Funktion, die das Tagebuch-Schreiben für sie hat. Bereits erwähnt wurde, dass das Tagebuch ihr „een grote steun" (de Bruijn 2021, dagboek 1: 1), eine „große Stütze" (RvO 1993: 215) sei. In den Tagebuch-Notizen von 1944 erklärt Anne das Schreiben darüber hinausgehend zu einer Lebensaufgabe:

> so habe ich ihm [Peter, S.J.] erzählt daß ich später viel schreiben will, wenn schon keine Schriftstellerin werden, aber dann doch neben meinem Beruf oder andere [sic] Aufgabe es nie vernachlässigen. (23. März 1944, ebd.: 650)

Der Berufswunsch Schriftstellerin oder Journalistin taucht später auch wieder auf (5. April 1944, de Bruijn 2021, dagboek 2: 171; 11. Mai 1944, ebd., dagboek 3: 53). Anne beginnt 1943 neben den Tagebuchaufzeichnungen auch Geschichten zu verfassen. Das Schreiben muss 1943/1944 einen großen Raum in Annes Tagesablauf eingenommen haben, denn sie hat neben dem Tagebuch das Geschichtenbuch, das Zitatenbuch sowie die Überarbeitung des Tagebuchs angefertigt. Allein diese Überarbeitung umfasst rund 50.000 Wörter[43], die Anne zwischen April und Anfang August 1944

---

42 Die Zeichensetzung wurde genau übernommen.
43 Diese Angabe beruht auf der Auskunft von Menno Metselaar, Mitarbeiter des Anne Frank Hauses.

niederschrieb. Der Zukunftsplan, Schriftstellerin zu werden, drückt sich auch in der Überlegung aus, eine ihrer Geschichten bei einer Zeitschrift einzureichen (21. April 1944, de Bruijn 2021, dagboek 3: 6) und aus dem Tagebuch ein Buch mit dem Titel „'het Achterhuis' " zu machen (11. Mai 1944, ebd.: 53).

*Familiäre Beziehungen*: Sehr häufig berichtet Anne in *Version a* des Tagebuchs von Auseinandersetzungen mit ihrer Mutter. In *Version b* erzählt Anne, wie sie in ihrem ursprünglichen Tagebuch blätterte und über die harten Worte erschrak, die sie dort über ihre Mutter schrieb (2. Januar 1944, de Bruijn 2021, het achterhuis: 245). Gleichzeitig stellt sie das Verhältnis zu ihrem Vater im Tagebuch und auch in *Het Achterhuis* sehr positiv dar (vgl. 28. September 1942, de Bruijn 2021, dagboek 1: 32; 20. Juni 1942, ebd., het achterhuis: 3). Ihre Schwester Margot kommt eher am Rande im Tagebuch vor. In den Äußerungen zu ihr deutet sich eine Entwicklung an. Während Anne zunächst Margot und ihre Mutter als eine Einheit erlebt, der sie sich fremd fühlt, deuten spätere Aufzeichnungen auf eine Annäherung der Schwestern hin.

*Verliebtheit und Sexualität*: Schon in den ersten Tagebuchnotizen spricht Anne von ihren Verehrern und von einem Jungen namens Peter Schiff, zu dem sie sich hingezogen fühlt. Ab Januar 1944 nähert sie sich immer mehr Peter van Pels an, mit dem sie das Gespräch sucht. Sie beschreibt die zunehmende Vertrautheit und die immer größere Intimität. Schließlich kommt es auch zum ersten Kuss. Die Beziehung zu Peter wird in den Aufzeichnungen der nächsten Wochen zu einem wichtigen Thema in *Version a* des Tagebuchs, aber schon im Mai 1944 scheinen Annes Gefühle deutlich distanzierter zu sein. Sie macht sich dann mehr Gedanken über ihre Rolle als Frau in der Gesellschaft, wobei sie sich deutlich von ihrer Mutter und Frau van Pels abgrenzt (vgl. 5. April 1944, de Bruijn 2021, dagboek 2: 171). In *Version b* tritt die Erzählung um die Beziehung zu Peter van Pels insgesamt stärker in den Hintergrund.

*Jüdisch-Sein*: In Annes Notizen werden an verschiedenen Stellen die Verordnungen und Freiheitsbeschränkungen, die die Juden unter der deutschen Besatzung erfahren, erwähnt. Am 11. April 1944 schreibt Anne in ihr Tagebuch (*Version a*):

> Einmal wird dieser schreckliche Krieg doch wohl vorbeigehen, einmal werden wir doch wieder Menschen und nicht nur Juden sein!

> Wer hat uns das auferlegt? Wer hat uns Juden zu einer Ausnahme unter allen Völkern gemacht? Wer hat uns bis jetzt so leiden lassen? Es ist Gott gewesen der uns so gemacht hat, aber es wird auch Gott sein, der uns aufhebt. (RvO 1993: 683)[44]

Die jüdische Religion und ihre Riten spielen eine geringe Rolle in den Tagebuchnotizen, aber insbesondere in den späteren Aufzeichnungen tauchen immer wieder religiöse Überlegungen auf.

*Politik und Kriegsgeschehen*: Anne notiert zwar am 27. März 1944, dass sie Politik nicht so sehr interessiere (vgl. de Bruijn 2021, dagboek 2: 153), aber die tagespolitischen Ereignisse sind doch ein wichtiges Thema im Leben der Untergetauchten und so dringen sie auch in das Tagebuch ein, besonders in die Aufzeichnungen von 1943/1944. Aufmerksam werden die Nachrichten auf Radio *Oranje* verfolgt. Besonders die Frage der Invasion der Alliierten wird intensiv diskutiert. Anne berichtet z. B. von den Wetten, die über den Kriegsverlauf abgeschlossen werden. Das Kriegsgeschehen wird besonders eindringlich geschildert, als die Bombenangriffe auf Amsterdam beginnen. Aber auch schon im ersten Teil des Tagebuchs finden sich Nachrichten von der Judenverfolgung in den Aufzeichnungen. So schreibt Anne am 26. Oktober 1942 (*Version a*) über das Lager Westerbork und die schrecklichen Zustände dort (vgl. ebd., dagboek 1: 97a).[45]

*Die Natur*: In den Aufzeichnungen von 1944 entwickelt sich der Blick in die Natur zu einem tröstenden Gegenmittel zu den äußeren Umständen. So beschreibt Anne zum Beispiel, wie sie die frische Abendluft am Fenster von Peters Zimmer genießt (23. März 1944, ebd., het achterhuis: 317) oder aus dem Dachfenster über die Dächer von Amsterdam bis zum Horizont blickt. Von der persönlichen Erkenntnis, „Solange es das noch gibt […], solange *kann* ich nicht traurig sein" (17. Februar 1944, Frank 2019: 170, Hervorh. i. O.), schreitet sie weiter zu einer verallgemeinernden Aussage:

> Für jeden, der verängstigt, einsam oder unglücklich ist, ist es mit Sicherheit das beste Mittel, nach draußen zu gehen, irgendwohin, wo er ganz allein ist, allein mit dem Himmel, der Natur und Gott. Denn erst dann, nur dann, spürt man, dass alles so ist, wie es sein soll, und dass Gott die Menschen in der einfachen, aber schönen Natur glücklich sehen will. (Ebd.)

---

44 Die Zeichensetzung entspricht dem Originaltext.
45 In der Ausgabe des Rijksinstuut voor Oorlogsdocumentatie wird diese Passage dem 18. Oktober 1942 zugeordnet (RvO 1993: 321).

Die Naturbeobachtung verknüpft sich hier mit religiösen Anschauungen. Zugleich offenbart die Textstelle, dass die einsame Naturerfahrung ein Sehnsuchtsbild des mit sieben anderen Menschen eingesperrten Mädchens gewesen sein muss.

Bereits in dieser Inhaltsübersicht deutet sich an, dass Annes Tagebuchaufzeichnungen nicht allein als privates Dokument zu betrachten sind. Sie geht über die Aufzeichnung tagesaktueller Geschehnisse hinaus, die Notizen haben autobiographische Züge und die Verfasserin macht deutlich, dass sie das Schreiben als berufliche Perspektive betrachtet.

## 5.3 Privates Dokument oder öffentliche Literatur

Die Frage nach der Unterscheidung zwischen privatem und öffentlichem Text, historischer Quelle und literarischem Dokument ist für die folgenden Betrachtungen des Artefakts als Fragment insofern relevant, als hiervon auch die Untersuchungsmethoden abhängig sind. Wären Annes Aufzeichnungen allein als historische Quelle zu betrachten, wäre eine literaturwissenschaftliche Annäherung mit ebensolchen Kategorien unangemessen. Die Einordnung der Notizbücher von Anne Frank zwischen Zeitdokument und belletristischem Text spielt auch in Kommentaren und in der Sekundärliteratur eine Rolle, u. a. im Vorwort von Ronald Leopold (vgl. Frank 2019: 6 f.), dem Direktor des Anne Frank Hauses, oder in dem Essay von Laureen Nussbaum „*Denn schreiben will ich!*" (ebd.: 193–205).[46] Nussbaum bezeichnet Anne als „junge Schriftstellerin" (ebd.: 205) und Leopold spricht von der Überarbeitung der Tagebuchnotizen, also von *Version b*, als einem „[...] literarische[n] Werk, das von ihrer Begabung zeugt [...]" (ebd.: 6).[47] Diese Sichtweise bestätigt auch Sparr im Epilog seines Buchs über *Die Biographie des Tagebuchs der Anne Frank*, so der Untertitel. Er bescheinigt dem Tagebuch eine „literarische Form" (Sparr 2023: 305) und erläutert weiter: „Es ist keine historische Quelle im landläufigen Sinn, sondern ein Entwicklungsroman, Familienchronik und Liebesgeschichte in einem." (Ebd.)

---

46 Vgl. auch Bleeker 2021.
47 Vgl. auch van der Stroom 1993: 82 und Lefevere 2016.

Die Einordnung der Aufzeichnungen zwischen privatem Dokument und einem für die Öffentlichkeit gedachten Text soll nun anhand ihrer Adressierungen weiter diskutiert werden: Tagebuchaufzeichnungen sind zunächst an das eigene Selbst gerichtet. Anne spricht schon auf den ersten Seiten ihres Poesiealbums dieses als ein Gegenüber an. Das ist ein durchaus geläufiger Schreibmodus in Tagebüchern. Allerdings geht Anne immer deutlicher in die Briefform über und wählt ab dem 21. September 1942 weibliche Personen, an die sie ihr Schreiben adressiert. Die erste ist Jettje (21. September 1942, de Bruijn 2021, dagboek 1: 62), dann kommen Kitty (22. September 1942, ebd.: 65), Jacqueline, Pop, Marianne, Conny, Pien, und Loutje hinzu. Die Idee, dass ihr Tagebuch später von anderen gelesen werden könnte, taucht auch in der Anmerkung vom 28. September 1942 schon auf, als sie sich für ihre „lelijk [= häßliche, S.J.] handschrift" (28. September 1942, ebd.: 34) entschuldigt. Dem entgegen steht die Äußerung in *Version b* (also im Jahr 1944 entstanden), die unter dem Datum des 20. Juni 1942 zu lesen ist:

| | |
|---|---|
| Ja inderdaad, papier is geduldig, en daar ik niet van plan ben, dat gecartonneerde schrift, wat de weidse naam "dagboek" draagt, ooit aan iemand te laten lezen [...] (de Bruijn 2021, het achterhuis: 1). | Ja in der Tat, Papier ist geduldig, und da ich nicht die Absicht habe, dieses kartonierte Heft, das den hochtrabenden Namen „Tagebuch" trägt, jemals jemanden lesen zu lassen [...] (RvO 1993: 219) |

Dabei geht es vielleicht um das Poesiealbum, in dem ihre ersten Tagebuch-Aufzeichnungen stehen. Dieses war nicht für die Öffentlichkeit gedacht. Das Tagebuch in *Version b* ist durchgängig in Briefform verfasst und richtet sich an Kitty. Spätestens durch die Rede des Ministers Bolkestein, vermutlich aber schon früher, reift in Anne die Absicht, ihr Tagebuch in einen Roman „van het Achterhuis" (vom Hinterhaus) umzuarbeiten (29. März 1944, de Bruijn 2021, dagboek 2: 160). Dass Anne ihre Tagebuchnotizen als Arbeitsmaterial betrachtet, wird auch deutlich in den Korrekturen, die sie vornimmt. Schon im ersten Tagebuch sind einzelne Wörter und auch zwei ganze Seiten überklebt. Besonders in *Version b* finden sich häufig gestrichene und korrigierte Wörter:

| Gestrichenes Wort | Übersetzung | Neues Wort | Übersetzung |
|---|---|---|---|
| „is" (9. November 1942, de Bruijn 2021, het achterhuis: 87) | ist[48] | „beduit" (ebd.) | „bedeutet" (Frank 2019: 56) |
| „open gegaan" (9. November 1942, de Bruijn 2021, het achterhuis: 88) | geöffnet, aufgegangen | „open gesprongen" (ebd.) | „aufgeplatzt" (Frank 2019: 57) |

Anne wählt offensichtlich ausdrucksstärkere Verben und Adverbien: Sie ersetzt das Hilfsverb „is" durch das Vollverb „beduit" und die Zustandsbeschreibung „open gegaan" durch die plastische Vorgangsbeschreibung „open gesprongen". Zudem tauscht sie Füllwörter aus, wie z. B. „ook" (auch) durch „eveneens" (9. November 1942, de Bruijn 2021, het achterhuis: 88), was in der deutschen Ausgabe von Hüsmert mit „ebenfalls" (Frank 2019: 56) übersetzt wurde. Die Tagebücher werden immer mehr zu literarischen Arbeitsbüchern, in denen Ideen und Dokumente (v. a. Briefe und Fotos) gesammelt werden und in denen montiert, umgeschrieben und korrigiert wird. Anne erprobt auch andere Genres außer dem Brief. So schreibt sie eine Ode an ihren verbrannten Füllfederhalter (11. November 1943, de Bruijn 2021: het achterhuis: 226) und verschiedene dialogisch angelegte Szenen aus dem Hinterhaus (z. B. Eintrag vom 14. März 1944, ebd.: 309 f.). Bleeker (2021) weist zudem auf die Verbindung der Tagebuchaufzeichnungen zu den fiktionalen Erzählungen hin, an denen Anne parallel arbeitet.

Den Tagebuchaufzeichnungen der Anne Frank ist insbesondere von *Version a* zu *Version b* eine Entwicklung abzulesen, die vom privaten Schreiben zum Schreiben für eine Öffentlichkeit geht. Unbestreitbar ist dieses Tagebuch ein historisches Dokument, das aber zunehmend literarische Züge und damit auch autofiktionale Elemente annimmt. Die Intention der

---

48 Die Übersetzung der durchgestrichenen Wörter wurde von mir erstellt, bei komplexeren Begriffen mit Unterstützung durch die Übersetzungsplattform deepl.org.

Schreibenden hat sich im Verlauf der zwei Jahre, in denen sie ihre Aufzeichnungen macht, verändert – von der privaten Selbstfindung hin zu einem bewusst gestalteten autofiktionalen Text, in dem neben der Selbstbespiegelung Themen wie Politik, Religion, Natur und Gesellschaft in Briefform diskutiert werden. Es erscheint gerechtfertigt das Fragment *Het Achterhuis* als eine intendierte jugendliterarische Schrift zu betrachten. Die Einordnung als intendierte Jugendliteratur – im Sinne von Ewers (vgl. 2012: 12 ff.) – lässt sich mit der Ansprache an eine implizite jugendliche Leserin (Kitty) begründen, zudem entspricht die thematische Ausrichtung weitgehend dem Spektrum der Adoleszenzliteratur.[49] Offen ist an dieser Stelle noch die hier zentrale Frage nach dem Fragmentstatus der Tagebücher von Anne Frank. Dieser Frage soll im Weiteren nachgegangen werden.

### 5.4 Ein entstehungsgeschichtliches Fragment

Durch die Verhaftung von Anne und ihren Tod einige Monate später wurde die Arbeit der Schreibenden jäh und durch einen Eingriff von außen unterbrochen, insofern sind fast alle ihre Aufzeichnungen als Fragmente zu betrachten. Dabei ist allerdings zwischen den verschiedenen Versionen zu differenzieren. *Version a* ist eher wie ein typisches Tagebuch zu betrachten, in dem nicht unbedingt täglich, aber doch alltagsbegleitend Notizen gemacht werden. Hier gibt es immer wieder Unterbrechungen und ein Abbruch erfolgt entweder, weil der oder die Schreibende das Interesse am Tagebuchschreiben verliert oder weil der Tod eingetreten ist. Das Tagebuch als privater Aufzeichnungsraum zeigt immer nur einen Ausschnitt aus einem Leben. Ein fragmentarischer Zustand ist gewissermaßen der natürliche Status eines nicht-fiktionalen Tagebuchs. Bei *Version b* verhält sich die Sache etwas anders. *Version b* ist der Versuch einer Literarisierung des Stoffes, den ihr eigenes Tagebuch Anne bot. Sie gestaltete das Tagebuch konsequent in Briefform um, wählte eine implizite Leserin als Adressatin,

---

[49] Otto Frank hebt in einem Interview die Bedeutung des Tagebuchs für ihn als Vater heraus (vgl. Anne Frank Fonds, o.J.). Er habe dadurch Anne als einen ganz anderen Menschen kennengelernt, als er sie im alltäglichen Zusammenleben kannte. In diesem Kontext adressiert er das Buch auch an Eltern und Lehrer:innen, damit sie Einblick in die Gedankenwelt einer Jugendlichen erhalten.

kürzte die Texte, erweiterte an manchen Stellen und überarbeitete sprachliche Aspekte. Dieser Prozess war Anfang August 1944 nicht abgeschlossen. Sie hatte innerhalb ihres Tagebuchs erst den 29. März 1944 erreicht, während ihre Aufzeichnungen in *Version a* bis zum 1. August 1944 reichen. Nicht nur das Datum ist ein Indiz, auch stilistisch und inhaltlich lässt sich der Eindruck der Unabgeschlossenheit untermauern. Während Anne ihrem Tagebuch in *Version b* eine Art Vorwort voranstellt, in dem sie die Funktion des Tagebuchs erläutert, ist der Eintrag unter dem 29. März 1944 nicht als ein Abschluss gestaltet. Sie erzählt hier von der Rede des Ministers Bolkestein und der Idee, einen Roman über das Leben im Hinterhaus herauszubringen. Sie stellt sich vor, wie es für eine Leserin zehn Jahre nach Ende des Krieges wäre, darüber zu lesen, „wie wir als Juden hier gelebt, gegessen und geredet haben" (Frank 2019: 186). Aus dieser Überlegung hätte durchaus ein Ende gestaltet werden können, aber dann geht es weiter: Sie schreibt über die Angst bei den Bombenangriffen, über grassierende Epidemien, den Lebensmittel- und Warenmangel, Einbrüche und Diebstähle, die schlechte Stimmung in der Bevölkerung, Sabotageakte, die Haltung der niederländischen Bürger und das Warten auf die Invasion. Der Brief endet wie alle anderen mit der Unterschrift „Deine Anne". Während der Anfang bewusst als solcher konzipiert ist, erscheint der letzte Brief an Kitty nicht als ein gestalteter Abschluss. Anne Franks autofiktionales Tagebuch in Briefform wurde durch den Eingriff der deutschen Besatzer zum entstehungsgeschichtlichen Fragment.

## 5.5 Ein überlieferungsgeschichtliches Fragment

Unter Beachtung der weiteren Geschichte der Dokumente und der Editionsgeschichte erweisen sich die Tagebücher von Anne zugleich auch als überlieferungsgeschichtliches Fragment. Denn das fragmentarische Artefakt erfährt schon zu Lebzeiten von Anne und auch noch danach diverse weitere Fragmentierungsvorgänge. Die verschiedenen Momente und Prozesse, in denen Annes Aufzeichnungen zerstückelt und gekürzt wurden oder verloren gingen, werden hier in chronologischer Reihenfolge aufgeführt. Dabei besteht kein Anspruch auf Vollständigkeit, da einige Vorgänge rund um das Tagebuch bis heute im Dunkeln liegen.

Der erste Akt der überlieferungsgeschichtlichen Fragmentierung von Annes Aufzeichnungen vollzieht sich am Tag ihrer Verhaftung, am 4. August 1944. Laut der Schilderung von Annes Vater nahm der Oberscharführer Karl Josef Silberbauer die Aktentasche, in der Annes Unterlagen aufbewahrt waren, und schüttete diese auf dem Boden des unteren Stockwerks der Hinterhauswohnung aus, um in die Aktentasche das beschlagnahmte Geld und den Schmuck zu füllen (vgl. Paape 1993a: 24). Durch diesen Vorgang wurden Annes Dokumente – zumindest die losen Blätter, auf denen sie die Überarbeitung angefertigt hatte – durcheinandergeworfen.

Am Nachmittag des gleichen Tages betraten Miep und Jan Gies sowie Bep Voskuijl das Hinterhaus. Auf dem Boden lagen Bücher und Papiere zerstreut. Miep Gies berichtet:

> Es herrschte ein richtiges Chaos [...] Ich habe auf dem Fussboden das Tagebuch von Anne Frank entdeckt [...] ebenso wie ein Kontobuch mit Aufzeichnungen von Anne und eine Anzahl loser Blätter Durchschlagpapier, die gleichfalls mit Annes Handschrift versehen waren. Ausserdem hat mir noch Elly [=Bep] irgendetwas gegeben, und sie hat dabei gesagt, dass es von Anne stammte [...] Ich habe jedenfalls alle diese von Anne herrührenden Schriftsachen in meinem Schreibtisch im Kontor verschlossen. (Ebd.: 26)

Eine Woche später, als ein Spediteur die Möbel im Hinterhaus abholen sollte, beauftragte Miep den Lagerarbeiter van Maaren, noch einmal nach beschriebenen Blättern zu suchen (vgl. ebd.: 27). Offenbar übergab er ihr weitere Unterlagen. Ob in diesen Wochen im August 1944 die Tagebuchaufzeichnungen von Anne (*Version a*), die vom Dezember 1942 bis zum Dezember 1943 reichen, verloren gingen, ist unbekannt. Sie sind bis heute nicht wiedergefunden worden.

Erst nachdem sicher war, dass Anne im KZ Bergen-Belsen gestorben war, übergab Miep im Juli 1945 Annes Poesiealbum, das Kontobuch, die Hefte und die losen Blätter an Otto Frank. Seine Rolle in der Geschichte der schriftlichen Überlieferung von Anne Frank ist ambivalent. Einerseits ist er derjenige, welcher Annes Aufzeichnungen für die Nachwelt erhielt, einsehbar machte und damit posthum Annes Wunsch, Schriftstellerin zu werden, gewissermaßen erfüllte. Andererseits fragmentierte auch er Annes Tagebuch, indem er Teile der Manuskripte nicht in seine Abschrift übernahm – „Aus Gründen des Anstands, des Schutzes Dritter und wegen mangelnder Bedeutung" (van der Stroom 1993: 72). Otto Frank griff, indem er *Version b* des Tagebuchs durch *Version a* und das Geschichtenbuch ergänzte und Passagen strich, stark in den Text von Anne ein. Erst durch die wissenschaftliche Online-Publikation (de Bruijn 2021) kann Annes Text in seiner ursprünglichen Form und Sprache wieder von einer breiteren Öffentlichkeit wahrgenommen werden.

Otto Franks Typoskript I ging verloren. Bevor die niederländische Erstausgabe, beruhend auf der redigierten Fassung des Typoskripts II, im Sommer 1947 in den Niederlanden erschien, wurden in der Zeitschrift *De Nieuwe Stern* fünf „Fragmente" (van der Stroom 1993: 80) aus den Tagebüchern bereits veröffentlicht – hier taucht der Fragment-Begriff im editorischen Sinn auf (vgl. Kap. 3.1). Otto Frank hatte schon Streichungen vorgenommen, aber für die niederländische Buchpublikation wurde beispielsweise „die Geschichte mit dem gegenseitigen Befassen der Brüste weggelassen" (Otto Frank, zit. n. ebd.). Hierunter ist vermutlich zu verstehen, was Sparr als Eingriffe in den Text im Sinne der „Sittenstrenge" (Sparr 2023: 37) bezeichnet. Durch den Verlag wurden also weitere Veränderungen des Textes vorgenommen. Der oben zitierte Passus wurde für die deutsche Erstausgabe nicht gestrichen. Anneliese Schütz, die die Übersetzung für diese Ausgabe erstellte, veränderte allerdings den Stil von Annes Aufzeichnungen, außerdem hatte sie einige niederländische Ausdrücke missverstanden (vgl. van der Stroom 1993: 83). So entfernte sich die deutsche Erstausgabe wiederum vom Manuskript.

Aus diesen Überlegungen wird ersichtlich, dass in der Überlieferungsgeschichte von Anne Franks Tagebuch zahlreiche Eingriffe, auch fragmentierender Art, von diversen Personen vorgenommen wurden: von Karl Josef Silberbauer, der die Papiere auf dem Boden verstreute, vom Vater, der Passagen gestrichen hat, aber auch von Verlegern und Übersetzer:innen, die in den Text eingriffen. Ein gewisses Maß an Überarbeitungen erfährt jedes Manuskript, allerdings in der Regel mit dem Einverständnis der Autor:in. Die Geschichte des Tagebuchs der Anne Frank ist eine beispielhafte Historie von Zerstörung, Verlust und dem Ausgeliefertsein der jugendlichen Schriftzeugnisse an die Zensur Erwachsener.

In den folgenden Ausführungen soll nun das Artefakt als heute noch erfahrbares materielles Objekt in den Vordergrund gerückt werden, um dieses auf Spuren einer Fragmentierung hin zu untersuchen.

## 5.6 Materialitätsanalyse

Dabei stehen die Manuskripte und nicht die gedruckten Versionen im Fokus, denn vor allem sie können einen authentischen Eindruck vermitteln, der zugleich den Übergang vom privaten zum historischen und literarischen Dokument einfängt. Die veröffentlichten Printausgaben insbesondere des ersten Tagebuchs geben zwar den Text und einzelne Fotos wieder, aber sie zeigen ein völlig anderes Bild als das Manuskript, in dem Anne Frank überklebt, gestrichen und nachträgliche Einfügungen gemacht hat. Diese Bricolage ist nur in der Auseinandersetzung mit dem Manuskript wahrnehmbar. Die Originale der Tagebücher von Anne Frank befinden sich im Anne Frank Haus unter Verschluss. Sie konnten also nicht untersucht werden, aber die Faksimile-Ausgaben, die ebenfalls in diesem Museum in Amsterdam aufbewahrt werden, vermitteln einen originalgetreuen Eindruck, bei dem alle Gebrauchs- und Verfallsspuren sowie Überklebungen, Einfügungen und Streichungen übernommen wurden. Keine gedruckte Version und nicht einmal die wissenschaftliche Online-Ausgabe kann eine entsprechende Impression von den Tagebüchern vermitteln. Die Faksimiles konnten im Archiv des Anne Frank Hauses ausführlich betrachtet und auf Fragment-Spuren hin analysiert werden. In die Untersuchung einbezogen werden das karierte Poesiealbum (*Version a*), die beiden Schulhefte mit den Tagebuchaufzeichnungen vom 22.12.1943 bis zum 01.08.1944 (*Version a*) sowie die losen Blätter (*Version b*). Um die bei der Sichtung der Faksimiles gewonnenen Eindrücke und Erkenntnisse annähernd nachvollziehbar zu machen, werden die entsprechenden Stellen aus der wissenschaftlichen Online-Publikation angegeben.

Annes erstes Tagebuch:

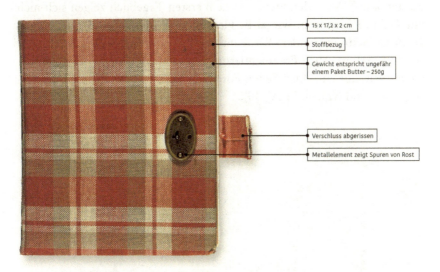

Abb. 5: Materialitätsgrafik zu: Frank 1942, Tagebuch 1: Cover, ©ANNE FRANK FONDS Basel, Beschriftung Jentgens 2024

Anne Frank schrieb ihre ersten Tagebuch-Aufzeichnungen in ein Buch, das aufgrund seiner fast quadratischen Form und des karierten Stoffeinbands an ein Poesiealbum erinnert. Der Verschluss (s. Abb. 5) deutet allerdings daraufhin, dass die Gedanken, die darin zu finden sind, nicht für jede:n lesbar sein sollten. Der von Oxidation angegriffene Metallverschluss zeugt von dem Alter des Artefakts. Besonders eindrücklich wirkt die zerrissene Lasche, mit der das Gegenstück des Verschlusses befestigt war. Der Gegenstand ist dadurch in einer solchen Weise fragmentiert, dass er seine volle Funktion nicht mehr erfüllen kann. Durch einen Akt oder Prozess der Zerstörung ist das private Dokument nun geöffnet. Beim Blick in das Buch fallen gleich die zahlreichen eingeklebten Dokumente auf: Fotos, Briefe, eine Grußkarte, eigene Notizen, zusätzlich eingeklebte leere Seiten oder Seitenergänzungen (s. Abb. 6). Schon auf dem rechten Vorsatzblatt sind auf einzelnen Blättern gemachte Tagebucheinträge vom 20. September 1942 sowie vom 1. und 6. Oktober kleingefaltet und mit einem braunen Klebestreifen befestigt. Diese Art der Nutzung freien Raums deutet auf den Papiermangel hin, dem Anne bei der Erstellung ihres Tagebuchs ausgesetzt war.[50] An vielen Stellen in dem ersten Tagebuch zeigen sich nicht nur Gebrauchsspuren, wie z. B. Flecken (vgl. de Bruijn 2021, dagboek 1: 24 f.), Schmutzränder, Risse im Papier (vgl. ebd.: 32), gewellte und vergilbte Seiten. Auch Fragmentierungsspuren lassen sich nachweisen. So fehlen z. B. auf einzelnen Seiten Fotos, die offenbar mit der Zeit verloren gegangen sind (vgl. ebd.: IV, 30).

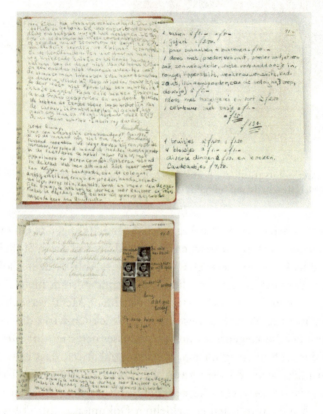

Abb. 6: Frank, Tagebuch 1: 91, 91a, 91b, aus: RVO 1993: 182, 184, ©ANNE FRANK FONDS Basel

---

50 Demgegenüber verwundert es, dass die Seiten 104 bis 116 keine schriftlichen Aufzeichnungen beinhalten. Es sind lediglich drei Fotos eingefügt.

Weitere Spuren der Fragmentierung sind die vier herausgerissenen Seiten zwischen Seite 28 und 29. An den Rändern der herausgerissenen Seiten sind noch Spuren einer Beschriftung zu erkennen. Es ist möglich, dass Anne die Seiten selbst entfernt hat. Diese Vermutung passt jedenfalls zu dem Eindruck, dass Anne das Album als ein Arbeitsbuch nutzte. Hierfür spricht auch, dass sie einzelne Passagen durchgestrichen oder überklebt beziehungsweise mit einer Art Korrekturmittel verdeckt hat. Auffällig sind die zwei Seiten, die komplett von braunen Klebestreifen überdeckt sind (vgl. ebd.: 78 f.). Anne hat hier offenbar Korrekturen an ihrem eigenen Text vorgenommen. Das Geheimnis, das die braunen Klebestreifen verdecken, wurde allerdings von der Forschung aufgelöst. Es ist inzwischen bekannt, was auf diesen Seiten gestanden hat: Anne hatte einige „unzüchtige Witze" und eine Passage über Sexualität und Prostitution geschrieben,[51] so der zusammenfassende Kommentar in der wissenschaftlichen Edition (vgl. de Bruijn 2021, dagboek 1: 78.1–79.2). Offenbar versuchte Anne, ihre Notizen mit einem Radiergummi zu entfernen, und hat sie dann überklebt. Sie hat ihren Text ganz offenkundig selbstkritisch überarbeitet und wollte nicht, dass diese Seiten später einmal von jemandem gelesen würden. Vielleicht ist auch die Enthüllung der von Anne bewusst verdeckten Textpassagen eine Form der Fragmentierung – im Sinne der Verletzung ihrer Privatsphäre? Es wird zumindest etwas der Öffentlichkeit preisgegeben, was Anne nicht dafür vorgesehen hatte.

Ihr Vorgehen bei der Gestaltung des ersten Tagebuchs zeigt sie als Sammlerin, die Schnipsel, Fotos, Grußkarten, Listen und vieles mehr zusammengetragen hat. Diese Sammlung hat die Gestalt einer Bricolage, in der noch einige Seiten unfertig waren. Hierauf deuten z. B. die leeren extra eingeklebten Seiten hin (ebd.: ab 101), die Anne dem Buch eingefügt hatte. Sie hat aber nicht nur gesammelt, geschrieben, eingeklebt, collagiert, Hervorhebungen gemacht, sondern auch den Text reflektiert und überarbeitet. Dies wird ersichtlich durch die Korrekturen an einzelnen Wörtern (vgl. ebd.: 24 f., 32, 41 f.) und an Datumsangaben (vgl. ebd.: 57,

---

51 „Anne had op deze bladzijden een paar 'schunnige moppen' en een passage over seksualiteit en prostitutie geschreven, nadat ze de eerste bladzijde met doorhalingen had 'verknoeid'." (Vgl. de Bruijn 2021, Kommentar zu den Seiten 78.1–79.2)

59) sowie das Überdecken von Passagen. Die Fragmentierung, die Anne hier selbst vornimmt, hat einen utopischen Charakter, denn sie dient der Verbesserung ihres Stils und ihres Erzeugnisses, vermutlich auch mit Blick auf mögliche Lesende. Hier arbeitet sie nicht nur am Text, sondern auch an der zukünftigen Identität als Autorin.

## Tagebuch 2 und 3

*Version a* von Annes Tagebüchern ist u. a. deshalb ein überlieferungsgeschichtliches Fragment, weil zwischen den Aufzeichnungen im Album und jenen im zweiten Heft eine Lücke klafft, die sich über ein Jahr erstreckt (Dezember 1942 bis Dezember 1943). Es ist davon auszugehen, dass Anne auch in dieser Zeit ihre Tagebuchaufzeichnungen fortsetzte, zumal der Zeitraum in *Version b* berücksichtigt ist. Van der Stroom schlussfolgert hieraus: „Es besteht also kein Zweifel, daß sie damals über den entsprechenden Teil (oder die entsprechenden Teile) ihrer ersten Version verfügte, die vermutlich erst danach verlorengingen." (Van der Stroom 1993: 70)

Das zweite überlieferte Heft der Tagebücher (*Version a*) umfasst 203 Seiten und beginnt am 22.12.1943, der letzte Tagebucheintrag ist vom 17. April 1944. Danach folgen mehr als dreißig leere Seiten. Anne hat das Heft aber auch von der letzten Seite aus genutzt, um dort vier Kapitel von *Cadys leven* (insgesamt 37 Seiten) festzuhalten. Diese Geschichte ist ein Romanfragment geblieben. Es existieren insgesamt fünf Kapitel. Diese Aufzeichnungen befinden sich in einem kartonierten Schulheft. Wie das karierte Tagebuch weist auch dieses Heft Gebrauchsspuren, Flecken und Verfärbungen auf. An dem Falz lösen sich die Seiten vom Rücken und an einzelnen Stellen scheinen eingeklebte Fotos oder Bilder verloren gegangen zu sein.

Insgesamt machen die Aufzeichnungen in diesem Heft aber einen ganz anderen Eindruck als in dem Album. So hat Anne bereits auf das Vorsatzblatt einen Titel und sich als Autorin notiert sowie eine zeitliche und räumliche Verortung der Entstehung und eine genauere Kennzeichnung des Inhalts vorgenommen. Sie bezeichnet den Inhalt als „Ten dele brieven aan Kitty", also „Teilweise Briefe an Kitty". Tatsächlich ist die Adressierung an Kitty schon bei dem ersten Eintrag vom 22. Dezember 1943 zu finden (de Bruijn 2021, dagboek 2: 1). Dies wird weitgehend durchgehalten, nur bei wenigen Einträgen folgt nach dem Datum nicht die Anrede an Kitty

(z. B. beim 16. Februar 1944). Anders als in dem Album gibt es nur wenige Seiten, auf denen Anne etwas eingeklebt hat – auf einer Seite finden sich Bilder mit Weihnachtsmotiven, wovon eines verlorenging, an anderer Stelle ist ein Artikel eingefügt und an einer weiteren hat Anne eine zusätzliche, von ihr beschriebene Seite eingeklebt. Das Tagebuch im Schulheft vermittelt nicht den Eindruck einer Bricolage. Auch das Schriftbild ist viel klarer geworden (s. Abb. 7), was vielleicht unter anderem an der Linierung der Seiten liegt.

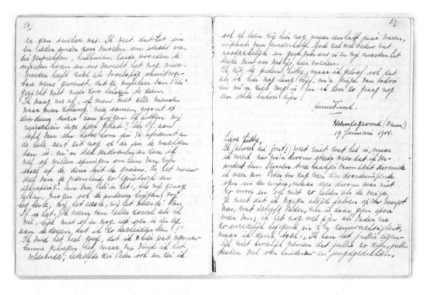

Abb. 7: Frank, Tagebuch 2: 28, 29, aus: RVO 1993: 174, ©ANNE FRANK FONDS Basel

Anne wechselt zwar manchmal noch zwischen Schreib- und Druckschrift, aber insgesamt wirkt die Schrift sehr regelmäßig. Es gibt auch kaum Korrekturen. In dem einen Jahr, das zwischen den Aufzeichnungen im Album und dem zweiten überlieferten Tagebuch-Teil liegt, hat Anne offensichtlich eine Entwicklung durchgemacht, die sie zu einer routinierteren Schreiberin werden ließ. Dies zeigt sich z. B. in den deutlich längeren Eintragungen in dem Schulheft. Hier gibt es zum Teil Aufzeichnungen, die sich über zahlreiche Seiten erstrecken (z. B. 6. Januar 1944, de Bruijn 2021, dagboek 2: 11–22).

Die blassblaue, gebundene und gleichmäßige Füllerschrift dominiert auch im dritten überlieferten Teil des Tagebuchs, das den Zeitraum vom 17. April 1944 bis zum 1. August 1944 umfasst. Es schließt also unmittelbar an die Aufzeichnungen in dem anderen Schulheft an. Anne hat hier keine Fotos oder Bilder eingefügt.

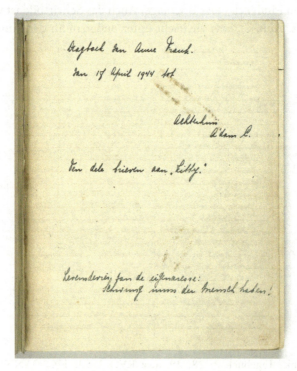

Abb. 8: Frank, Tagebuch 3: Vorsatzblatt, aus: RVO 1993: 696, ©ANNE FRANK FONDS Basel

Sie verlässt sich ganz auf den Text, auf ihre eigene Erzählstimme.[52] Es gibt kaum Korrekturen und (fast) alle Einträge sind an Kitty adressiert.

---

52 Im Sinne von Bachtin (1934/1935) ließen sich in dem Text diverse Stimmen ausmachen, z. B. über die stellenweise deutschen Einsprengsel, die dialogischen Sequenzen, die verschiedenen Stimmen von Anne, wenn sie über die Ereignisse reflektiert oder über intime Erfahrungen spricht. Auch die Veränderungen im Erzählstil über die Jahre der Tagebuchaufzeichnungen sind Zeugnisse einer sich im Prozess befindlichen Erzählstimme.

Dennoch offenbart sich der Fragmentstatus dieses Artefakts auf eindrückliche Weise. Es sind weniger die Gebrauchsspuren als vielmehr die Leerstellen, die diese Vorstellung vermitteln. So folgen auf die 128 Textseiten zahlreiche unbeschriebene Seiten. Sie machen circa ein Drittel des Heftes aus. Unterstrichen wird der Fragmentstatus durch Annes Eintrag auf dem Vorsatzblatt: „van 17 April 1944 tot" (vom 17. April bis, s. Abb. 8). Es fehlt das Ende des Zeitraums, denn für Anne war das Tagebuch am 1. August 1944, als ihre Aufzeichnungen endeten, nicht abgeschlossen. Durch einen zerstörerischen Gewaltakt wurde die Arbeit an dem Tagebuch abrupt abgebrochen.

### *Het Achterhuis – Version b*, Loseblattsammlung

*Version b* ist die von Anne selbst erstellte überarbeitete Fassung ihres Tagebuchs. Hier sind alle Eintragungen konsequent als Briefe an Kitty adressiert. Der erste Brief ist auf den 20.04.1942 datiert, der letzte auf „Woensdag 29 März 1944" (de Bruijn 2021, het achterhuis: 324). Die Briefe umfassen – laut Seitenzählung[53] – 326 Seiten. Danach folgt noch eine Namensliste, auf der Anne die im Tagebuch auftretenden Personen mit ihren realen und den geplanten fiktiven Namen aufgeführt hat. So sollte z. B. Fritz Pfeffer, der Zahnarzt, Albert Dussel genannt werden, Frau van Pels erhielt den Namen Petronella van Daan, sich selbst gab die Autorin den Namen Anne Robin.

---

53 Es gibt eine Zählung am oberen Rand der Seiten, die Anne offenbar selbst vorgenommen hat (vgl. de Bruijn 2021, Kommentar zur 1. Seite von „Het Achterhuis"). Am unteren Rand ist eine weitere Zählung mit einem schwarzen Stift eingetragen.

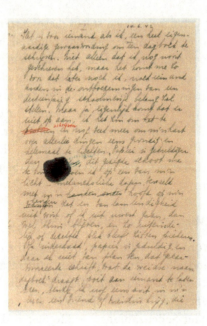

Abb. 9: Frank, Het achterhuis: 85, aus: RVO 1993: 355, ©ANNE FRANK FONDS Basel

Geschrieben hat Anne ihre Überarbeitung auf Durchschlagpapier, das aus dem Büro der Firma stammte. Durchschlagpapier wurde zur Anfertigung von Kopien verwendet. Es ist ein sehr dünnes, häufig farbiges Papier, auf das ein mit Kohle beschichtetes Blatt beim Schreiben gelegt wurde. So entstand beim Tippen auf der Schreibmaschine oder auch bei von Hand geschriebenen Dokumenten ein Durchschlag der Schrift. Unbenutzte Durchschlagpapiere aus dem Büro der Firma wurden offenbar Anne zur Verfügung gestellt. Die Verwendung dieser Blätter zeigt auch die Papiernot, mit der sie zurechtkommen musste. Die Papiere weisen Risskanten auf, manchmal so sehr, dass den Blättern fast ein Drittel fehlt. Sie haben unterschiedliche Formate, zum Teil haben sie DIN-A5-Format, zum Teil sind es im Querformat genutzte Blätter, die (fast) Din A4-Format haben und von Anne als Doppelseiten genutzt wurden. Aus manchen Seiten sind unten auch Teile herausgeschnitten. Die handschriftliche Zählung ist verwirrend, da mal die Doppelseiten gemeinsam, mal als Einzelseiten gezählt wurden.[54] Die Farben der Blätter reichen von einem vergilbten Weiß über ein helles Orange, Rosa, Blau bis Grün. Im Unterschied zu den Tagebuchheften 2 und 3 sind die Aufzeichnungen auf den losen Blättern mit zahlreichen Korrekturen von Anne versehen worden. Sie hat an ihrem Text auch nach der überarbeiteten Abschrift der *Version a* noch weiter korrigiert. Darauf deuten auch die unterschiedlichen Farben der verwendeten Stifte bei der Korrekturarbeit hin (s. Abb. 9). Die ersten zwölf Seiten der Briefe an Kitty sind von einem Tintenfleck zum Teil unkenntlich gemacht (s. Abb. 9). An einzelnen Stellen findet sich eine Korrektur in grüner Schrift, die das durch den Tintenklecks verlorengegangene Wortmaterial ergänzt. Vor allem wird deutlich, dass Anne hier intensiv an einem Manuskript gearbeitet hat, welches sie nie fertigstellen konnte und das in seiner Entstehung sowie Überlieferung diversen Momenten des Mangels und des Verlusts ausgesetzt war. Ein Beispiel dieser Überlieferungsgeschichte ist auch der Brief vom 2. Februar 1944, dessen Original bei einem Kopiervorgang von Otto Frank und seiner späteren Frau verlorenging. Es ist nur die Kopie erhalten geblieben (vgl. de Bruijn 2021, het achterhuis: 281 f.).

Die losen Blätter, ihre angerissenen Ränder, die Tintenflecken und Durchstreichungen, besonders aber der Abbruch mit dem 29. März 1944 markieren den Fragmentstatus des Materials, das mit dem Manuskript zu *Het Achterhuis* von Anne vorliegt. Dabei symbolisieren die materiellen Fragmentspuren gleich mehrere Aspekte: den Mangel, dem ihre Schreibarbeit unterworfen war, den gewaltsamen Eingriff in das Leben und Schreiben der Jugendlichen durch die Verhaftung und zugleich den utopischen, hoffnungsvollen Impuls, der in den Korrekturen, dem Überarbeiten, der Literarisierung des Stoffes liegt.

Nicht nur aufgrund der Materialität von Annes Tagebüchern lassen sich Fragmentierungsprozesse nachweisen, auch in dem, was und wie Anne schreibt. Dies soll in einem weiteren Schritt untersucht werden. Dabei wird insbesondere dann, wenn es um sprachliche Feinheiten geht, sowohl der

---

54 In der wissenschaftlichen Online-Version (de Bruijn 2021) wurden alle Einzelseiten gezählt. An dieser Zählung orientieren sich auch die hier gemachten Angaben.

niederländische Originaltext als auch die deutsche Übersetzung zitiert. Mit dem Ziel der besseren Lesbarkeit wurden längere Passagen auf Deutsch zitiert, wobei aber für die Argumentation wichtige Begriffe aus dem niederländischen Original mit der deutschen Übersetzung verglichen werden.

## 5.7 Textanalyse – Fragmentierung auf personaler, sozialer und politischer Ebene

| Ja Kitty, Anne is een gek kind, maar ik leef ook in een gekke tijd en in nog gekkere omstandigheden. (16. März 1944, de Bruijn 2021, dagboek 2: 110) | Ja Kitty, Anne ist ein verrücktes Kind, aber ich lebe auch in verrückten Zeiten und unter noch verrückteren Umständen. (RvO 1993: 612) |
|---|---|

In dieser Aussage unterscheidet Anne drei Bereiche, die in den Aufzeichnungen thematisiert werden und in denen sie sich selbst, der Zeit, in der sie lebt, und den Umständen, in denen sie lebt, Verrücktheit attestiert. Man kann auch von drei Ebenen sprechen: der personalen Ebene („een gek kind"), der sozialen Ebene des Mikro-Kosmos der Untergetauchten im Hinterhaus („omstandigheden") sowie der historischen, gesellschaftspolitischen Ebene („gekke tijd"). Auf allen drei Ebenen machen die Aufzeichnungen von Anne Fragmentierungsprozesse deutlich. Wirklich trennen lassen sich das Personale, das Soziale und das politische Zeitgeschehen nicht, denn Letzteres ist Auslöser für das Erleben auf der sozialen und personalen Ebene. Zur Strukturierung der folgenden Ausführungen werden die drei Ebenen aber als Hilfskonstrukt genutzt. Da die zeitpolitische Ebene Ausgangspunkt der Fragmentierungserfahrung ist, steht diese hier am Anfang.

Anne berichtet am 13. Januar 1943 von den Vorgängen, die „draußen" in der Welt geschehen:

> Liebe Kitty,
>
> wir haben eine neue Beschäftigung, und zwar Päckchen mit Bratensoße (in Pulverform) füllen. [...] Es ist eine Arbeit, wie sie auch Leute in Gefängnissen machen müssen, ausgesprochen öde, es wird einem schwummrig davon, und man muss immerzu lachen.
>
> Draußen ist es schrecklich, Tag und Nacht werden die armen Menschen fortgeschleppt, mit nichts als einem Rucksack und ein bisschen Geld. Diese

Besitztümer werden ihnen unterwegs auch noch abgenommen. Die Familien werden auseinandergerissen, Männer, Frauen und Kinder werden getrennt. Kinder, die aus der Schule kommen, finden ihre Eltern nicht mehr. Frauen, die einkaufen gehen, finden bei der Rückkehr ihre Wohnung versiegelt vor, ihre Familie ist verschwunden.

Die niederländischen Christen haben auch schon Angst, ihre Söhne werden nach Deutschland geschickt, alle fürchten sich. Und jede Nacht kommen Hunderte Flieger über die Niederlande, fliegen zu den deutschen Städten und durchpflügen dort die Erde mit ihren Bomben, und jede Stunde fallen in Russland und Afrika Hunderte, sogar Tausende Menschen. Niemand kann sich fernhalten, der ganze Erdball führt Krieg, und obwohl es für die Alliierten besser läuft, ist ein Ende noch nicht in Sicht. (Frank 2019: 75f.)

Die Erzählerin in dieser Tagebucheintragung richtet ihren Blick vom Inneren des Hinterhauses nach draußen, zunächst auf die Judenverfolgung in den Niederlanden, dann auf die niederländischen Christen und weiter wandert ihr Blick mit den Bombern der Alliierten zu den deutschen Städten, die zerstört werden, nach Russland und Afrika und schließlich auf die gesamte Weltkugel. Als ob die Kamera vom Inneren des Hauses immer weiter weg gezoomt würde, so beschreibt die Erzählerin den Zustand der Welt. Die Autorin benennt nicht Verfolgung, Verschickung zu Zwangsarbeit, Bombardierung, Zerstörung und Tötung auf einer Metaebene, sondern entwirft szenisch vorstellbare Imaginationen, z. B. von Kindern, die nach dem Schulbesuch ihre Eltern nicht mehr finden. Die Schrecken wirken umso eindringlicher und nachvollziehbarer. Die Verben, die Anne Frank im niederländischen Original in ihrer Beschreibung der Vorgänge verwendet, sind:

| Verben im niederländischen Original | Übersetzung von Hüsmert |
|---|---|
| „weggesleepd" (de Bruijn 2021, het achterhuis: 126) | „fortgeschleppt" (Frank 2019: 75) |
| „uitelkaar gerukt" (ebd.) | „auseinandergerissen" (ebd.) |
| „worden gesplitst" (ebd.) | „getrennt werden" (ebd.) |
| „verdwenen" (ebd.) | „verschwunden" (ebd.) |
| „beploegen" (ebd.) | „durchpflügen" (ebd.: 76) |
| „vallen" (ebd.) | „fallen" (ebd., hier im Sinne von sterben) |

Alle diese Verben sind als Synonyme für Fragmentierungsprozesse zu deuten. Sie stehen für Momente der Zerstörung. Fragmentierung in diesem Sinne löst Grauen angesichts der Brutalität und Trauer um den Verlust aus. Hier wird der Blick in die Vergangenheit gerichtet, auf das Verlorene und Zerstörte, ganz im Sinne des Fragment-Verständnisses, das Burdorf (2020) in seinem Band *Zerbrechlichkeit* formuliert (vgl. Kapitel 3).

Anne beschreibt nicht nur die Zeit, in der sie lebt, als „gek", also verrückt. Mit dem Habitus eines verzweifelten Ausrufs notiert sie in ihr Tagebuch am 3. Mai 1944:

| „O waarom, zijn de mensen zo gek?" (de Bruijn 2021, dagboek 3: 23) | „Oh warum, sind die Menschen so verrückt?" (RvO 1993: 713) |
|---|---|

Die Ursache sieht sie in einem menschlichen Drang zur Vernichtung, zum Totschlagen, zum Morden und zum Wütendsein. Solange die Menschheit keine Metamorphose durchlaufe, werde es Krieg geben und alles, was gebaut, gepflegt und gewachsen ist, werde abgeschnitten und vernichtet. Auch in dieser Textpassage nutzt Anne wieder Verben, die Fragmentierungsprozesse beschreiben: „afgesneden en vernietigd" (de Bruijn 2021, dagboek 3: 23). Am 15. Juli 1944, also ungefähr zwei Wochen vor ihrer Verhaftung und damit kurz vor dem Abbruch des Tagebuchs ergänzt Anne diese Gedanken. Hier geht es darum, dass jeglicher Idealismus zerstört werde, dass alle Ideale, Träume und schönen Erwartungen der Jugend nicht aufkommen könnten oder durch die grauenhafte Wirklichkeit vollständig zerstört („totaal verwoest", ebd.: 120) würden. Für den Zustand der Welt wählt sie das Bild der Wüste („een woestijn", ebd.), in die sich diese langsam verwandele. In expressiver Metaphorik formuliert sie die Todesdrohung, die über ihr und vielen anderen schwebt:

| [...] ik zie hoe de wereld langzaam steeds meer in een woestijn herschapen wordt, ik hoor de anrollende donder steeds harder die ook ons zal doden, ik voel hed leed van millioenen mensen mee [...] (ebd.: 121) | Ich sehe, wie die Welt langsam immer mehr in eine Wüste verwandelt wird, ich höre den anrollenden Donner immer lauter der auch uns töten wird, ich fühle das Leid von Millionen Menschen mit [...] (RvO 1993: 786) |
|---|---|

Anne setzt hier gezielt rhetorische Mittel, wie Anapher, Metapher und Klimax, ein, um ihre Diagnose einer zerstörerischen Realität in gewählte Worte zu kleiden. Dem setzt sie als Paradoxon gegenüber, dass sie immer noch an das Gute im Menschen glaube und, wenn sie in den Himmel schaue, auch die Hoffnung habe, dass es wieder Ruhe und Frieden geben könne (vgl. ebd.). So beendet sie ihren Eintrag:

| | |
|---|---|
| Intussen moet ik m'n denkbeelden hoog en droog houden, in de tijden die komen zijn ze misschien toch nog uit te voeren! (de Bruijn 2021, dagboek 3: 121) | Inzwischen muss ich meine Vorstellungen hoch und trocken halten, in den Zeiten die kommen sind sie vielleicht doch noch auszuführen! (RvO 1993: 786) |

Anne beschreibt eine Zeit der Fragmentierung und Zerstörung, dennoch birgt das Fragmentarische der noch nicht vollendeten Zeit auch einen utopischen Kern: Es gibt eine Zukunft, auf die Anne hofft. Diese Ambivalenz setzt sich auf der sozialen und der personalen Ebene von Annes Beobachtungen fort.

Die politischen Verhältnisse greifen in massiver Weise in das soziale Leben der Familie ein. Auch diesen Fragmentierungsprozess beschreibt Anne in ihrem Tagebuch. Es beginnt damit, dass sie schon am Anfang der überarbeiteten Fassung (*Version b*) schildert, wie alle Angehörigen der Familie Frank, die über Jahrhunderte in Frankfurt am Main ansässig war, aufgrund der Machtübernahme durch die Nationalsozialisten auseinandergerissen wurden und in verschiedene Länder emigrieren mussten (20. Juni 1942, de Bruijn 2021, het achterhuis: 4). Manche Familienmitglieder gingen in die Schweiz, andere nach England (vgl. Leopold 2023: 18). Annes Eltern wandern 1933 in die Niederlande aus, wo sie die ersten Jahre unbehelligt leben können. Mit der deutschen Besatzung ändert sich dies. Im Oktober 1940 tritt eine „,Arisierungs'-Verordnung" in Kraft (Paape 1993: 11), die dazu führt, dass Otto Frank die Firmenleitungen von Gies & Co sowie Pectacon abgeben muss. Anne und ihre Schwester Margot müssen die Schule wechseln, zahlreiche Verordnungen werden erlassen, die jüdischen Menschen die Teilhabe am gesellschaftlichen Leben unmöglich machen sollen und zu einer Separierung bzw. Exkludierung von Juden führen.⁵⁵ Durch das Untertauchen wird das Leben der Familie Frank weiter einschneidend verändert: Die Kontakte zu anderen Menschen sind auf die wenigen Unterstützer:innen in der Firma beschränkt, die Räumlichkeiten sind beengt, Anne muss sich z. B. ein Zimmer mit Fritz Pfeffer teilen, einem ihr weitgehend fremden erwachsenen Mann. Die Untergetauchten können nur einen geringen Teil ihres Hausrats, ihrer Kleidung und Bücher mitnehmen. Sie dürfen keinen Krach machen, können zu bestimmten Zeiten nicht das Licht anmachen oder nicht einmal die Toilette benutzen, haben keine Badewanne, können nicht einfach aus dem Fenster schauen oder nach draußen gehen, sind abhängig von den Helfer:innen, was Lebensmittel und insgesamt die Versorgung angeht, und sie leiden unter der ständigen Angst, entdeckt zu werden. Durch die knappen Ressourcen und die vielen Einschränkungen kommt es immer wieder zu Streitigkeiten zwischen den Untergetauchten. Anne widmet der Schilderung dieser Situationen und Szenen zahlreiche Seiten ihres Tagebuchs. Sie beschreibt die Auseinandersetzungen um ihre Erziehung (vgl. de Bruijn 2021, het achterhuis: 60 ff.), die angespannten Situationen mit ihrer Mutter (vgl. ebd.: 86, 128), die Probleme zwischen Fritz Pfeffer und ihr (vgl. ebd.: 102 ff. und 110) und die Konflikte bei der Lebensmittelaufteilung (vgl. ebd.: 260). Am 27. April 1943 schreibt Anne in einem Brief an Kitty „[…] das ganze Haus dröhnt vom Gezanke. Mutter und ich, Mijnheer van Pels und Papa, Mutter und Mevrouw, alle sind böse aufeinander, tolle Stimmung nicht wahr?" (Frank, 2019: 93) Und am 16. September 1943 heißt es: „[…] das Verhältnis untereinander hier wird immer schlechter." (Ebd.: 123) Der Mikrokosmos des Hinterhauses ist durch Beschränkung und Beschneidung, Angst und Anspannung geprägt, was zu ständigen Konflikten führt. Die Familien van Pels und Frank sowie Fritz Pfeffer wären vermutlich unter normalen Umständen gut befreundet, würden sich treffen und auch wieder auseinandergehen. Durch die enge Zwangsgemeinschaft wird ihre Freundschaft,

---

55 In der Ausgabe des Rijksinstituuts voor Oorlogsdocumentatie (1993) findet sich in *Version a* des Tagebuchs eine Beschreibung der Beschränkungen, die durch die „Judengesetze" (ebd.: 223) zum Tragen kamen. Diese Textpassage ist dem 20. Juni 1942 zugeordnet. In der Online-Ausgabe von de Bruijn ist diese Textstelle dem Zeitraum 16.–30. Juli 1942 zugeordnet (vgl. de Bruijn 2021, dagboek 1: 50).

ihr soziales Gefüge empfindlich gestört. Gleichzeitig ist es vielleicht auch ein Ergebnis dieser Enge, dass Anne ihr erstes Liebesverhältnis mit Peter van Pels erleben kann – aber das ist nur eine Vermutung. Jedenfalls entdeckt Anne in dieser Zeit der Verliebtheit neue Gefühle und ihr Interesse an Fragen der Sexualität. Sie durchlebt eine Phase der Intimität und geht aus dieser mit der Entwicklung von Zukunftsperspektiven für sich selbst hervor, wenn sie z. B. am 11. Mai 1944 schreibt, sie wolle Journalistin oder eine berühmte Schriftstellerin werden (vgl. de Bruijn 2021, dagboek 3: 53).

Die Ambivalenz von Verlust und Zerstörung sowie Hoffnung und jugendlichen Zukunftsträumen lässt sich am deutlichsten zeigen, wenn die personale Ebene betrachtet wird. Anne berichtet am 22. Mai 1944, dass die antisemitischen Haltungen auch in der niederländischen Bevölkerung zunehmen (vgl. ebd.: 66). Sie endet ihren Brief an Kitty mit der Beteuerung, dass sie die Niederlande liebe und immer noch hoffe, das Land werde ihr, der Vaterlandslosen, zum Vaterland werden – „[…] ik hoop het nog!" (Ebd: 68) Anne nimmt die politische Fragmentierung auf der persönlichen Ebene sehr deutlich wahr: Durch die Nationalsozialisten wurde sie zur Vaterlandslosen, sie leidet unter den antisemitischen Tendenzen, hofft aber darauf, in den Niederlanden ihre neue Heimat gefunden zu haben. Für ihr Leben im Versteck wählt Anne ein Bild, das das Erleben von Fragmentierung sehr treffend einfängt. Sie vergleicht sich mit einem eingesperrten Singvogel:

| […] ik dwaal van de ene naar de andere kamer, de trap af en weer op en heb een gevoel als een zangvogel, die z'n vleugels hardhandig uitgerukt zijn en die in een volslagen duisternis tegen de spijlen van zijn nauwe kooi aanvliegt. "Naar buiten, lucht en lachen," schreeuwt het in me; ik antwoord niet eens meer, ga op een divan liggen en slaap om de tijd, de stilte, de verschrikkelijke angst ook, te verkorten, want te doden zijn ze niet<br><br>je Anne.<br><br>(de Bruijn 2021, het achterhuis: 219) | […] ich streife von einem Zimmer ins andere, treppab und treppauf, und fühle mich wie ein Singvogel, dem roh die Flügel ausgerissen wurden und der in völliger Dunkelheit an die Gitterstäbe seines engen Käfigs prallt. ‚Nach draußen, Luft und Lachen', schreit es in mir; ich antworte nicht einmal mehr, lege mich auf eine Couch und schlafe, um die Zeit, die Stille, auch die schreckliche Angst zu verkürzen, denn vertreiben kann ich sie nicht<br><br>Deine Anne.<br><br>(Frank 2019: 128) |
|---|---|

Anne beschreibt in dieser Tagebuchaufzeichnung die Symptome einer depressiven Phase: sich elend fühlen, Appetitlosigkeit und schlafen, um der schrecklichen Angst zu entgehen. Besonders an Sonntagen empfindet sie die Stimmung im Haus als „[...] drukkend, slaperig en loodzwaar" (de Bruijn 2021, het achterhuis: 218), auf Deutsch: „bedrückend, einschläfernd und bleischwer" (Frank 2019: 128). Das Fragmentierungserlebnis schlägt sich in der Metaphorik des Textes, aber auch in anderen sprachlichen Aspekten nieder: in zusammenhanglosem Schreiben, das Anne selbstkritisch auch so benennt,[56] oder in der Verwendung von Ellipsen (vgl. 11. und 16. Juli 1943, de Bruijn 2021, het achterhuis: 166, 170). Letztere nutzt Anne in unterschiedlicher Weise:[57] Mal dienen sie zur Andeutung der Einschränkungen, unter denen Juden bzw. die Untergetauchten leiden: „Ich bin sehr kurzsichtig geworden und müsste schon lange eine Brille tragen (hu, dann sehe ich aus wie eine Eule!), aber du weißt ja, Versteckte dürfen ..." (Frank 2019: 101). So sollen die Lesenden selbst ergänzen, dass Anne als Versteckte nicht nach draußen gehen kann, um z. B. zum Augenarzt zu gehen. An anderer Stelle dient die Ellipse aber auch als Platzhalter einer unaussprechbaren Hoffnung: „PS: Landung auf Sizilien. Wieder einen Schritt näher an der ...!" (ebd.: 103)

Auch in der Entwicklung der Erzählperspektive reflektiert Anne in ihrem Tagebuch einen Fragmentierungsprozess – zunächst als literarischen Distanzierungsvorgang:

---

[56] "Alles staat hier doorelkaar, geen verband valt er te bespeuren en ik twijfel er soms ernstig aan, of later iemand mijn gedaas zal interesseren." (de Bruijn 2021, dagboek 2: 193) Übersetzung: „Hier ist alles durcheinander, es gibt keinen Zusammenhang und ich zweifle manchmal ernsthaft daran, dass sich später jemand für meine Arbeit interessieren wird."

[57] Auch die Anzahl der Punkte, die Anne als Auslassungszeichen macht, ist im Original immer wieder unterschiedlich. In den gedruckten Fassungen sind die Auslassungspunkte auf die üblichen drei Punkte reduziert.

| | |
|---|---|
| Het is een gek verschijnsel dat ik mij soms zie als door de ogen van een ander. Ik bekijk me de zaken van een zekere Anne Robin, dan op m'n dooie gemak en zit in m'n eigen levensboek te bladeren alsof het van een vreemde was.<br>(de Bruijn 2021, het achterhuis: 257) | Es ist eine seltsame Sache, dass ich mich manchmal wie mit den Augen eines anderen Menschen sehe. Ich betrachte die Angelegenheiten einer gewissen Anne Robin dann in aller Ruhe und blättere in meinem eigenen Lebensbuch, als sei es das einer Fremden.<br>(Frank 2019: 149)[58] |

Aber es ist nicht nur ein erzähltechnischer Vorgang, den sie hier selbstreflexiv wahrnimmt. Von ihrem Leben vor dem Untertauchen fühlt sich Anne im Rückblick wie abgespalten:

> „Liebe Kitty,
> wenn ich über mein Leben von 1942 nachdenke, fühlt es sich wie etwas Unwirkliches an. Dieses Leben hat eine ganz andere Anne als die erlebt, die im Hinterhaus erzogen wird. [...]
> Ich sehe auf diese Anne herab, als wäre sie ein nettes, aber sehr oberflächliches Mädchen gewesen, das mit mir nichts mehr zu tun hat. [...]
> Was ist von diesem Mädchen noch übrig geblieben? [...]
> Heute betrachte ich mein eigenes Leben und merke, dass ein Abschnitt unwiederbringlich abgeschlossen ist; die sorglose unbekümmerte Schulzeit kommt nie mehr wieder." (Ebd.: 172–174)

Annes Kindheit wurde auf brutale Weise abgebrochen. Sie muss mit dem Verlust der Freunde, des Wohlstands, der Sorglosigkeit und der Verwöhnung zurechtkommen. Es ist also mehr als ein Abschied von der Kindheit unter normalen Umständen. Gleichzeitig versucht sie für sich eine positive Zukunftsperspektive zu entwickeln:

> Und abends, wenn ich im Bett liege [...] dann denke ich an *das Gute* beim Verstecken, meine Gesundheit und mein ganzes Selbst, an *das Liebe* von dem, was einmal kommen wird, die Liebe, die Zukunft, das Glück, und an *das Schöne*, womit die Welt gemeint ist. Die Welt, die Natur und die unendliche Schönheit von allem, allem Schönen zusammen. [...]

---

58 Anne Frank wollte ihre eigene Figur in dem geplanten Roman *Het Achterhuis* Anne Robin nennen.

Mein Rat lautet: "Geh hinaus, auf die Felder, in die Natur und die Sonne, geh hinaus und versuche, das Glück in dir selbst wiederzufinden; denk an all das Schöne, was in dir selber und um dich herum wächst, und sei glücklich!" (Ebd.: 175, kursive Hervorh. i. O.)

Eingesperrt im Hinterhaus wird die Natur zum romantischen Sehnsuchtsbild, das als Zukunft der fragmentierten Gegenwart entgegengestellt wird. Die Natur erhält in Annes späteren Aufzeichnungen zunehmend die Rolle der Heilerin, die den Weg zum Selbst öffnet und dieses mit der Welt wieder in Einklang bringt. Hier zeichnet sich die Funktion der Selbstermunterung durch das Tagebuch ab, wie sie für das Tagebuchschreiben in Kapitel 4.3 bereits als typisch herausgearbeitet wurde. Weitere Funktionen sollen im folgenden Abschnitt resümierend betrachtet werden.

## 5.8 Funktionen der Tagebücher von Anne Frank

Annes rotkariertes Tagebuch lässt sich noch deutlich als ein *Journal intime* einordnen (vgl. Kapitel 4.1). Es sind die Aufzeichnungen eines jungen Mädchens, das besondere Ereignisse, wie z. B. den 13. Geburtstag, oder schulische Erlebnisse notiert, sich über Freundinnen und Freunde Gedanken macht und sich selbst durch das Schreiben versucht zu er-schreiben. Durch das Untertauchen in der Prinsengracht gewinnt das Tagebuch allerdings eine neue Bedeutung: Es wird immer mehr zur Freundin, die Anne vermisst, und zum Mittel der Verarbeitung krisenhafter Erlebnisse. Dem Tagebuch bzw. „Kitty" als Gegenüber kann Anne ihre geheimsten Gedanken anvertrauen, seien es intime Erfahrungen oder negative Gedanken über die eigene Mutter. Das Tagebuch übernimmt typische Funktionen des Adoleszenz-Tagebuchs: Es ist Vertraute, psychologische Stütze, dient zur Konstruktion der eigenen Identität, ist auch Mittel der Selbsterziehung, enthält Zukunftsentwürfe und Lebenspläne. Für die aufgrund der Judenverfolgung durch die Nazis eingesperrte Jugendliche übernahm das Tagebuch sicher auch eine Fluchtfunktion (vgl. Jurgensen 1979: 21). Es war ein Rückzugsort sowie ein Ort der Beheimatung und der Gestaltung des eigenen Ich. Die Leserin dieses Tagebuchs war zunächst einmal vor allem die Autorin selbst.

*Het Achterhuis*, also Annes überarbeitete Fassung und damit der Romanentwurf in Form eines Tagebuchs, ist an ein weiteres Publikum adressiert und gewinnt neue Funktionen. Es impliziert – ausgelöst durch den Aufruf des Ministers Bolkestein – die Perspektive, Teil eines gesellschaftlichen Erinnerungsprozesses zu werden, und es ist ein erster Schritt der eigenen Vorstellung von sich als Schriftstellerin eine greifbare Form zu verleihen. Durch die Arbeit an *Het Achterhuis* verschiebt sich auch die Funktion der anderen Tagebücher (*Version a*). Sie werden für Anne zu Werkbüchern, in denen sie Material für ihren Romanentwurf sammelt und findet.

Sowohl die Lektüre von Annes Schriften als Adoleszenz-Tagebücher als auch als Erinnerungsbücher, die in das Erleben einer Jüdin in der Zeit des Nationalsozialismus führen, erklären vermutlich die Wirksamkeit der Tagebücher bis heute. Sie sind gleichzeitig als historische Dokumente lesbar und als individuelle Entwicklungsgeschichte. So werden sich auch heute noch viele Jugendliche in den widerstreitenden Gefühlen den Eltern gegenüber oder in den ersten Gedanken zu Liebe und Sexualität wiedererkennen können. Die Funktionen für die Lesenden sind ebenso vielfältig, wie sie es für die Schreibende waren: Für die Lesenden sind sie historische Quellen und damit Behältnisse der Erinnerung, sie haben aufklärerische Funktionen, können aber auch als Stütze bei der eigenen Identitätssuche gelesen werden. Darüber hinaus haben Anne Franks Tagebücher sicher auch einen Vorbildcharakter, wenn es um das eigene Schreiben eines Tagebuchs geht. Im Sinne des literarischen Lernens können die Tagebücher ebenfalls wirksam werden. Viele der von Spinner (2006) aufgeführten Aspekte können an diesen Texten relevant werden: das Entwickeln von Vorstellungen, z. B. von der Situation im Hinterhaus, die subjektive Involviertheit, die bewusste Wahrnehmung von sprachlichen Gestaltungsmitteln, die Perspektivenübernahme, der Umgang mit metaphorischen Ausdrucksweisen und die Entwicklung von prototypischen Vorstellungen vom Tagebuch.

Die Wirkung, die die Tagebücher der Anne Frank entfalten können, wird wesentlich durch ihren Fragment-Status geprägt. Daher soll auf diesen abschließend noch einmal eingegangen werden.

## 5.9 Das Fragment als ambivalentes Artefakt

Burdorf (2020) hat – wie bereits in Kapitel 3.1 ausgeführt – in seinem Band über das Fragment den Aspekt der Zerbrechlichkeit in den Vordergrund gerückt und damit die Trauer über den Verlust einer ehemals vorhandenen oder nie vollendeten Ganzheit. Diesem Blick auf das Fragment aus der Vergangenheit konnte der frühromantische Fragment-Begriff im Sinne eines Keims des Neuen, als eines in die Zukunft gerichteten Fragments entgegengestellt werden. Die Ambivalenz der zwei Deutungsrichtungen lässt sich auch für die Aufzeichnungen von Anne Frank nachweisen, wie die vorausgehenden Erläuterungen zur Materialität und zur Textanalyse zeigen konnten. Die überlieferten Artefakte von Anne tragen sowohl auf der materiellen als auch auf der inhaltlichen Ebene Spuren des Verlorenen oder Beschädigten sowie der hoffnungsvollen Zukunftsorientierung. So stehen die leeren, eingeklebten Seiten für beides, für den Abbruch und auch für die Hoffnung auf Fortsetzung. Inhaltlich changiert der Text zwischen dem Verlust des Aufwachsens in Freiheit und den Zukunftsplänen einer angehenden Schriftstellerin.

Hier soll nun unter diesem Blickwinkel resümierend das Textkonvolut im Sinne des entstehungsgeschichtlichen sowie des überlieferungsgeschichtlichen Fragments betrachtet werden.

Anne Franks Tagebuchaufzeichnungen brechen am 1. August 1944 ab, weil sie wenige Tage später verhaftet wird. Mit ihrer Überarbeitung des Tagebuchs, den Briefen an Kitty, die als Grundlage für den Roman *Het Achterhuis* zu sehen sind, ist Anne nur bis zum 29. März 1944 gelangt. Der Entstehungsprozess der verschiedenen Schreibarbeiten von Anne wurde durch einen Eingriff von außen unterbrochen und nichts deutet darauf hin, dass Anne selbst ihre Projekte nicht fortsetzen wollte. Die leeren, bereits für das Schreiben vorbereiteten Seiten verweisen auf das Gegenteil. Der unabgeschlossene Text, die weißen Seiten stehen symbolisch für ein gewaltsam beendetes Vorhaben. Sie lösen Trauer und auch Empörung über den Eingriff in ein junges menschliches Leben aus. Vielleicht wird diese noch verstärkt durch den Eindruck, den die Überarbeitungsspuren im Original des Textes zeigen. Denn für Anne war das Schreibprojekt *Het Achterhuis* positiv auf eine Zukunft gerichtet. Sie hat um Wörter gerungen, sich und ihr Schreiben kritisch betrachtet und immer wieder korrigiert. Sie wollte besser werden, ihren Stil verbessern, sich zur professionellen Schreiberin entwickeln. Dieser utopische Gehalt, der in der unabgeschlossenen Arbeit zu erkennen ist, ist gleichzeitig optimistisch und deprimierend, wenn das Unvollendete in den Blick rückt.

Der Fragmentierungsprozess setzte sich auch in der Überlieferungsgeschichte des Textkonvoluts fort: durch den Verlust von Teilen der Tagebücher (die Aufzeichnungen von 1943, die in *Version a* fehlen) und durch die Eingriffe der erwachsenen Bearbeiter:innen nach Annes Tod, die Teile ihrer Texte strichen oder änderten. Die Ursachen sind zwar nicht zu vergleichen mit dem Eingriff, der Annes Tagebuch zum entstehungsgeschichtlichen Fragment machte, aber wiederum waren es Ende der 1940er-Jahre die gesellschaftspolitische Verfasstheit und die Konventionen einer Zeit, die ein Auslöser für eine neuerliche Fragmentierung des Textes wurden. So sind zumindest die Streichungen von Annes Textpassagen über Sexualität einzuschätzen. Diese Textbearbeitung kann aber auch so eingeordnet werden: Vermutlich wären Annes Aufzeichnungen in den 1940er- und 1950er-Jahren nicht ohne diese Eingriffe publiziert worden. Insofern wäre die Beschneidung als Voraussetzung für die öffentliche Wahrnehmung von Anne und ihrem Schreiben zu sehen. Letztlich war die Veröffentlichung durch Annes Vater der Ausgangspunkt für den Erhalt des Fragments.

Die Bedeutung von Anne Franks Tagebuch liegt insbesondere in seiner Aufladung als symbolisches Artefakt: Im Anne Frank Haus gehen täglich zahlreiche Schulklassen durch die rekonstruierten Räume des Hinterhauses und betrachten das aufgebahrte, rotkarierte Album. Sie nehmen die Mosaiksteine eines jüdischen Lebens im Versteck und einer Gleichaltrigen wahr. Die Erinnerungen und die Informationen über die Verfolgung der Juden unter den Nationalsozialisten sowie die Kriegsrealität lösen Trauer um die Opfer und Abscheu gegenüber den Tätern aus. Anne wird dabei zum Denkmal. Sie ist aber durch ihre Schriften gleichzeitig als normale Jugendliche wahrnehmbar geblieben, die Stimmungsschwankungen, Distanz zu den Eltern sowie Verliebtheit erlebt und versucht, eine eigene Identität mit einer Zukunftsperspektive zu entwickeln. Damit stellt sich nicht nur Nähe zu den lesenden Jugendlichen her, vielmehr wird ihr Tagebuch dadurch auch zum Keim für das Nachdenken über eigene Zukunftspläne. Hier zeigt das Fragment seine doppelte Wirksamkeit: Es verweist auf den Verlust, macht ihn im Fall von Anne Franks Tagebuch materialiter erfahrbar. Die leeren Seiten am Ende des Tagebuchs sind Zeugnis eines Nicht-mehr, eines brutalen Abbruchs von Lebenszeit. Gleichzeitig waren sie aber auch – aus der Perspektive des schreibenden Subjekts – ein in die Zukunft gerichtetes Versprechen: die Arbeit fortzusetzen und sich eine Identität als Schriftstellerin selbst zu er-schreiben.

# 6. Die Fragment-Fiktion: Davide Morosinottos *Verloren in Eis und Schnee*

Wie Anne Franks Tagebücher und *Het Achterhuis* ist auch das Jugendbuch *Verloren in Eis und Schnee* in der Zeit des Zweiten Weltkriegs angesiedelt, allerdings wendet sich der Blick bei Morosinotto nach Russland. Zudem hat der Autor eine völlig andere Schreibperspektive als Anne Frank. Er blickt auf eine für ihn historische Epoche zurück und schreibt Tagebuchaufzeichnungen, bei denen keine Identität zwischen Autor und Tagebuch-Verfassenden besteht. Morosinotto zeichnet in den Tagebüchern nicht eigene Erlebnisse auf, sondern die zweier fiktiver Kinder. Während bei Anne Frank die Fragmentierung durch reale Eingriffe in ihr Leben verursacht wurde, spielt sich die Fragmentierung in Morosinottos Roman auf einer fiktionalen Ebene ab. Es geht in diesem Kapitel also um ein Beispiel für eine Fragment-Fiktion. Das bedeutet, dass für die fiktionale Welt des literarischen Textes die Inszenierung eines Fragments konstitutiv ist. Fragmentierung charakterisiert hierin nicht nur einzelne Motive und ist auch mehr als ein Leitmotiv. Vielmehr simuliert die Konstruktion des Textes einen Fragmentierungsvorgang und erklärt den fiktionalen Status des Textes als fragmentarisch. Was genau hierunter zu verstehen ist, wird sich am konkreten Beispiel des Romans von Davide Morosinotto zeigen.

Zunächst soll der Autor kurz vorgestellt und der Roman in sein Werk eingeordnet werden. Es folgt ein Überblick über den Roman, wobei erste Grundzüge herausgearbeitet werden sollen. In einem weiteren Schritt wird das Artefakt unter den Dimensionen der Materialität, der Narration, der verbalen Sprache, der Bildsprache, der Intermodalität und der Kontextualität in Bezug auf den Entwurf einer Fragment-Fiktion analysiert.

## 6.1 Biographische Hintergründe[59] und Überblick über das Werk

Davide Morosinotto wurde 1980 in der norditalienischen Gemeinde Camposampiero geboren und wuchs in Este auf – beide Orte gehören zur Provinz Padua. Nach der Schule studierte er Kommunikationswissenschaften an der Universität Bologna. Sein Studium schloss er mit einer semiotischen Arbeit über den amerikanischen Science-Fiction-Autor Philip Kindred Dick[60] (1928–1982) ab. Erste schriftstellerische Versuche von Morosinotto sind schon sehr früh belegbar. So zählte er bereits mit siebzehn Jahren zu den fünf Finalisten des Literaturpreises *Campiello Giovani* (vgl. Confabulare 2022). Er reichte dort eine Kurzgeschichte mit dem Titel *L'amico del figlio* ein. 2004 kam Morosinotto ins Finale des italienischen *Urania*-Preises, der auf Science-Fiction-Literatur spezialisiert ist. 2007 erhielt er den *Mondadori Junior Award* für seinen fantastischen Kinderroman *La corsa della bilancia*. Es folgten weitere Auszeichnungen: 2016 der *Frignano Ragazzi*, 2017 der *Gigante delle Langhe* und der italienische *Andersen*-Preis für *Il Rinomato Catalogo Walker & Dawn* (2016), der 2017 unter dem Titel *Die Mississippi-Bande. Wie wir mit drei Dollar reich wurden* in Deutschland erschien und 2018 auf der Nominierungsliste des *Deutschen Jugendliteraturpreises* stand. Ebenfalls 2018 wurde Morosinotto für *Red Stars*, die englische Ausgabe von *Verloren in Eis und Schnee*, mit dem *BookTrust In Other Words* in London ausgezeichnet. 2019 erhielt er den *Prix des Bouquineurs en Seine* in Frankreich und den *Vlag en Wimpel* in den Niederlanden (vgl. Book on a tree 2022). Inzwischen hat Morosinotto über dreißig Kinder- und Jugendbücher veröffentlicht, zum Teil unter Pseudonymen.[61] Seine Werke wurden in zehn Sprachen übersetzt. Morosinotto

---

59 Die Angaben beruhen auf den biographischen Angaben von der Seite des Internationalen Literaturfestivals Berlin sowie dem Eintrag im Katalog der Deutschen Nationalbibliothek. Außerdem wurde die italienische Wikipedia-Seite zu Morosinotto genutzt.
60 Einige von Dicks Romanen und Erzählungen wurden verfilmt, so beruht z. B. der Film *Blade Runner* auf einem Roman von Dick.
61 So erschien die fünfbändige Reihe *Dentieri spaziali*, an der Morosinotto als Autor beteiligt war, unter dem Namen Jonathan Spock. Vier Kinderromane erschienen unter dem Pseudonym Jeremy Belpois.

lebt in Bologna und ist dort als Kinderbuchautor, Journalist und Übersetzer von Videospielen tätig (vgl. ebd.).

Die Genres, die er als Autor bedient, sind weitgefächert: Er hat Science Fiction-Literatur geschrieben (z. B. *Time Shifters* 2023), fantastische und historische Romane, Kurzgeschichten und Sachliteratur, so erschien 2016 ein gemeinsam mit Teo Benedetti verfasstes Handbuch zum Umgang mit sozialen Netzwerken. In Deutschland wurden seine Bücher fast ausschließlich im Thienemann-Verlag herausgegeben. Zwischen 2017 und 2023 erschienen hier neun Kinder- und Jugendromane des Autors. Gemeinsam ist ihnen eine abenteuerliche Handlung, die häufig in historischen Settings angesiedelt ist. So führt Morosinotto seine Leser:innen in *Die dunkle Stunde des Jägers* (2022) in die Steinzeit. *Shi Yu* (2022) ist im China des 19. Jahrhunderts situiert. *Der Ruf des Schamanen* (2021) knüpft an ein Ereignis des Jahres 1986 in Peru an. *Verloren in Eis und Schnee* (2018) spielt während des zweiten Weltkriegs in Russland und *Die Mississippi-Bande* (2017) zu Anfang des 20. Jahrhunderts in Nordamerika. Die zuletzt genannten Bände können als Trilogie betrachtet werden: „Seine lose ‚Fluss-Trilogie' nennt Davide Morosinotto sie" (Thienemann 2022). Gemeinsam ist den drei historischen Kinderromanen, dass sie multiperspektivisch erzählt sind und es um Freundschaft, erste Liebe sowie Vertrauen geht. Es sind Kinder und Jugendliche, die ohne erwachsene Begleitung ihren Weg finden müssen, immer wieder in abenteuerliche Handlungen verstrickt werden und moralischen Dilemmata ausgesetzt sind. Sie befinden sich auf der Suche – nach einem Schatz (*Mississippi-Bande*), der Zwillingsschwester (*Verloren in Eis und Schnee*) oder einem Heilmittel (*Der Ruf des Schamanen*). Die Handlung in diesen Romanen spielt zum Teil an drei der größten Flüsse dieser Erde: dem Mississippi, der Wolga und dem Amazonas. In allen drei Bänden ist auch zu beobachten, wie Morosinotto den abenteuerlichen Erzählduktus mit Anlehnungen an die literarische Tradition der jeweiligen Handlungsorte anreichert. So erinnert die *Mississippi-Bande* an die realistischen Kinderromane von Mark Twain, *Der Ruf des Schamanen* trägt Züge des magischen Realismus, wie er typisch für die lateinamerikanische Literatur ist, und *Verloren in Eis und Schnee* ist durch einen dokumentarischen Stil geprägt, der an den sozialistischen Realismus denken lässt. In dem Roman über die chinesische Piratin *Shi Yu* setzt Morosinotto die Fluss-Trilogie gewissermaßen fort, insofern in der Geschichte der Jangtsekiang als Erzählort eine Rolle spielt. Hier lehnt sich der Autor an *Martial-Arts*-Literatur an, die vor allem in der asiatischen Kultur beheimatet ist. Für *Shi Yu* erhielt Morosinotto 2022 den *Premio Strega*, „den wichtigsten Literaturpreis Italiens" (Thienemann 2022a).

Der Roman *Verloren in Eis und Schnee* aus der Fluss-Trilogie soll im Weiteren näher beleuchtet werden, da hier Fragmentierung ein konstituierendes Element der Roman-Konstruktion ist. Zunächst wird ein Überblick über das Buch und seine Entstehung gegeben.

## 6.2 Ein Buch aus vielen Händen

*Verloren in Eis und Schnee* (2018) ist ein multimodales Artefakt, an dessen Entstehung mehrere Personen beteiligt waren. Neben dem Text spielen das Cover, die Binnenillustrationen, die Typographie und die zahlreichen Elemente der Seitengestaltung eine wichtige Rolle. Die Cover-Illustration wurde von Paolo Domeniconi, einem bekannten italienischen Kinderbuchillustrator, entworfen. Das Graphic Design, das die Materialität des Buchs sehr geprägt hat, stammt unter anderem von Stefano Moro, der im Mondadori-Verlag als Hersteller und Graphiker tätig ist.[62] Die gezeichneten Illustrationen (vgl. Morosinotto 2018: 27, 80, 99, 333, 423) hat Simone Tso, ein italienischer Cartoonist, Illustrator und Graphikdesigner, erstellt. Für die deutsche Ausgabe war die Arbeit der Übersetzerin Cornelia Panzacchi (geb. 1959) entscheidend. Sie hat Romanistik, Kultur- und Literaturwissenschaften studiert und bereits über 90 Buchübersetzungen erstellt sowie 13 eigene Publikationen herausgebracht. Sie übersetzt aus dem Englischen, Französischen und Italienischen sowohl Werke aus der Erwachsenenliteratur als auch aus der Kinderliteratur.[63] Einen Schwerpunkt bilden bei ihr in beiden Segmenten die Sachbücher. Von Morosinotto hat sie die drei Fluss-Romane sowie *Die Rebellen von Salento* (2021) und *Die dunkle Stunde des Jägers* (2022) ins Deutsche übertragen. Panzacchi arbeitet mit

---

62 Auf der Rückseite der italienischen Taschenbuch-Ausgabe (2019) werden zudem der Art Director Fernando Ambrosi und der Graphik-Designer Gianni Camusso aufgeführt.

63 Panzacchi hat bereits 42 Kinder- und Jugendsachbücher und 16 erzählende Jugendbücher ins Deutsche übersetzt.

diversen Verlagen der Kinderliteratur seit über zwanzig Jahren zusammen (u. a. mit Gerstenberg, Magellan, Sauerländer und cbj).

Im Impressum der deutschen Ausgabe ist nachzulesen: „Abweichungen der vorliegenden Übersetzung von der Originalausgabe wurden mit dem Autor abgestimmt" (Morosinotto 2018: Impressum). Demnach gibt es Unterschiede zwischen den verschiedenen Ausgaben, die im Weiteren zu beachten sein werden.[64] Die Betrachtung einer einzelnen Ausgabe erfasst also auch nur einen Teil eines Ganzen und ist in ihrem Verhältnis zur italienischen Originalausgabe zu sehen. Dementsprechend wird in diesem Kapitel sowohl mit der italienischen Originalausgabe als auch mit der deutschen Übersetzung gearbeitet. Schon ein erster Blick auf das Inhaltsverzeichnis, das in der deutschen Ausgabe fehlt, und auf die verschiedenen Cover-Gestaltungen zeigen Abweichungen zwischen den verschiedenen Ausgaben. Während der italienische Band 49 Kapitel aufführt, umfasst die deutsche Ausgabe nur 47 Kapitel. Der Text wurde aufgrund editorischer Entscheidungen gekürzt und damit auch einem Fragmentierungsvorgang unterworfen, der sich aber nur aus dem Vergleich der Ausgaben erschließen lässt. Zunächst sollen hier die materiellen Erscheinungsbilder und die paratextuellen Informationen der italienischen und der deutschen Publikation untersucht und verglichen werden.

## 6.3 Die paratextuelle und die materielle Dimension

Auffällig ist zunächst einmal, dass die italienische Originalausgabe, die im Mondadori-Verlag im Oktober 2017 erschienen ist, einen anderen Titel trägt als die deutsche Ausgabe. So lautet der italienische Titel: *La sfolgorante luce di due stelle rosse. Il caso dei quaderni di Viktor e Nadya*. Übersetzt heißt das: „Das gleißende Licht von zwei roten Sternen. Der Fall der Notizbücher von Viktor und Nadja." Der Verweis auf den politischen Kontext, der in der sprachlichen Metapher der zwei roten Sterne liegt, ist auf dem deutschen Cover lediglich auf der bildlichen Ebene wiederzufinden in den beiden roten Sternen, die am oberen Rand und symmetrisch

---

64 Die Lektorin des Thienemann-Verlags, Bettina Körner-Mohr, hat verschiedene Kürzungen vorgenommen. Insbesondere im ersten Teil des Romans wurden Passagen gestrichen, z. B. eine Szene, in der die Mutter der beiden Protagonist:innen auf dem Schwarzmarkt einkauft.

gegenüberliegend am unteren Rand der Illustration zu sehen sind. Der Titel der deutschsprachigen Ausgabe kündigt viel stärker als der Titel der Originalausgabe einen Abenteuerroman an.[65] Die Formulierungen auf dem italienischen Cover geben gleich drei Genre-Hinweise: 1. „un romanzo", also ein Roman, 2. „Il caso dei", hierbei könnte an einen Kriminalfall gedacht werden, 3. „quaderni di Viktor e Nadya" verweist auf Tagebuchaufzeichnungen. Demgegenüber ist in der deutschen Formulierung etwas nebulöser von einer „unglaubliche[n] Geschichte" die Rede.

Abb. 10: Materialitätsgrafik zum Schutzumschlag der italienischen Originalausgabe, ©Mondadori 2017, Beschriftung: Jentgens 2024

Abb. 11: Materialitätsgrafik zum Cover der deutschen Ausgabe, ©Thienemann 2018, Beschriftung: Jentgens 2024

---

65 Dieser Eindruck entspricht auch den Kürzungen im Text, die tendenziell darauf zielen, die Spannungsmomente zu verdichten.

Die beiden Cover-Gestaltungen arbeiten zwar mit der gleichen Illustration und auch ähnlichen Farben, aber der Ausdruck ist völlig verschieden. Das italienische Cover erinnert an ein politisches Plakat aus der ersten Hälfte des 20. Jahrhunderts, z. B. durch die sich verjüngenden Buchstaben – angeordnet wie ein Megaphon –, die die Lesenden anzuspringen oder anzurufen scheinen, den farbigen Hintergrund unter den Worten „DUE STELLE ROSSE", insgesamt den Einsatz der roten Farbe – die Farbe der kommunistischen Partei. Auf dem deutschen Cover sind die Farben viel gedämpfter, so wird aus dem grellen Rot der italienischen Ausgabe ein Braun-Rot, das sonnige Gelb wird zu einem Beige. Zudem hebt sich die Illustration der deutschen Ausgabe von einem ornamental geschmückten dunkelblauen Hintergrund ab, was dem Cover eine ruhigere Anmutung verleiht. Die Coverillustration von Paolo Domeniconi erhält auf der deutschen Ausgabe mehr Raum. Die Illustration zeigt einen Jungen und ein Mädchen, die durch eine Winterlandschaft laufen. Im Hintergrund sind Berge und Wälder und eine gleißend helle Wintersonne zu sehen. Die Titelformulierung und das Bild von Domeniconi lassen bei der deutschen Ausgabe an ein Abenteuer in einem winterlichen Setting denken und die Lesenden erfahren, dass es sich bei den Hauptfiguren offenbar um ein Geschwisterpaar handelt. Das italienische Cover gibt mehr fragmentarische Informationen: die Genres-Hinweise, den Verweis auf den politischen Kontext, die Namen der Protagonist:innen.

Wird die italienische Ausgabe vom Schutzumschlag befreit, so ergibt sich ein neuer Cover-Eindruck:

Abb. 12: Cover der italienischen Ausgabe, ©Mondadori 2017

Dieses Cover imitiert die Anmutung eines gebrauchten, graublauen Notizheftes. Es weist Risse und Flecken auf, wird von einem zu einer Schleife gebundenen Band zusammengehalten, das Titelfeld sitzt schräg auf dem Untergrund, die Buchstaben des Autorennamens sowie von Titel und Untertitel sind teilweise verblasst oder unregelmäßig gedruckt. Seitlich am Titel ist noch ein russischer Stempel teilweise zu erkennen. Die Ränder des Notizheftes scheinen angeschlagen und abgenutzt. Nur der Name des Verlags hebt sich als weißer klarer Druck deutlich ab. Die Gestaltung dieses Covers unterstreicht den Eindruck bei den Lesenden, ein Notizheft und ein diaristisches Fragment in den Händen zu halten. Bei der deutschen Ausgabe wurde dieses Element der Buchgestaltung nicht übernommen.

Diese Unterschiede setzen sich auch auf der Rückseite der Bucheinbände fort.

Die paratextuelle und die materielle Dimension 123

Abb. 13: Schutzumschlag der italienischen Ausgabe, Rückseite ©Mondadori 2017

Abb. 14: Buchdeckel der deutschen Ausgabe, Rückseite ©Thienemann 2018

Die Illustrationen stimmen prinzipiell überein. Sie zeigen Flugzeuge über einer offenbar an mehreren Stellen brennenden Stadt, aus deren Schattenriss sich drei (Kirch-)Türme erheben. Bei der deutschen Ausgabe wurde dieses Bild, wie auch schon auf dem Cover, in einen ornamentalen Rahmen gesetzt, der die Betrachtenden wie durch einen Schaukasten hineinblicken lässt. Zudem fällt direkt auf, dass der italienische Klappentext sich in kräftig roter Schrift von dem hellblauen Hintergrund abhebt, während der deutsche Text in schwarzer Schriftfarbe gehalten ist, nur die oberste und die zwei unteren Zeilen sind in braunroter Farbe gefasst. Inhaltlich weichen die Klappentexte deutlich voneinander ab. Auf der Rückseite der italienischen Ausgabe wird vor allem eine Heldengeschichte („UN EROE") angekündigt, allerdings ergänzt die Innenseite des Schutzumschlags derselben diesen Text um detailliertere Angaben:

> Leningrad, 1941. Die Zwillinge Viktor und Nadja sind zwölf Jahre alt, als Hitler-Deutschland der Sowjetunion den Krieg erklärt. Alle Kinder der Stadt werden in Sonderzüge verladen, die sie vor dem feindlichen Vormarsch in Sicherheit bringen sollen, doch versehentlich landen Viktor und Nadya in verschiedenen Zügen und verlieren sich aus den Augen. Während Nadya eine Schlüsselposition für den sowjetischen Widerstand verteidigen muss, durchquert Viktor zu Fuß die grenzenlose russische Landschaft. Beide schreiben in ihren Tagebüchern, was ihnen beim Vorrücken des Feindes widerfährt. (2017)[66]

Während der italienische Klappentext mit einer räumlichen und historischen Verortung startet, beginnt der deutsche Klappentext mit einem indirekten Zitat aus dem Romantext: „Ihr dürft euch nicht verlieren!"[67] Er hebt also stärker auf die private Tragödie ab, die in der Geschichte erzählt wird. Nur wer die Belagerung Leningrads durch die Deutschen historisch einordnen kann, weiß nach der Lektüre des deutschen Klappentextes, in welcher Zeit und in welchem politischen Kontext die Erzählung handelt. So wird im italienischen Klappentext deutlich von „Hitler-Deutschland" und der Sowjetunion gesprochen, während im deutschen Text von Russland die Rede ist. Darüber hinaus lässt die ornamentale Rahmung der Illustrationen eher an ein nostalgisches Bild von Russland denken.

Dieser Unterschied setzt sich auch in den Verlagsankündigungen fort. Während auf der Seite von Thienemann das Buch allgemein als ein

---

66 Der italienische Klappentext wurde mit Hilfe von deepl.com übersetzt. Er beinhaltet einen sachlichen Fehler: Tatsächlich sind die Zwillinge zu Beginn der Ereignisse im Juni 1941 dreizehn Jahre alt, im November 1941 werden sie vierzehn.

67 Dieses Zitat ist weder wörtlich dem Text entnommen, noch entspricht die Zuordnung zu der Figur der Mutter dem Romantext. Tatsächlich sagt der Vater der beiden Kinder: „'Wir müssen uns eine Weile voneinander trennen, aber Nadja und du, ihr bleibt zusammen. Trennt euch nie, egal, was passiert!'" (Morosinotto 2018: 54). Der deutsche Klappentext beinhaltet noch einen weiteren Fehler: Viktor verschlägt es nicht „ins entlegene Sibirien", vielmehr wird er nach Tatarstan, in die Nähe von Kazan, gebracht. Sibirien weckt ganz andere Leseerwartungen: die Assoziation von Kälte, Schnee und Eis. Insofern könnte vermutet werden, dass die Verwechslung absichtlich vorgenommen wurde.

„spannender historischer Roman" (Thienemann 2022b) bezeichnet wird, kündigt Mondadori das Buch folgendermaßen an:

| Un'epopea avventurosa attraverso l'Unione Sovietica durante la Seconda Guerra Mondiale. (Mondadori 2022) | Ein abenteuerliches Epos durch die Sowjetunion während des Zweiten Weltkriegs.[68] |
|---|---|

Und noch dezidierter heißt es weiter:

| Una storia epica sulla spirito di resistenza, le atrocità della guerra e le assurdità del totalitarismo. (Ebd.) | Eine epische Geschichte über den Geist des Widerstands, die Grausamkeiten des Krieges und die Absurditäten des Totalitarismus. |
|---|---|

Zudem wird in der inhaltlichen Zusammenfassung der Erzählung bei Mondadori von der „Nazi-Armee" („dell'esercito nazista", ebd.) gesprochen. Die politische Ausrichtung des Romans steht bei dem italienischen Verlag sehr viel stärker im Vordergrund.

Das Nachwort des Autors, das in beiden Ausgaben nachzulesen ist, deutet in die gleiche Richtung, die durch Mondadori gewiesen wird. Hierin ordnet Morosinotto seinen Roman im Verhältnis zur historischen Realität ein. Er bezeichnet sein Buch als „un romanzo quasi-storico" (Morosinotto 2017: Nota dell'autore), also einen „nahezu historischen Roman" (Morosinotto 2018: 432). Dann stellt er sein persönliches Verhältnis zu den Ereignissen in Russland im Zweiten Weltkrieg heraus – als Italiener, dessen Land an der Seite Deutschlands kämpfte, und als Enkel eines Mannes, der an dem Russland-Feldzug beteiligt war und ihm über die Ereignisse und Lebensumstände dort berichtete. Weiter bezeichnet er das 20. Jahrhundert als „un'epoca di follia" (Morosinotto 2017: Nota dell'autore), also „eine Epoche des Wahnsinns" (Morosinotto 2018: Nachwort), und schließt mit den Worten:

---

68 Diese und die folgende Übersetzung wurden mithilfe von deepl.com angefertigt.

| | |
|---|---|
| Io ho sempre creduto nella forza delle storie e nell'importanza dei libri. E, come dice Nadya a un certo punto, credo che sia nostro dovere ricoradare cos'è stato. E lattare perché non si ripeta mai più. (Morosinotto 2017: Nota dell'autore) | Ich glaube von jeher an die Kraft von Geschichten und die Wichtigkeit von Büchern. Und ebenso wie Nadja glaube ich daran, dass wir nicht vergessen dürfen, was in der Vergangenheit geschehen ist. Und dass wir dafür kämpfen müssen, damit es sich nicht wiederholt. (Morosinotto 2018: 433) |

Damit unterlegt Morosinotto seinem Roman eine politische Intention, die in der italienischen Ausgabe schon in der äußeren Gestalt des Buchs und durch die paratextuellen Hinweise des Verlags spürbar wird – anders als bei der deutschen Ausgabe.

Inwieweit diese Unterschiede auch die Textbearbeitung bei der Übersetzung beeinflussen oder ob andere Differenzen festzustellen sind, wird bei der Untersuchung der verschiedenen Dimensionen nach Staiger (2022) weiter zu beachten sein. Zunächst soll hier aber eine kurze Charakterisierung der Romanhandlung und ihrer verschiedenen Ebenen gegeben werden.

## 6.4 Charakterisierung des Romans

*Verloren in Eis und Schnee* ist eine Mischung aus historischem und Adoleszenz-Roman, Abenteuererzählung, politischem Kriminalfall, Tagebuch und Bericht, Freundschafts- und Geschwistergeschichte, Road Trip und Antikriegsgeschichte. Der nun folgende Überblick über die Handlung und die Erzählsituation soll die Orientierung erleichtern.

In Morosinottos Roman gibt es drei Erzählstimmen: die beiden der Zwillingsgeschwister Viktor und Nadja Danilow, die in Tagebuchaufzeichnungen ihre Erlebnisse von Juni bis November 1941 festhalten. Als dritte Stimme tritt Oberst Waleri Gawrilowitsch Smirnow auf, der als Vertreter des sowjetischen Volkskommissariats für innere Angelegenheiten im Dezember 1946 die Dokumente der Kinder liest, kommentiert und beurteilt. Die zentrale Romanhandlung wird aus den beiden Perspektiven von Viktor und Nadja in Form von Tagebuchaufzeichnungen erzählt. Dabei wechseln sich die beiden Erzählperspektiven ab. Viktors Part ist in roter

Schrift gehalten, Nadjas in schwarzer Schrift,[69] so dass sie leicht zu unterscheiden sind. Als Tagebuchaufzeichnungen sind die Notizen der Geschwister zum einen durch die Datierungen zu identifizieren und zum anderen durch intratextuelle und peritextuelle Hinweise, die bereits in Kapitel 4.5 benannt wurden. Die chronologische Anordnung der Aufzeichnungen ist nicht immer eindeutig, da manchmal die Datierungen fehlen, und sie wird überlagert durch eine Unterteilung in Kapitel, die aufgrund der Typographie und eines Hinweises auf Seite 13 Smirnow zugeordnet werden soll, der die Dokumente sortiert und kommentiert.

Die beiden dreizehnjährigen Zwillinge erzählen zunächst von ihren Erlebnissen in Leningrad im Juni 1941, als die deutschen Truppen beginnen, die Stadt anzugreifen. Die Kinder sollen evakuiert und mit Sonderzügen in Sicherheit gebracht werden, während der Vater als Soldat eingezogen wird und die Mutter in Leningrad zurückbleibt. Die Zwillinge werden aber nicht nur von ihren Eltern getrennt, vielmehr werden auch Nadja und Viktor durch einen Zufall verschiedenen Transportzügen zugeteilt. Während Viktor zu einer Kolchose 50 Kilometer nördlich von Kazan, der Hauptstadt Tatarstans, gebracht wird, bleibt Nadjas Zug unweit von Leningrad auf der Strecke stehen. Viktor flüchtet aus der Kolchose, nachdem man ihm mitgeteilt hat, seine Schwester sei mit dem Zug Nr. 76 Opfer eines Bombenangriffs geworden. Er glaubt aber nicht, dass Nadja tot ist, und begibt sich auf die Suche nach ihr. Zunächst fährt er auf einem Boot mit einer Gruppe Jugendlicher und Kinder, die mit ihm geflohen sind, von der Kolchose nach Kazan. Dann geht es in einem Zug weiter nach Moskau. Dort geraten die Kinder in einen Arbeiterzug mit Strafgefangenen und werden mit diesen in den Gulag Rybinsk gebracht. Auch dort brechen sie wieder aus, fliehen zu Fuß durch den Schnee nach Pikaljowo, wo der verletzte Viktor in ein Lazarett kommt. Es folgt eine abenteuerliche Fahrt mit einem LKW nach Nowaja Ladoga, wo Viktor – über ein Funkgerät – zum ersten Mal wieder Kontakt mit Nadja hat. Schließlich fährt er mit zwei Freunden (Klara und Michail) über den See zur Festung Oreschek, wo sich Nadja aufhält. Von dort aus dringt Viktor nach Leningrad vor, so dass er einen Korridor für Hilfslieferungen in die belagerte Stadt aufzeigen kann. In Leningrad findet er auch seine Mutter wieder.

---

69 Das gilt für die italienische und die deutsche Ausgabe.

Die Aufzeichnungen von Nadja sind mit Viktors verschachtelt. Manchmal schließen sie chronologisch an Viktors Notizen an, insgesamt schildern sie aber Parallelhandlungen. Nachdem der Zug 76 in der Nähe von Mga, einem Ort circa 70 Kilometer östlich von Leningrad, verbrannt ist, kommt Nadja nach Schlüsselburg, das an der Südspitze des Ladogasees liegt. Schon dort geraten die Zuginsass:innen in kriegerische Handlungen. Sie fliehen weiter in eine Hütte am Fluss Newa. Als auch dort die Deutschen anrücken, setzt Nadja mit einer Gruppe von 24 Personen in einem Boot über den Ladogasee zu der Insel-Burg Oreschek über. Während der Überfahrt werden sie von den Deutschen unter Beschuss genommen. Nur vierzehn überleben die Flucht. Auf der Burg treffen Nadja und ihre Freunde auf eine Truppe russischer Soldaten, die die Festung gegen deutsche Angriffe halten, wovon allerdings in Leningrad niemand weiß, weil das Funkgerät auf der Burg nicht mehr funktionsfähig ist. In einer tollkühnen Aktion, bei der Nadja und zwei Freunde in die Hand des deutschen Soldaten Franz geraten, bringen sie ein anderes Funkgerät aus der Hütte am Fluss auf die Burg. Das ermöglicht den Kontakt mit anderen russischen Stellungen sowie zwischen Nadja und Viktor. Schließlich kommt es zum Wiedersehen der beiden auf der Burg. Den deutschen Soldaten Franz haben Nadja und ihre Freunde gefangen genommen und auf der Burg in einem Verlies versteckt. Am Ende der Erzählung von Nadja lassen sie Franz frei.

Beide Kinder stehlen bei ihren Aktionen sowjetisches Eigentum oder handeln Befehlen zuwider. Daraus erklären sich auch die sieben, zwischen die Dokumente der Kinder eingefügten Aufzeichnungen des Oberst Smirnow, der die Hefte der Kinder als „Beweismaterial für die Untersuchung zulasten der beiden Sowjetbürger" (Morosinotto 2018: 11), Viktor und Nadja, begutachtet. Von Smirnow stammen aber nicht nur die eingeschobenen Berichte, sondern auch zahlreiche Randnotizen, in denen er vor allem Vermerke zu den Gesetzesbrüchen der Kinder macht. Da diese in ihren Heften allerdings auch eine brisante politische Affäre um den Oberst Tereschenkow aufdecken, in die „hohe und höchste Parteifunktionäre verwickelt sind" (ebd.: 428), beurteilt Smirnow die Dokumente der Kinder als „NICHT FÜR DIE ÖFFENTLICHKEIT GEEIGNET!" (ebd.: 429), was zu einem Freispruch für Viktor und Nadja führt. Damit endet das Buch.

Die Fragment-Fiktion wird gleich auf der ersten Seite des Buchs etabliert. Dies soll nun ausgeführt werden.

## 6.5 Das fragmentierte Objekt als Motiv und erste Hinweise auf eine Fragment-Fiktion

Am Anfang des Buchs ist dem ersten Bericht von Smirnow und den Tagebuchaufzeichnungen der Kinder ein Abschnitt vorangestellt, der zeitlich nicht genau einzuordnen ist, aber nach dem 17. November 1941 (Viktors und Nadjas 14. Geburtstag) entstanden sein muss, also nach den von den Zwillingen im Weiteren geschilderten Ereignissen. Auf diese Passage soll hier ein gesonderter Blick geworfen werden, denn sie eröffnet in prägnanter Weise die Fragment-Fiktion.

Mit dem Aufschlagen des Buchs begegnet den Lesenden schon auf der ersten Textseite ein Fragment, das der Buchgestalter kreiert hat. Man sieht die Abbildung eines an den Rändern vom Feuer angebrannten Blattes, auf dem in roter, kursiv gesetzter und vollständig erhaltener Druckschrift die Aufzeichnungen des Ich-Erzählers Viktor zu lesen sind (vgl. ebd.: 5). Obwohl kein Datum vermerkt ist, wird durch die Faux-Spuren des Feuers an dem Papier eine zeitliche Distanz signalisiert. Es scheint ein altes Dokument zu sein, das einer zerstörerischen Gefahr ausgesetzt war. Hier wird durch den bildlichen Eindruck des beschädigten Materials Faktualität inszeniert und Authentizität fingiert. Zudem deutet das Motiv des verbrannten Blattes ein Geheimnis an, das durch die weitere Lektüre vielleicht gelüftet werden kann. Auch der Text ist darauf angelegt, Erwartungen zu wecken. Gleich der erste Satz lautet: „An meinem vierzehnten Geburtstag wurde ich zu einem Helden." (Ebd.)

Zu dieser Helden-Geschichte erhalten die Lesenden erste Anhaltspunkte: Die Geschichte spielt im Winter, in einer Zeit und an einem Ort der Entbehrungen. Viktor erinnert sich an die Toten, „[...] an die leblosen Körper am Ufer der Newa" (ebd.), als er mit einem Schlitten auf ein Gebäude zuging, die „Eremitage" (ebd.: 6), deren Fenster zerstört waren und die von Trümmern umgeben war. Es ist eine Szene, die am Ende von Viktors Aufzeichnungen wieder aufgegriffen wird (vgl. ebd.: 402–404). Schon in der zu Anfang geschilderten Szene wird ein Bild fragmentierter Realität gezeigt. Dieses korrespondiert mit dem Foto, das auf Seite 7 ganz ohne umgebenden Text abgebildet ist. Man sieht darauf eine Stadtansicht mit zerstörten, fensterlosen Gebäuden. Dass es sich um eine im Zweiten Weltkrieg zerstörte Stadt handelt, kann aus den im Vordergrund erkennbaren militärischen Fahrzeugen geschlossen werden (vgl. ebd.: 7). Die zerstörten Gebäude sind fragmentierte Objekte, die als Motiv in Text und Bild aufgegriffen werden und die die Welt der Romanhandlung charakterisieren.

Das Fragmentarische der dargestellten Realität spiegelt sich auch in der Gestalt des Textes: Da sind erstens die durchgestrichenen Sätze in Viktors Text (vgl. ebd.: 6) zu nennen, die Sinnbild der unabgeschlossenen Arbeit am Text sind. Zweitens bricht der Erzählfluss des Ich-Erzählers Viktor unvermittelt ab, als sich eine zweite Erzählstimme einschaltet, die von Nadja. Auf dem Papier wird nun ein Dialog ausgefochten,[70] der dazu führt, dass Viktor sein Erzählvorhaben beendet und dieses den von Nadja erwähnten „Hefte[n]" (ebd.: 6) überlässt. Der Begriff „Heft" ist wiederum konnotiert mit Notizen, also einer vorläufigen Art der Aufzeichnung. Drittens wird Nadjas Einwand gegen Viktors Erzählprojekt „Du bringst uns damit nur in Schwierigkeiten und davon hatten wir schon genug …" (ebd.) mit einer Ellipse abgebrochen. Es bleibt nur die Andeutung einer konflikthaften Hintergrundgeschichte.

Schon die erste Passage des Buchs macht deutlich, dass in allen Dimensionen dieses Buchs die Fragment-Fiktion umgesetzt wurde: Das betrifft die Materialität der dargestellten Objekte und Realität, die aufgesplitterte Narration, die sprachlichen Motive und die Bilder, die Textgestalt und den historischen Kontext, in dem die Fiktion steht. Zur Schaffung einer eigenen erfundenen Welt nutzen der Autor Morosinotto, der Illustrator Tso und der Graphiker Moro ihre jeweils eigenen Ausdrucksmittel: die Sprache, die narrative Struktur, das Bild, historische und erfundene Objekte, die Typographie und die Seitengestaltung.[71]

---

70 Die dialogische Tagebuchaufzeichnung von Viktor und Nadja wird am Ende des Buchs wieder aufgegriffen (vgl. z. B. Morosinotto 2018: 367 ff.).
71 Morosinottos Text ist (auch) ein historischer Roman und damit sind in der fiktionalen Welt der Erzählung neben den Handlungen der fiktiven Figuren Nadja und Viktor sowie der erfundenen Affäre Tereschenkow reale Elemente verarbeitet, z. B. die Belagerung Leningrads, die Kriegshandlungen, Orte wie der Gulag Rybinsk, Schlüsselburg und die Burg Oreschek. Ähnlich ging auch der Buchgestalter vor, der für die Illustrierung sowohl historische Dokumente nutzte als auch fiktive Materialien kreierte. Wie dem Bildnachweis im Anhang von *Verloren in Eis und Schnee* zu entnehmen ist, wurden insbesondere Fotos aus dem Bildarchiv des Online-Anbieters Shutterstock genutzt (shutterstock.com).

Die verschiedenen Dimensionen des Buchs werden nun im Einzelnen analysiert – unter der Fragestellung, inwiefern sich hieraus die Fiktion eines Fragments ergibt.

## 6.6 Der Roman als Fragment-Fiktion

Die Materialitäts-Dimension wurde bereits unter 6.3 angesprochen. Diese Überlegungen werden im Folgenden weiter ergänzt. Bezogen auf die Materialität sind verschiedene Ebenen zu unterscheiden:

1. Das Buch als Objekt in seinem äußeren Erscheinungsbild, wobei festzustellen war, dass die deutsche Ausgabe weniger Spuren des Fragmentarischen trägt als die italienische Publikation.
2. Das innere Erscheinungsbild des Buchs mit der Seitengestaltung, den eingefügten Fotos, Karten und Zeitungsausschnitten. Hierauf wird im Weiteren noch eingegangen werden.
3. Die auf den Fotos und in den fiktiven oder realen Dokumenten abgebildeten Objekte, deren Beschaffenheit allerdings bei der Diskussion der bildlichen Ebene später noch diskutiert werden wird.
4. Die fiktive Objektgeschichte, die Morosinotto entwirft.

Ich konzentriere mich also in der folgenden Analyse zunächst auf zwei Ebenen der Materialitäts-Dimension: das innere Erscheinungsbild des Buchs und die Metafiktion zur Entstehungsgeschichte der fiktiven Dokumente.

Das Fragmentarische prägt das gesamte innere Erscheinungsbild des Buchs. Die Seiten sind zwar nicht eingerissen und der Text ist gut lesbar, aber alle Seiten verfügen über einen fleckigen Schmutzrand. In der deutschen Ausgabe ist dies durch eine unregelmäßige Grau-Abtönung auf dem weißen Untergrund des Papiers erzeugt worden. Authentischer wirkt die italienische Taschenbuchausgabe, bei der das Papier einen leichten Gelb-Ton hat und damit den Eindruck vergilbten Papiers erweckt. Neben dem gedruckten, mehrfarbigen Text befinden sich handschriftliche Notizen des Oberst Smirnow, die in einem Braunton gehalten sind. Sie stehen mal an der Seite, mal am unteren oder oberen Rand, verweisen mit Pfeilen auf Textstellen in den Tagebuchaufzeichnungen oder sind ergänzt durch Unterstreichungen und Umkreisungen einzelner Wörter oder Wendungen.

Hierdurch gewinnt der Text die Optik eines Arbeitstextes, eines zu bearbeitenden, unfertigen Materials.[72]

Nicht nur von Smirnow gibt es handschriftliche Einträge in den Notizheften, sondern auch von Nadja und Viktor, in Form von Bildunterschriften (vgl. z. B. Morosinotto 2018: 19) oder -erläuterungen (vgl. ebd.: 80) und in einem Brief von Nadja an ihre Mutter (vgl. ebd.: 45 f.).[73] Der Text trägt so Spuren seiner fiktiven Entstehungsgeschichte in sich, präsentiert sich nicht als fertiges, perfektes Produkt. Es sind immer wieder Flecken, die Spur eines abgerutschten Kulis (vgl. ebd.: 19) und Fingerspuren (vgl. ebd.: 167) zu sehen. Dementsprechend ist auch der Brief von Nadja auf herausgerissenen, linierten Heftseiten festgehalten, die zerknittert sind und eine unregelmäßige Risskante aufweisen. Wie dieser Brief so tragen fast alle abgebildeten Objekte in dem Buch Gebrauchs- und Zerstörungsspuren: Seien es die nur noch als Fragment erhaltenen oder gezeigten Zeitungsausschnitte (vgl. ebd.: 126, 176, 273), ein zerrissener Zettel (vgl. ebd.: 58) oder ein herausgerissener Landkarten-Ausschnitt (vgl. ebd.: 350). Den Eindruck eines Gebrauchsobjekts, das ohne Perfektionsanspruch gestaltet wurde, vermitteln auch die abgebildeten in den Notizheften der Zwillinge eingeklebten Fotos und Bilder. Sie befinden sich nie im rechten Winkel, die Klebestreifen, mit denen die Bilder scheinbar befestigt wurden, rollen sich an einer Seite schon hoch (vgl. ebd.: 19, 34,153, 205), scheinen bei der kleinsten Berührung herauszufallen. Die Hefte der Kinder als fingierte Objekte sind fragmentarisch und fragil.

---

72 Es ist eine Art Social-Reading-Prozess, an dem die Lesenden teilnehmen. Sie haben hierdurch gleich mehrere Erzählperspektiven vor Augen. Dies wird noch bei der Diskussion der narrativen Dimension eine Rolle spielen.
73 In der italienischen Ausgabe (vgl. Morosinotto 2017: 62–64) wurde als Schrift von Nadja eine gebundene Schreibschrift gewählt, während in der deutschen Ausgabe eine ungebundene Schrift gewählt wurde.

# Der Roman als Fragment-Fiktion 133

Abb. 15: Schreibtisch von Smirnow, ©Mondadori, Morosinotto 2017: 8 f.

Zugleich erhalten die Betrachtenden auch einen fragmentarischen Einblick in die Welt des Oberst Smirnow. Dadurch, dass der Graphik-Designer den Schreibtisch in der Draufsicht zeigt, teilen wir als Lesende die Perspektive des Obersts. Wir sehen den Ausschnitt seines Schreibtischs, auf dem rechts sein Bericht liegt und links verschiedene Gegenstände: eine gefüllte Kaffeetasse, ein Bleistift, ein Kugelschreiber, eine Anstecknadel, die kaum zu erkennen ist, ein Teil einer Brille, verschiedene Dokumente, darunter zwei offenbar sowjetische Ausweisdokumente. Es sind Ausschnitte einer bürokratischen, fremden Welt, in der das Leben zweier Jugendlicher zum Objekt einer Beurteilung degradiert wird. Gleichzeitig verbindet die Rezipient:innen mit Smirnow die Perspektive der Lesenden, wie Smirnow werden auch die Leser:innen in einen inneren Kommentierungsprozess, vielleicht auch einen Bewertungsprozess, hineingezogen.

Für die Entstehung einer Fragment-Fiktion und dramaturgisch nimmt insbesondere der erste Bericht von Smirnow eine wichtige Funktion innerhalb des Romans ein. Hier wird bereits einiges über die Objektgeschichte ausgesagt:

> Bei der Durchsuchung der Wohneinheit mit der Anschrift Stolyarny-Gasse 8 wurde beiliegendes Dokument gefunden und anschließend den Justizbehörden vorgelegt. [...]
>
> Das vorliegende Dokument, das die Angeklagten als ‚Hefte' bezeichnen, besteht aus einer Sammlung unterschiedlicher Materialien, darunter lose Blätter, auf verschiedene Papierarten geschriebene Notizen, Postkarten und Fotografien. Ein Teil der losen Blätter war vermutlich ursprünglich Bestandteil von Spiralheften.
>
> Die Angeklagten scheinen nachträglich die Reihenfolge der losen Blätter verändert zu haben. Möglicherweise wollten sie die geschilderten Ereignisse auf diese Weise in eine chronologische Reihenfolge bringen.
>
> Das Papierbündel wurde vom Volkskommissariat für innere Angelegenheiten (VKIA) dem Unterzeichneten anvertraut [...] (ebd.: 11 f.)[74]

Alle Zuschreibungen in dieser Aussage deuten auf ein fragmentarisches, collagenhaftes Dokument hin, dessen Anordnung zudem nicht zuverlässig erscheint. Die Kinder selbst haben, so mutmaßt Smirnow, „nachträglich" eine Reihenfolge angelegt, die nicht der ursprünglichen Form entspricht.

Die Materialitätsgeschichte wird noch ergänzt in den Tagebuchaufzeichnungen. Dort erzählt Nadja, wie sie und Viktor zu Besuch am Arbeitsplatz ihrer Eltern in der Eremitage waren und sie bei dem Vater eine Kiste mit Spiralheften fand (vgl. ebd.: 17 f.). Er überließ den Kindern eines, das er selbst schon angefangen hatte zu beschreiben, riss drei Seiten heraus und gab ihnen das Heft, damit sie darin gemeinsam Tagebuch schreiben. Als die Kinder evakuiert werden sollten, schenkte er den Kindern fünf weitere Hefte vom selben Typ (vgl. ebd.: 38). Es entstehen also sechs Hefte, die in der Zeit von Juni bis November 1941 von den Kindern beschrieben, aber auch später noch durch Materialen ergänzt werden.[75] Nachdem die Kinder die Hefte beschrieben und bearbeitet haben, bleiben sie als „Papierbündel"

---

74 Die Übersetzung folgt insbesondere in den Hinweisen auf die Materialität der Hefte dem italienischen Original. Allerdings ist hier statt von Heften von „quaderni" (Morosinotto 2017: 11), also Notizbüchern, die Rede.

75 So z. B. das Foto auf Seite 310, das eine Zelle zeigt und bei dem als Anmerkung darunter steht „(habe ich im Museum gefunden)". Dieser Museumsbesuch muss im Rahmen der Fiktion nach November 1941 stattgefunden haben. Eine Angabe zur Quelle fehlt in den Bildnachweisen bei Morosinotto.

(Morosinotto 2018: 12) in einer Wohnung – vermutlich in Leningrad – zurück und werden von sowjetischen Polizisten oder anderen Staatsangestellten gefunden und an die Justiz weitergereicht. So kommen sie in die Hände von Smirnow, der wiederum die Hefte mit seinen Kommentaren bearbeitet und auch eine eigene Reihenfolge und Kapitelunterteilung festlegt. Es finden sich z. B. in Heft 5 Auszüge aus Heft 6 (vgl. ebd.: 301) und schon auf dem Titelblatt von Heft 2 vermerkt Smirnow „Ab hier scheinen einige Seiten aus späteren Heften zu stammen." (Ebd.: 49) Viele der Notizen, besonders von Viktor, sind undatiert, daher gibt es keine eindeutige Übersicht über die Reihenfolge.

Morosinotto entwirft hier die metatextuelle Erzählung der Objektgeschichte eines (fiktionalen) diaristischen Fragments, aus dem im Nachgang ein Dritter, Smirnow, der fiktionsinterne Leser, eine kohärente Erzählung zu kreieren versucht. Das Ergebnis ist, dass es für die Lesenden auf der Realitätsebene der Buchlektüre zwar eine Anordnung der Texte gibt, diese aber als nicht gesichert einzustufen ist.

Dies leitet über zu der Frage nach der narrativen Gestaltung des Romans: Den Stoff der Erzählung bilden die historischen Ereignisse aus dem Zweiten Weltkrieg rund um die Belagerung von Leningrad, die 900 Tage andauerte und Hunger, Seuchen und Krankheiten in die Stadt brachte. Zudem setzte den Menschen die extreme Kälte zu, da neben Nahrungsmitteln auch keine Brennmaterialien in die Stadt dringen konnten. Morosinotto wählt hiermit einen historischen Stoff, der von der Fragmentierung der Realität erzählt, von Zerstörung und der gewaltsamen Auflösung sozialer Bezüge. Erfahrbar macht er dies an dem Schicksal eines Zwillingspaars, das durch die Ereignisse nicht nur von den Eltern getrennt, sondern auch selbst auseinandergerissen wird. Die Trennung von den Eltern erfahren die Kinder auch als Willkürakt der Eltern: „Sie schicken uns weg." (ebd.: 33) schreibt Nadja in ihr Tagebuch. Später heißt es „Es gibt kein ‚wir' mehr." (ebd.: 37) Die Trennung vom Zwillingsbruder steigert den Verlust. Im Rückblick beurteilt Nadja die Zeit ohne Viktor: „Ich war in den letzten Monaten nur eine Hälfte gewesen." (ebd.: 367) Erst als sie wieder mit Viktor vereint ist, fühlt sie sich „wieder ganz" (ebd.). Die Fragmentierung der Familie führt auch zur Fragmentierung des Individuums. Zu einem Leitmotiv, das die Erlebniswelt von Nadja charakterisiert, werden die drei Abschiedsbriefe, die sie im Verlauf der Ereignisse schreibt. Der erste ist ein

Brief an ihre Mutter, der als Abschiedsgeschenk von der Mutter erbeten wird und den Nadja aus Wut zerknüllt, weil sie den Eindruck hat, dass die Eltern den Kindern gegenüber nicht ehrlich sind (vgl. ebd.: 45 f.). Der zweite Abschiedsbrief ist eine Auflistung aller 24 Personen, die sich mit ihr in der Hütte an der Newa befinden, während die Bombeneinschläge immer näherkommen. Hier heißt es:

> So jetzt habe ich alle aufgeschrieben.
> Falls wir demnächst sterben, kann derjenige, der dieses Heft findet, vielleicht unsere Familien verständigen.
> [...]
> Adieu ... (ebd.: 167)

Sie verabschiedet sich hier angesichts der drohenden Todesgefahr, also der extremsten Form der Fragmentarisierung, der Zerstörung ihrer Existenz. In eine ähnliche Richtung weist auch der dritte Brief von Nadja, der sich an Frau Burowa richtet – eine Frau, die sich mit ihr auf der Festung Oreschek befindet:

> Liebe Frau Burowa,
> falls Sie diese Zeilen zu Gesicht bekommen, bedeutet das, dass wir tot sind [...] (ebd.: 283).

Nadja schildert zudem in ihren Aufzeichnungen nach einem Bombenangriff, wie ihre Wahrnehmung und Erinnerung nur noch zerstückelt existieren. Sie kann sich nur „[...] an einzelne Szenen, wie an Aufnahmen eines Fotoapparats" (ebd.: 165) erinnern. Die zählt sie auf und beginnt dabei jeden Satz mit der Anapher „Ich weiß noch" (ebd.). Der letzte dieser Sätze lautet: „Ich weiß noch, dass ein Mädchen starb und ich nicht einmal wusste, wie es hieß." (ebd.) Der Krieg fragmentiert nicht nur die Familien, die Personen, sondern ebenso die Erinnerungen.

Auch bei Viktor kommt es zu einer Art Filmriss. Er erzählt in Kapitel 30 von der Flucht durch den Schnee, auf der sein kindlicher Freund Ilja stirbt (vgl. ebd.: 233 ff.). Als sie in das Haus eines alten Paares aufgenommen werden, machen diese den Vorschlag den toten Ilja zu essen, um ihren Hunger zu stillen. Daraufhin stürzt sich Viktor auf die Frau und verliert im Kampf mit dieser drei Finger seiner rechten Hand. Die Kinder fliehen weiter und Viktor wird ohnmächtig. Hier gibt es dementsprechend einen Bruch im Kontinuum von Viktors Erzählung, die erst wieder einsetzt, als er im Lazarett aufwacht. Am Ende des Kapitels heißt es: „So ist es gelaufen. Jetzt habe ich nur noch eine halbe rechte Hand und einen Freund weniger." (Ebd.: 240) Fragmentierung wird also auch am Beispiel des Körpers von Viktor und dem Tod seines Freundes gezeigt.

Sie schlägt sich aber nicht nur in der *histoire* bei der Figurenzeichnung oder in dem Motiv des Abschiedsbriefs nieder, auch auf der Ebene des *discours* sind Spuren der Fragmentierung wahrnehmbar – nicht allein in der collagenhaften Zusammenfügung der einzelnen Versatzstücke, sondern auch im Zusammenprall der verschiedenen Erzählperspektiven. Während sich die Erzählstimmen von Nadja und Viktor relativ harmonisch zusammenfügen, brechen die Kommentare von Smirnow als Fremdkörper den Lesefluss immer wieder auf. Einerseits wird er in der Fiktion als der Ordnende und Erklärer der losen Dokumente eingeführt, andererseits führen seine Kommentare zu einer Distanzierung, manchmal ergibt sich daraus eine dritte ironisierende Meta-Ebene. Als Beispiel soll hier eine Szene aus Nadjas Aufzeichnungen dienen. Sie beschreibt darin sowjetische Soldaten, deren Anblick ihr Angst macht: „[...], denn sie sehen irgendwie grau aus. Außerdem spucken und fluchen sie ständig und trinken den ganzen Tag über Wodka." (ebd.: 145) Diese Darstellung kommentiert Smirnow mit den Worten „Helden des Vaterlands!" (Ebd.) Die Anmerkung ist vermutlich gemeint als empörter Ausruf des Staatsdieners, der sich über die negative Beschreibung der Soldaten durch Nadja echauffiert. Aus dem Zusammenprall der beiden Erzählperspektiven ergibt sich eine Unbestimmtheitsstelle, die auch als ironische Anmerkung über die Vaterlandshelden gedeutet werden kann. So entstehen mindestens drei Lesarten. Wer die Randbemerkungen von Smirnow mitliest, erlebt auf diese Weise Brüche im Lesefluss und gleichzeitig eine Öffnung des Textes für eine mehrdeutige Interpretation.

Auch die Tagebuchaufzeichnungen der Zwillinge unterlaufen die typischen Erwartungen an eine Tagebuchlektüre, denn auch sie weisen Diskontinuität auf. Ungewöhnlich für ein Tagebuch sind schon die gemeinsam erstellten Seiten am Anfang und am Ende des Buchs, in denen die Geschwister den Erzählfluss des anderen immer mal wieder wie in einem Gespräch unterbrechen. Nach dem ersten gemeinsam erstellten Heft laufen die Erzählstränge – entsprechend der Handlung, in der die Geschwister getrennt werden, – auseinander. Manchmal schließen die beiden

Perspektiven chronologisch aneinander an, manchmal schreiten sie aber auch wieder zurück in der Zeit. Dadurch dass einige Kapitel undatiert sind, bleibt die Chronologie ungesichert. Vereinzelt geben Kommentare von Smirnow eine Lesehilfe: „Achtung: Die in diesem Kapitel geschilderten Ereignisse fanden gleichzeitig mit den im vorhergehenden Kapitel erzählten statt!" (Ebd.: 148)

Der Wechsel der Erzählperspektiven sowie die zeitlichen und räumlichen Sprünge erzeugen immer wieder Leerstellen im Text, dennoch ergibt sich aus der Verknüpfung der Notizen von Viktor und Nadja ein roter Faden. Die Geschichte der beiden Geschwister zeigt einen Ausschnitt aus ihrem Leben. Sie werden getrennt, hinausgestoßen in eine feindliche, chaotische Welt des Krieges, bewähren sich aber beide heldenhaft und werden schließlich mit ihrer Wiedervereinigung belohnt. Am Ende ist der Vater gestorben, aber die Kinder ziehen mit ihrer Mutter auf die Kolchose nördlich von Kazan. Auf der Ebene der *histoire* bildet dies eine geschlossene Handlung. Dennoch ist die Erzählung auf der Ebene des *discours* geprägt von Sprüngen, Brüchen und (De-)Montage, was wiederum dem Setting der erzählten Welt entspricht, die geprägt ist von Fragmentierung. Dies zeigt sich auch bei der Betrachtung der bildlichen Gestaltung des Buchs.[76]

Auf der Bildebene werden herausgerissene Heft- und Buchseiten sowie Zeitungsartikel, Skizzen, Fotos, Landkarten, der Ausschnitt eines Stadtplans, ein Plakat und immer wieder fotografierte Ausschnitte vom Schreibtisch Smirnows sowie Fotos der Deckblätter der Spiralhefte gezeigt. Wie beim Schriftbild dominieren auch bei den Bildern die Farben Schwarz, Weiß und Rot. Die Fotos sind durchgängig Schwarz-Weiß-Aufnahmen. Während die Skizzen von Simone Tso für das Buch angefertigt wurden, ebenso wie die Aufnahmen von Smirnows Schreibtisch und von den Spiralheften, lässt sich bei anderen Dokumenten nicht genau sagen, ob sie

---

[76] Es gibt wenige Differenzen in der Bildgestaltung zwischen der Originalausgabe und der deutschen Ausgabe: In der italienischen Originalausgabe befindet sich auf Seite 43 ein Plakat, auf Seite 147 ein Zeitungsausschnitt, auf Seite 161 eine Karte und auf Seite 204 ein Foto, die in der deutschen Ausgabe fehlen. In Kapitel 19 der deutschen Ausgabe wurde das Bild eines Werbezettels des Leningrader Zoos eingefügt, das in der italienischen Ausgabe erst in Kapitel 21, Seite 167, zu finden ist.

## Der Roman als Fragment-Fiktion

aus der Zeit des Zweiten Weltkriegs stammen, bearbeitete Bilder sind oder extra angefertigt wurden. Authentisch wirken z. B. eine Seite aus einem Funkgerät-Handbuch von 1939 (vgl. ebd.: 300), ein in russischer Sprache verfasstes Flugblatt, das eine Eisenbahn zeigt (vgl. ebd.: 114), oder die Fotos von sowjetischen Landarbeiter:innen und den Landmaschinen auf einem Feld (vgl. ebd.: 106 f.). Alle Bilder verleihen dem Buch einen Eindruck von Faktualität, sie bilden historische Realität ab oder simulieren diese. Darüber hinaus dienen die Illustrationen zur Orientierung der Lesenden, insbesondere die Karten zeigen die Wege, die die Kinder zurücklegen, und die Orte, an denen sie sich befinden. Außerdem unterstützen die Illustrationen die Lesenden dabei, eine Vorstellung von der Sowjetunion zu Anfang der 1940er-Jahre und vom Kriegsgeschehen zu entwickeln. Man sieht z. B. auf einem Foto Kinder mit Gasmasken (vgl. ebd: 34), Soldaten mit einem Gewehr (vgl. ebd.: 94), eine zerstörte Stadt (vgl. ebd.: 7), das Foto eines deutschen Junkers-Flugzeugs mit dem Hakenkreuz am Heck (vgl. ebd.: 157), einen Warnhinweis „Bei Fliegeralarm Straßenseite wechseln" (vgl. ebd.: 403), aber auch eine Seite aus einem russischen Märchenbuch (vgl. ebd.: 279) oder einen Ausschnitt von einem Kämpfer zu Pferd, der eine rote Fahne um den Körper geschlungen hat (vgl. ebd.: 58) oder einen Werbezettel des Leningrader Zoos (vgl. ebd.: 152).

Dass es sich bei den Fotos und Ausschnitten häufig um beschädigte Objekte handelt, wurde bereits erwähnt. Der flüchtige Charakter wird auch unterstrichen, wenn die eingeklebten Bilder als Zufallsfunde deklariert werden. So z. B. das Foto aus der Eremitage (vgl. ebd.: 19), das eine Wand mit prächtigen, aber leeren Bilderrahmen zeigt. Im Text heißt es dazu: „Jetzt klebe ich ein Foto ein, das in einem Flur der Eremitage herumlag" (ebd.: 18) und die Bildunterschrift erläutert: „Die Rahmen sind alle leer, weil der Saal neu gestaltet wird." (Ebd.: 19) Auch hier wird eine fragmentierte Realität gezeigt, denn an den Wänden der Eremitage fehlt das Wichtigste: die Bilder.

Abb. 16: Spiralheft, ©Mondadori, Morosinotto 2017: 13

Schon das Foto des ersten Spiralheftes präsentiert ein von Gebrauchsspuren gezeichnetes Objekt, dem seine komplizierte Nutzungsgeschichte abzulesen ist (s. Abb. 16). Das Heft hat ein dunkelrotes Vorderblatt, das Risse und Knicke aufweist, die Ringe der Bindung sind zum Teil verbogen, einzelne Blätter ragen am oberen Rand und an der Seite hervor. Das Feld für die Titulierung ist beschriftet mit drei verschiedenen Schriften und zwei verschiedenen Farben, wobei der erste Titel „Notizen Samml. Eremitage" (Morosinotto 2018: [13]) durchgestrichen ist. Das ist offenbar die Schrift des Vaters, der das Heft als Erster genutzt hat. Dann folgen die beiden weiteren Nutzer:innen „von Nadja und Viktor" (ebd.), wobei Nadja mit einem schwarzen Stift und Viktor mit einem roten Stift geschrieben hat. Unterhalb des Titelkastens ist eine Art weißes Post-It abgebildet, das von Smirnow beschriftet ist. Diese Seite dokumentiert noch vor der Thematisierung im Text die Entstehungsgeschichte des diaristischen Fragments.

Bei der Betrachtung der italienischen Ausgabe fallen – als ein Zeichen des Fragmentarischen auf der verbalen Ebene – gleich auf den ersten Seiten diverse Auslassungszeichen im Text auf (vgl. Morosinotto 2017: 6, 16, 22, 23). Die deutsche Übersetzung weicht hier an einigen Stellen ab, nutzt aber auch die Ellipse als häufiges Stilmittel (vgl. Morosinotto 2018: 6, 17, 20, 21). Mal deuten die Auslassungszeichen ein Zögern an, mal schaffen sie Raum für Gedanken des Erzählenden und der Lesenden, so z. B., wenn Morosinotto formuliert „In guerra…" (Morosinotto 2017: 23), nachdem die Familie aus dem Radio erfahren hat, dass sich Russland im Krieg befindet. In der deutschen Ausgabe findet sich hier der Satz „Wir haben Krieg." (Morosinotto 2018: 21) Danach folgt ein Zeilenumbruch, durch den ein Weißraum im Text entsteht, der ähnlich wie die Auslassungszeichen wirkt und der Aussage Raum verschafft.

Unter dem Aspekt der Fragmentierung ist diese Textsequenz auch in anderer Weise interessant. Sie wird in Nadjas Notizen eingeleitet von einem Wort, das abbricht: „Ra" (Morosinotto 2018: 19)[77] – das Fragment des Wortes Radio, das hier, wie sich aus dem Kontext ergibt, hätte stehen sollen. Am unteren rechten Bogen des a befindet sich eine unregelmäßige Linie. Sie deutet den Strich eines Kugelschreibers an, der auf dem Papier ausgerutscht ist. Diese Unregelmäßigkeit im Text-Bild wird eine Seite später von Viktor erklärt: Als die Rede im Radio begann, entreißt er Nadja das Heft, um das Gehörte mitzuschreiben. Symbolisch stehen das abgebrochene Wort und der Kugelschreiber-Strich auch für die Nähe von Erleben und Schreibprozess, was typisch für das Tagebuch-Schreiben ist (vgl. Kap. 4.2). Dieser Eindruck wird durch weitere Formulierungen und die Verwendung des Präsens im Text unterstützt („Jetzt klebe ich ein Foto ein", ebd.: 18). Im Verlauf der Erzählung wechselt das Erzähltempus immer wieder zwischen Präsens und Präteritum.

In der Radio-Mitschrift von Viktor finden sich weitere Auslassungszeichen, die Viktor damit begründet, dass „der Mann im Radio" (ebd.: 20) zu schnell gesprochen habe und er bei der Mitschrift nicht mitgekommen sei. Die Lesenden erhalten also nur das Fragment einer Rede zur Lektüre.

---

77 In der italienischen Originalausgabe „la ra" (2017: 21).

Die Aufzeichnung von Viktor ist zugleich auch ein Beispiel für einen Fragmentierungsprozess, der im Vergleich von Original und Übersetzung auffällt. Die Lektorin oder die Übersetzerin haben mehrere Zeilen gestrichen, in denen Viktor ein Gespräch dokumentiert, das zu dem Radiobeitrag in der Eremitage geführt wird.[78] Ein Mitarbeiter der Eremitage, Herr Garanin, äußert Zweifel, ob im Radio die ganze Wahrheit gesagt werde. Daraufhin wird er von einer Frau scharf zurechtgewiesen und Viktor unterstützt die Position der Dame. Dies passt zu der Darstellung seiner Figur am Anfang des Romans als staatstreuer und überzeugter Kommunist. Dass die Textstelle gestrichen wurde, fällt den Lesenden der deutschen Ausgabe allerdings nicht auf, da sich ein homogener Textfluss ergibt.

Schon in dieser Textpassage am Anfang des Romans wird ein Thema eingeführt, das in den Tagebuchnotizen der beiden jugendlichen Erzählstimmen später aufgegriffen wird: das Versagen der Sprache angesichts der Ereignisse. Viktor notiert schon im ersten Heft der Aufzeichnungen:

| È difficile raccontare quello che è successo dopo (Morosinotto 2017: 23) | Es ist schwer, all das zu erzählen, was danach geschah … (Morosinotto 2018: 21). |
|---|---|

Diese Aussage wird verstärkt in einer Notiz von Nadja, als sie hilft, verwundete Soldaten zu versorgen:

| Così corro senza fermarmi mai e vedo delle cose che non saprei neanche come descrivere. (Morosinotto 2017: 170) | Und so laufe ich ständig herum und sehe Dinge, die ich gar nicht beschreiben kann, weil mir dafür die Worte fehlen. (Morosinotto 2018: 156) |
|---|---|

---

78 „'È strano che il discorso lo abbia fatto Molotov' ha detto il signor Garanin.
'Un annuncio così importante avrebbe dovuto darlo il compagno Stalin.'
'E allora?' ha chiesto una signora.
'Allora deve significare qualcosa. Forse la radio non dice tutta la verità.'
'Ma chiudi il becco!' ha sbottato la signora.
Secondo me ha fatto bene: non è che il signor Garanin può dire quello che vuole solo perché ora siamo in guerra." (Morosinotto 2017: 23)

Die Sprache spielt in Nadjas Tagebucheintragungen immer wieder eine heilende Rolle, wenn sie z. B. die Namen der Menschen, die sich in der Hütte befinden, aufzeichnet, um eine Spur von ihnen zu hinterlassen, falls sie sterben werden. Wenn sie aber keine Worte mehr findet, um das zu beschreiben, was sie sieht, dann wird ihr auch dieses letzte Werkzeug genommen, um die Realität des Krieges zu verarbeiten. Die Eindrücke werden als ein Angriff auf die Person erfahren, dem sie nichts mehr entgegenzusetzen weiß. Auch dies ist ein Fragmentierungsprozess.

In Viktors Notizen finden sich entsprechende Hinweise, als er sich mit seinen Freunden im Gulag befindet:

| Non voglio descrivere quello che succede qui al gulag perché è troppo terribile. Ma gli uomini non sono più uomini. Diventano qualcosa di diverso. Di affilato e crudele. (Morosinotto 2017: 200) | Ich mag das, was hier im Gulag geschieht, nicht beschreiben, weil es einfach zu brutal ist. Hier sind Menschen keine Menschen mehr, sie werden zu andersartigen, grausamen Wesen. (Morosinotto 2018: 190) |

Anders als Nadja, die vom Fehlen der Worte schreibt, verweigert Viktor die Beschreibung. Er will das Erfahrene nicht im Schreiben festhalten. Was er aber benennt, ist die Deformierung der Menschen durch den Krieg. Sie werden an Geist und Körper geschädigt. Die körperliche Veränderung dokumentiert Viktor an seinem kindlichen Freund Ilya, von dem es heißt, er sei nur noch „uno scheletro che camina" (Morosinotto 2017: 200), „ein wandelndes Skelett" (Morosinotto 2018: 190).

Auch die Dinge stehen in Morosinottos Text immer wieder symbolisch für einen Fragmentierungsvorgang. So heißt es z. B. von dem LKW, mit dem Viktor und seine Freunde den zugefrorenen Ladoga-See überqueren, er sei „uno scheletro a quattro ruote" (Morosinotto 2017: 352) ein „Skelett auf Rädern" (Morosinotto 2018: 354). Weitere Fragmente menschlicher Kultur sind die Burg Oreschek, die als „in rovina" (Morosinotto 2017: 213), „ziemlich verfallen" (Morosinotto 2018: 205), also als eine Ruine beschrieben wird. An anderer Stelle sehen Viktor und seine Freunde eine untergegangene Stadt, von der nur noch der Kirchturm aus einem See ragt (Morosinotto 2018: 217). Die direkte Beschreibung von Tod, Zerstörung und Gewalt wird in dem Roman weitgehend vermieden, aber in zahlreichen Andeutungen und Schlüsselbegriffen wird auch auf verbaler Ebene die Fragmentierung, die der Krieg bedeutet, eingefangen.

Nachdem nun die bildliche und die verbale Dimension getrennt voneinander betrachtet wurden, sollen sie in diesem Abschnitt an einzelnen Beispielen zusammengeführt werden, nicht um die Vielfalt der Beziehungen von Text und Bild in dem Roman umfassend zu beschreiben, sondern lediglich unter dem Aspekt der Zeichen von Fragmentierung.

Das erste Beispiel stammt aus den Notizen von Nadja. Es findet sich in Kapitel 21, in dem Nadja den Angriff auf Schlüsselburg und die Flucht in die Hütte am Fluss Newa schildert. Sie erzählt im Präsens von den brennenden Ufern der Newa, den schwarzen Rauchsäulen, die aufsteigen, und den Explosionen, die immer näherkommen (vgl. Morosinotto 2018: 166). Am Ende dieses Absatzes heißt es: „Alles ist verloren." (Ebd.) Aus dieser Perspektive heraus folgt nun die bereits erwähnte Abschiedsnotiz, in der Nadja die Namen der Menschen in der Hütte aufführt, damit ihre Familien verständigt werden können. Nadjas letztes Wort (in dieser Passage) lautet: „Adieu ..." (ebd.: 167). Der Seitenhintergrund erzeugt den Eindruck, als sei das Papier, auf dem der Text steht, zerknittert worden. Am unteren Seitenrand sind die rot-schwarzen Abdrücke eines Mittel- und eines Zeigefingers der linken Hand zu sehen, am rechten Seitenrand zeichnen sich die gleichfarbigen Abdrücke der oberen Glieder von drei weiteren Fingern ab. Dazwischen stechen mehrere rote Punkte hervor. Die Finger, die dieses Papier gehalten haben, waren nicht nur schmutzig, sondern auch blutig. Und auch die roten Punkte können als Blut interpretiert werden. Damit wird die Pause, die durch die Auslassungszeichen nach dem Abschiedsgruß von Nadja entsteht, gefüllt. In der italienischen Originalausgabe (2017: 179) rücken Text und Illustration durch eine andere Seitenaufteilung noch enger zusammen als in der deutschen Ausgabe. Durch die Verknüpfung von Text und illustrativem Element wird der Eindruck des Abschiedsbriefs noch verstärkt, die Bedrohung wird zur blutigen Realität. Die Illustration gibt zudem Anhaltspunkte, die den Lesenden mögliche Deutungen für die Leerstelle, die die Ellipse erzeugt, nahelegen. Insofern verhält sich das Bild hier komplementär zum Text. Beide Ausdrucksebenen verweisen gemeinsam auf einen Fragmentierungsvorgang, erzeugen aber gleichzeitig eine kohärente Möglichkeit der Sinndeutung.

Der Roman als Fragment-Fiktion 145

Abb. 17: Kinder mit Gasmasken, ©Mondadori, Morosinotto 2017: 47

Manchmal dienen die Bilder auch dazu, den Begriff „Krieg" begreifbar zu machen. Ein erstes Beispiel hierfür ist das Foto einer Kindergruppe mit Gasmasken (s. Abb. 17). Ob es sich um ein historisches Zeitdokument handelt, lässt sich nicht eindeutig sagen – auch nicht nach einem Blick ins Verzeichnis der Bildquellen am Ende des Buchs. Es ist ein Schwarz-Weiß-Foto, auf dem eine sitzende Gruppe von Mädchen und Jungen zu sehen ist, die größtenteils ein weißes Hemd mit einem gebundenen Pioniertuch tragen. Manche haben darüber eine Jacke. Ein Junge im Vordergrund hebt sich durch ein kariertes Hemd von den anderen ab. In der Bildunterschrift wird dieser Junge als Viktor identifiziert. Damit wird das Bild unmittelbar mit der literarischen Fiktion verknüpft. Die Kinder sind durch die Gasmasken, die sie tragen, entindividualisiert. Ihre Gesichter sind verdeckt und durch die Masken wirken sie verfremdet und entmenschlicht. Im Text wird der Kontext zu diesem Foto erläutert: Nadja und Viktor befinden sich bei einer

Pionierversammlung, in der ihnen die korrekte Handhabung der Gasmasken und deren Bedeutung erklärt wird: „Wenn der Feind Gasbomben wirft, müssen wir alle sterben. Doch wer eine Gasmaske aufgesetzt hat, überlebt […]" (Morosinotto 2018: 33). Diese Aussage scheint auf Nadja noch keinen so starken Eindruck gemacht zu haben, denn sie reißt sich die Gasmaske sofort wieder herunter. Am Ende der Übung macht der Anleitende noch ein Foto von der Gruppe. So wird das Foto durch eine fiktive Entstehungsgeschichte im Text angereichert. Als Nadja und Viktor nach Hause kommen, hat die Mutter verweinte Augen und der Vater teilt den Kindern mit, dass er zur Volksmiliz gehen wird. Daraufhin fragt Nadja

| E se combatti potresti morire? (Morosinotto 2017: 49) | Wenn du kämpfst, kannst du dann auch sterben? (Morosinotto 2018: 35) |
|---|---|

Der Krieg entwickelt sich hier von einer abstrakten Bedrohung zu einer konkreten, persönlichen. Während der Text das individuelle Schicksal hervorhebt, wird durch das als Zeitdokument inszenierte Foto noch eine allgemeinere Ebene angesprochen: das Ausgeliefertsein an die Situation, die Todesdrohung, die alle – auch die Kinder – betrifft, und die Entindividualisierung. Bild und Text verhalten sich komplementär zueinander, zudem reichert das Foto den Text durch weitere Bedeutungsebenen an. Alle weisen in die Richtung, dass Krieg Zerstörung bedeutet, dass die vertrauten sozialen Strukturen aufgelöst werden, Familien und Individuum fragmentiert und getötet werden können.

Zum Abschluss der Analyse soll nun noch ein Blick auf die kontextuellen Bezüge geworfen werden.

Offenbar hat Morosinotto im Zusammenhang der Arbeit an dem Roman eine Recherche-Reise nach Russland unternommen, wie er in der Danksagung anklingen lässt und im Gespräch mit Siggi Seuss auch bestätigt (vgl. Seuss 2018).[79] Seine persönlichen Eindrücke von der Reise sowie die Erzählungen seines Großvaters, auf die er sich im Nachwort des Romans bezieht, sind in den Text eingeflossen. Durch diese paratextuellen Hinweise

---

79 Auch für *Der Ruf des Schamanen* war Morosinotto auf einer Recherchereise in Peru. Hiervon gibt es Dokumente auf der Verlagsseite (vgl. Thienemann 2022c).

inszeniert Morosinotto sein eigenes Bemühen, ein realitätsnahes Bild zum einen vom Alltag in der Sowjetunion und zum anderen von dem historischen Geschehen zu entwerfen.

Als historischer Roman ist das Buch von Morosinotto in einem größeren geschichtlichen Kontext wahrzunehmen. Auf der ersten Erzählebene werden auszugsweise das Vorrücken der deutschen Truppen in der Sowjetunion sowie die Belagerung der Stadt Leningrad im Jahr 1941 angesprochen. Man erfährt etwas über das Leben auf einer Kolchose sowie die Zustände in Strafgefangenenlagern, speziell dem Gulag in Rybinsk. Hier scheint sich Morosinotto an historischen Fakten orientiert zu haben. Im Nachwort betont er dies auch noch einmal: „Ich habe versucht, mich so eng wie möglich an die historischen Tatsachen zu halten." (Morosinotto 2018: Nachwort) Das bestätigen auch Rezensionen:

> Der Autor schafft es, historische Tatsachen (die er akribisch recherchiert hat) mit einer fiktiven Handlung zu einer Geschichte zu verknüpfen, die Jugendliche und Erwachsene fesseln kann. (Stütz 2019)[80]

Auf der zweiten Ebene – durch die Aufzeichnungen von Smirnow – wird versucht, einen Einblick in die politische Denkweise und das sowjetische Justizverständnis nach 1945 zu geben, inwieweit dies der historischen Realität entspricht, vermag ich nicht zu beurteilen.

Die abgebildeten Objekte tragen viel dazu bei, ein authentisch wirkendes Bild von Alltag, Krieg und Zerstörung zu entwerfen – im Sinne einer inszenierten Objektauthentizität (vgl. Dinger 2021: 18). Alle weisen Gebrauchsspuren auf, manche sind nur noch Fragment. Durch diese Anmutung wird der Eindruck der historischen Distanz verstärkt. Es sind für alle Rezipient:innen offensichtlich keine Dokumente der heutigen Zeit.[81] Diese Sammlung von Objekten in dem Buch wirkt zugleich museal und flüchtig. Die Fotos, Ansichtskarten, Zeitungsausschnitte und Skizzen sind als sammlungswürdig erkannt, werden ausgestellt, aber nicht restauriert

---

80 Einen informativen Charakter bescheinigt auch der Rezensent Tomas Unglaube dem Buch (vgl. Unglaube 2018).
81 Wobei die Objekte natürlich genauso gut fingierte Objekte sein können, also durch fototechnische oder digitale Manipulationen als historisch erscheinende neu erstellte Bilder.

und auch nur mit Büroklammern und sich lösenden Heftstreifen befestigt. Ihre Vergänglichkeit soll ihnen ablesbar bleiben.

Bemerkenswert ist neben der Einbindung in den historischen Kontext auch die Editionsgeschichte des Buchs. Es ist erst seit wenigen Jahren auf dem Markt, hat aber schon einige Verwandlungen erfahren. Bei Mondadori ist die erste gebundene Ausgabe 2017 erschienen. Es ist auch als E-Book erhältlich und im gleichen Verlag als Taschenbuch 2019 herausgekommen. 2018 erschien die deutsche Ausgabe gleichzeitig mit einem Hörbuch. Inzwischen gibt es Ausgaben in Frankreich, Großbritannien, den USA, Russland, den Niederlanden, Belgien, Galizien und Dänemark. Hier einige Cover:

Abb. 18: Coverabbildungen internationaler Ausgaben: englisch, französisch, niederländisch, dänisch, galizisch (von links nach rechts)

Lediglich die Cover der englisch- und der deutschsprachigen Ausgabe weichen von dem italienischsprachigen Original ab. Bei beiden wird die plakatartige Gestaltung verändert. Bei der englischsprachigen Ausgabe von Random House wird der Tagebuchcharakter des Textes schon in der Covergestaltung aufgegriffen. Einzig die Thienemann-Ausgabe verleiht dem Buch eine romantischere Aufmachung, ersetzt das plakative Rot durch ein Dunkelrot und nimmt auch die Originalformulierung „di due stelle rosse" ganz aus dem Titel heraus, die sich sonst in allen anderen Ausgaben erhalten hat (s. Abb. 11 und 18). Dadurch werden die politischen Anklänge, die das Cover evoziert, aufgelöst. Dieser Tendenz entspricht z. B. auch eine Kürzung bei dem Bildmaterial. So wurde in der Thienemann-Ausgabe das Flugblatt (Morosinotto 2017: 43, s. Abb. 19), das russische, bewaffnete Soldaten vor einem roten Hintergrund zeigt, nicht übernommen.

Abb. 19: Flugblatt, ©Mondadori, Morosinotto 2017: 43

## 6.7 Fragment-Fiktion und Heldengeschichte

Das diaristische Fragment der Notizbücher von Nadja und Viktor ist zentrales Gestaltungselement der Fiktion in Morosinottos Roman. Der Charakter des Prozesshaften, Flüchtigen und Unfertigen wird aber nicht allein durch die Notizbücher in die Fiktion eingeführt. Er wird auch durch die Kommentare des fiktiven Lesers Smirnow sowie die zahlreichen bildnerischen Elemente unterstrichen.

Zusammenfassend lässt sich aufgrund der Analyse festhalten:
Fragmentierung ist konstituierendes Element der Roman-Konstruktion bei *Verloren in Eis und Schnee*. Sie betrifft die Materialität der dargestellten Objekte und Realität, die Buchgestaltung, die Narration, die Bilder und die Sprache, ebenso wie ihr Zusammenwirken und den historischen Kontext, in dem die Fiktion steht. Als Teil einer Trilogie ist der Roman

*Verloren in Eis und Schnee* nur ein Teil eines Ganzen[82] und in der Betrachtung nur einer einsprachigen Ausgabe ist auch diese wiederum nur Teil eines größeren Artefaktes, das vielleicht auch noch weiter wächst. Für die deutsche Übersetzung wurden Kürzungen an dem italienischen Original vorgenommen, insofern hat auch hier ein Fragmentierungsprozess stattgefunden, durch den z. B. politische Bezüge reduziert wurden. Zugleich kann das Vorgehen bei der deutschen Ausgabe auch als ein Akt der Verdichtung wahrgenommen werden, womit ein Mehr an Spannung zu erzeugen versucht wurde.

Das fragmentarische Dokument inszeniert Authentizität und es symbolisiert den zeitlichen Abstand zur heutigen Lektüresituation. Die vom Feuer angefressenen Blattränder ebenso wie die Schwarz-Weiß-Fotos der zerstörten Stadt deuten auf etwas Vergangenes hin. Aufgrund der scheinbaren Objektauthentizität wird Realitätsnähe erzeugt und zugleich auch eine imaginierte Nähe der Lesenden zum Geschehen, insbesondere, wenn ein Schreibabbruch durch einen verrutschten Strich eines Kugelschreibers im Buch-Objekt selbst als Ergebnis einer scheinbar realen Handlung sichtbar wird.

Das Fragmentarische der erfundenen Hefte entspricht der Fragmentierung der realen Welt im Krieg und der fiktiven Welt der Zwillingsgeschwister, die voneinander getrennt werden. Die Hefte sind Zeugnis eines Gewaltaktes und der Verletzlichkeit kultureller Güter ebenso wie der menschlichen Existenz. Gleichzeitig legitimiert die Fragmentierung des fiktiven, dokumentarischen Materials die Leerstellen im Text. Es ist vielleicht deren Begründung für die jungen Leser:innen. Die Aussage Nadjas, „Lass unsere Hefte für uns sprechen" (Morosinotto 2018: 6), appelliert zugleich an die Lesenden, die Geschichte sei auch ohne einen kontinuierlichen Erzählfluss zu verstehen. Dahinter steht mutmaßlich der Hinweis: Füllt die Lücken selbst! Ihr werdet unsere Geschichte schon verstehen! Das

---

82 So taucht Viktor als Nebenfigur in *Der Ruf des Schamanen* (2019) wieder auf (Morosinotto 2019: 164 ff.). Er ist nun ein russischer Soldat von 50 oder 60 Jahren, der in Peru an einem Bombenanschlag auf die Eisenbahn beteiligt ist. Hier wird also eine Verbindung zum zweiten Teil der Trilogie hergestellt. Viktor erscheint in diesem Band nicht mehr als die heldenhafte Figur, die er in *Verloren in Eis und Schnee* war.

fragmentierte Material hätte demnach ebenso eine animierende Funktion, sich auf eine Spurensuche einzulassen. Diese Funktion übernehmen auch die geschilderten Unbestimmtheitsstellen, die durch das Zusammenwirken, manchmal auch Zusammenprallen, der drei Erzählstimmen entstehen. Sie verleihen dem Text eine Deutungsoffenheit.

Das diaristische Fragment wird bei Morosinotto als eine pseudohistorische Quelle inszeniert. Ihre Funktion liegt vor allem in dem Beitrag, den sie zur Erinnerungskultur leisten kann. Der Autor macht neben den historischen Bezügen mit den fiktiven Tagebüchern deutlich, was Krieg für das individuelle Leben bedeutet. Durch die Tagebuchform werden die Lesenden ganz nah an das ereignishafte und subjektive Erleben der Figuren herangeführt. Die zahlreichen Fragmentierungserfahrungen, die durch den Krieg erzeugt werden, ergänzt Morosinotto auf der Ebene der Identitätskonstruktionen, die die beiden Tagebücher schildern, vereinzelt durch typische Adoleszenzthemen, wie z. B. die erste Liebe,[83] und durch eine Heldengeschichte. Beide kind- bzw. jugendlichen Individuen, sowohl die weibliche als auch die männliche Figur, erzählen in ihren Tagebüchern trotz aller Krisen und Verluste eine Heldengeschichte: Viktor unternimmt eine sehr gefährliche Reise, um seine Schwester zu finden, was ihm schließlich auch gelingt. Und er wird zum Retter von Leningrad, indem er den Militärs den Versorgungsweg über den Ladoga-See aufzeigt. Nadja ermöglicht durch die tollkühne Aktion, bei der sie Ersatzteile für ein Funkgerät auf die Festung bringt, den Soldaten dort, wieder Kontakt zur Außenwelt aufzunehmen. Gleichzeitig wird hierdurch auch die Kontaktaufnahme zu ihrem Bruder überhaupt erst möglich gemacht. Nadja erweist sich auch als moralisch besonders integre Figur, da sie den deutschen Soldaten Franz, den sie selbst gefangen genommen hat, schließlich nicht an die russischen Soldaten verrät und ihn aus der Gefangenschaft entlässt. Obwohl sie die Deutschen als Feinde wahrnimmt, will sie doch nicht den Tod dieses Soldaten verschulden. Der Freilassung geht eine Debatte der Kinder über dieses „ethische Problem" (Morosinotto 2018: 418) voraus, in der Nadja zu dem Entschluss kommt, dass sie ihre „eigene Entscheidung" (ebd.: 419) treffen

---

83 Nadja erlebt mit Boris auf der Festung eine erste Liebesgeschichte (Morosinotto 2018: 337) und in Viktor verliebt sich Klara (ebd.: 413).

muss. Sie entscheidet sich dagegen, den Tod eines Menschen – auch wenn es der Feind ist – hinzunehmen.

Zwar steht bei Morosinotto die Spiegelung der historischen, vom Krieg aus den Fugen geratenen Welt in den Schilderungen der Jugendlichen im Vordergrund, aber gleichzeitig zeichnet er auch das Bild jugendlicher Identitätskonstruktion und das Heranreifen vom Kind zum Jugendlichen. Im Fall von Viktor und Nadja kann hier zunächst von einer Dekonstruktion gesprochen werden, nicht nur indem sie aus dem Kontext der Familie gerissen und voneinander getrennt werden. Viktor wird vom überzeugten Kommunisten (vgl. ebd.: 78) zum Ausbrecher aus der Kolchose, weil er erkennt, dass die öffentlichen Medien lügen (vgl. ebd.: 91). Auch die Rolle als Anführer einer Bande von Kindern und Jugendlichen auf der Reise führt Viktor vor allem zu Selbstzweifeln:

> Ich wollte doch nur ein guter Bruder sein.
> Ein guter Pionier.
> Ein guter Sohn, ein guter Schüler. Ein guter Freund.
> Und doch ist alles, was ich tue, falsch. (Ebd.: 181)

Erst am Ende, nachdem er wieder mit Nadja vereint ist, findet der Heilungsprozess statt und kann die Geschichte von der Rettung Leningrads erzählt werden. Die Heldengeschichten, das Bestehen von Gefahren in einem von den Eltern unabhängigen Handlungsraum, sind auch dem Genre des Abenteuerromans geschuldet. So verbindet Morosinotto die Erzählung von der Fragmentierung der Welt mit einer am Ende gelingenden Identitätskonstruktion. In einer chaotischen Welt reifen die Geschwister trotz aller Verletzungen zu integren Persönlichkeiten heran, die schließlich auch den Anfechtungen der sowjetischen Justiz entgehen. Es ist gewissermaßen ein Versprechen an die jungen Lesenden: Gewalt und Zerstörung hinterlassen Spuren, aber sie können durchstanden werden.

# 7. Der fragmentarische Stil: Nils Mohls *An die, die wir nicht werden wollen*

Nachdem bereits am Beispiel von Anne Franks Tagebüchern das entstehungs- sowie das überlieferungsgeschichtliche Fragment vorgestellt werden konnte, wird nun neben der Fragment-Fiktion von Davide Morosinotto ein weiteres Beispiel für Fragmentierung als konzeptionelles Moment des Schreibens thematisiert. Der Blick richtet sich nun stärker auf die stilistischen Aspekte des neuen Text-Beispiels. Wenn im Weiteren von einem fragmentarischen Stil die Rede ist, so bedeutet dies allerdings, dass Fragmentierung zum „unverwechselbare[n] Grundmuster" (Burdorf et al. 2007: 732) des literarischen Artefaktes wurde. Nicht nur einzelne Motive verweisen in entsprechenden Texten auf das Fragment. Vielmehr sind Abbrüche, Risse, Zerstückelung, Lücken, Löcher und blinde Stellen kennzeichnend für alle Dimensionen des Objektes. Fragmentierung zeigt sich im Bild wie im Text, in der *histoire* wie im *discours*, im Aufbau wie in der Syntax. Dies soll im Folgenden am Beispiel von Nils Mohls Buch *An die, die wir nicht werden wollen* (2021) untersucht werden. Zunächst wird hierfür der Text in das Werk von Mohl eingeordnet und die Entstehungsgeschichte des Buchs beleuchtet. Dann soll eine einführende Charakterisierung einen ersten Überblick über das Artefakt geben, um dann in die Detailanalyse – in Anlehnung an Staiger (2022) – überzugehen.

## 7.1 Biographische Hintergründe und Objektbiographie[84]

Wer Nils Mohl treffen möchte, sollte in Richtung Norden und in Richtung Meer fahren. Er liebt das Meer (Mohl 2020) und lebt im Hamburger Stadtteil Jenfeld, einem Stadtrandort, in dem er auch aufgewachsen ist, – nicht direkt am Meer, aber doch nahebei. Geboren wurde Nils Mohl am 31. Juli 1971 in Hamburg als Älterer von zwei Geschwistern. Er studierte Neuere deutsche Literaturwissenschaft, Linguistik und Volkskunde an den

---

84 Die biographischen Angaben in diesem Abschnitt beruhen auf Angaben der Internetseite von Nils Mohl (www.nilsmohl.de) sowie seinen Aussagen in Interviews (v. a. Kemmann 2021).

Universitäten in Kiel, Tübingen und Berlin. In Weimar schloss er noch ein Studium des Kulturmanagements an. Unter anderem war er auf dem Bau und als Lagerarbeiter tätig, zwei Jahre arbeitete er als Kassierer in einem Supermarkt. Die dortigen Erfahrungen flossen in seinen ersten Roman *Kasse 53* (2008) ein. Mehrere Jahre, bis 2014, arbeitete Mohl in einer Werbeagentur. Heute lebt er von seiner Tätigkeit als Schriftsteller, Drehbuchautor und als Schreibcoach sowie als Dozent für literarisches Schreiben, u. a. für die *Textmanufaktur*.[85] Er hat drei Kinder, ist verheiratet, schreibt in einer umgebauten Garage (Mogendorf 2017) an seinem Computer und besitzt einen Campingwagen, der (meist) auf der Insel Amrum steht. Er postet regelmäßig auf Instagram und Facebook. Auf YouTube ist er mit verschiedenen Videos zu sehen.

Bereits im Jahr 2000 wurde Mohl mit dem *Limburg-Preis* der Stadt Bad Dürkheim für seine Kurzgeschichten-Sammlung *Von den Elefanten sprechen wir später*[86] ausgezeichnet. Zahlreiche Stipendien und Preise folgten – fast jährlich kam eine Auszeichnung dazu. 2011 erhielt er für das Manuskript von *Es war einmal Indianerland* (2011) den *Oldenburger Kinder- und Jugendbuchpreis*, nach der Veröffentlichung wurde der Roman 2012 mit dem *Deutschen Jugendliteraturpreis* ausgezeichnet und Mohl erhielt das *Kranichsteiner Jugendliteraturstipendium*. Seitdem ist er ein vielbeachteter Autor, vor allem im Kontext der Kinder- und Jugendliteratur.

2013 wurde *Es war einmal Indianerland* vom *Jungen Deutschen Theater* in Berlin aufgeführt und 2017 kam der Film zu dem Roman in die deutschen Kinos. Nils Mohl und Max Reinhold schrieben das Drehbuch gemeinsam. Regisseur war İlker Çatak, mit dem Mohl die Zusammenarbeit bei dem Film *Es gilt das gesprochene Wort* (2019) fortsetzte. Das Drehbuch wurde 2020 für den *Deutschen Filmpreis* nominiert.

Zurück zu Mohls Print-Publikationen: Die Erzählung rund um die Jugendlichen aus der Stadtrandsiedlung in *Es war einmal Indianerland* setzt Mohl 2013 mit *Stadtrandritter* und 2016 mit *Zeit für Astronauten*

---

85 Die *Textmanufaktur* ist ein privatwirtschaftliches Unternehmen, das ein Fernstudium und Weiterbildungen zum literarischen Schreiben anbietet.
86 Es scheint sich um ein damals unveröffentlichtes Manuskript gehandelt zu haben.

fort. Dazwischen erscheint ein weiterer Roman: *Mogel* (2014). Wie in der Stadtrand-Trilogie sind auch hier männliche Jugendliche seine Protagonisten. 2020 veröffentlicht Mohl in dem Jugendbuchverlag mixtvision zwei Gedichtbände: *König der Kinder* und *Tänze der Untertanen*. Ebenfalls 2020 startet er auf Instagram die Aktion „Montagsgedicht" und setzt damit die Lyrik-Reihe fort, indem er jede Woche, immer montags, neue Gedichte vorliest. 2021 publiziert er den Band *An die, die wir nicht werden wollen*, um den es im Weiteren gehen wird. Kurz darauf erscheint 2022 der Jugendroman *Henny und Ponger*, der eine Mischung aus Liebesgeschichte und Science-Fiction darstellt. 2023 folgt das Kinderbuch *Wilde Radtour mit Velociraptorin*, in dem Mohl wiederum Genregrenzen verschwimmen lässt – in diesem Fall zwischen Sachbuch und fantastischer Erzählung. Im gleichen Jahr veröffentlicht er noch einen Gedichtband im Tyrolia-Verlag: *Tierische Außenseiter*, der zum *Kinderbuch des Monats* Dezember von der Deutschen Akademie für Kinder- und Jugendliteratur gekürt wird. Diese Auflistung zeigt bereits, dass Mohl in diversen Gattungen und Genres der Literatur gearbeitet hat.

*An die, die wir nicht werden wollen* hat eine besondere Geschichte. Darüber spricht Mohl in einem Interview, das Oliver Kemmann mit ihm im August 2021 führt. *An die, die wir nicht werden wollen* ist die Publikation von Mohl, die am längsten gebraucht hat, um zu erscheinen. Angefangen hat er die Texte bereits 2005, nachdem er gerade seinen ersten Roman fertiggestellt hatte und für diesen einen Verlag suchte. Diese Suche dauerte vier Jahre. Mohl sagt, dass es ihm in dieser Zeit nicht möglich gewesen sei, ein neues großes Projekt, einen Roman, anzufangen (vgl. Mohl in Kemmann 2021: 3:50–4:10). Er fragte sich: „Was wäre denn, wenn nie ein Buch von mir erscheint? Was würde ich dann schreiben?" (ebd.: 4:20–4:26) So fing er an, Texte zu sammeln, die „völlig disparat" (ebd.: 4:33) waren. Einige Texte handelten von einem Gestrandeten, andere erzählten von Alltagsimpressionen – vom Aufstehen bis zum Schlafengehen. Diese Aufzeichnungen setzte Mohl intensiv bis 2008 und in den folgenden Jahren eher sporadisch fort. Seine Äußerungen in dem Podcast von Kemmann lassen vermuten, dass die Texte für das Buch sehr unterschiedliche, diskontinuierlich ausgeführte Aufzeichnungen, Momentaufnahmen und Skizzen waren. So entstand eine digital erstellte Sammlung von Fragmenten, ähnlich einem „diaristischen Fragmentarismus" (Voß 2019: 570). Hierauf deutet besonders die bereits zitierte Aussage hin, dass es Texte seien, die Mohl ohne das Ziel der Veröffentlichung geschrieben habe. Der Autor ordnet die Texte so ein: „Mir war klar, dass das so ein Buch ist, das entweder im Nachlass gefunden wird oder einfach zur richtigen Zeit in die richtigen Hände geraten muss." (Ebd.: 5:08–5:20) Letztere Möglichkeit deutete sich offenbar circa zwei Jahre[87] vor dem Erscheinen an: Ein Freund suchte für eine Buch-Reihe einen Band und erinnerte sich an Mohls Aufzeichnungen. Daraufhin nahm der Autor die Arbeit an den Texten wieder auf. Allerdings wollte der Verlag, der in dem Interview nicht näher benannt wird, das Buch dann doch nicht veröffentlichen. Mohl selbst ging nun auf Kehn als Illustratorin zu und erst danach legte er das Buchprojekt dem Tyrolia-Verlag vor, wo der Band schließlich erscheinen konnte. In seinen Äußerungen in dem Interview mit Kemmann macht Mohl deutlich, dass das Buch in einem größeren Handlungskontext steht. Er hebt nicht nur die Beteiligung von Regina Kehn als bildnerische Künstlerin hervor, sondern auch die der Grafikdesignerin, Nele Steinborn, die die Gestaltung des Buchs für den Tyrolia-Verlag übernommen hat. Die Beteiligung dieser beiden Frauen habe das Buch zu einem „Design-Objekt" (ebd.: 6:58) gemacht. Diese Bemerkung unterstreicht, dass der Zugang zu *An die, die wir nicht werden wollen* die Perspektive der Materialitätsforschung einbeziehen muss. Hier geht es um ein Artefakt, das mit all seinen unterschiedlichen Ausdrucksebenen wahrgenommen werden soll. So gehört auch die Verlängerung des Buchs, die Mohl auf Instagram mit einer Serie von zehn kurzen Videos geschaffen hat, zur Geschichte des Kunst-Objektes dazu. Damit wird *An die, die wir nicht werden wollen* zu einem intermodalen und -medialen Artefakt.

Gleich in mehreren Epitexten zu *An die, die wir nicht werden wollen* – in der Verlagswerbung und auf Mohls Internetseite – wird das Buch als sein „Opus Magnum Mini" (Mohl 2021a) bezeichnet. Er selbst weist diesem Buch also innerhalb seiner schriftstellerischen Arbeit eine zentrale Rolle zu – relativiert und ironisiert diese Zuschreibung allerdings gleich auch wieder durch zwei Zusätze, indem er es als „mini", also klein, paradox

---

87 Mohl macht diese Angabe in dem Interview mit Kemmann (ebd.: 5:26–5:46). Er scheint sich hier selbst nicht ganz sicher zu sein. Im Buch wird der Beginn der zweiten intensiven Arbeitsphase an dem Buch mit dem Jahr 2018 (Mohl 2021: 167) angegeben.

tituliert und auf der Internetseite hinterhersetzt: „(wenn man so will)" (ebd.). Der Verlag ergänzt die in Anführungszeichen gesetzte Titulierung „Opus Magnum Mini" durch eine zweite Spielart dieser Bedeutsamkeitsrhetorik: Mohl habe an „seinem ‚Ulysses ultralight' gearbeitet" (Tyrolia Verlag 2021). Auch dieses Oxymoron ist als Zitat gekennzeichnet. Es findet sich auf Mohls Internetseite als Selbstäußerung wieder. Er weist die Formulierung als Teil seines Anschreibens an den Verlag aus. Allerdings gibt es einen Unterschied zwischen der Verwendung in der Verlagswerbung und der auf Mohls Seite. Während der Verlag das Possessivpronomen eingefügt hat, schreibt Mohl: „‚Hochstapelnd könnte man vielleicht sagen: eine Ulysses ultralight.'" (Mohl 2021a) Das Verlagszitat stellt einen intertextuellen Bezug zum zentralen Werk von James Joyce – seinem Opus Magnum – her, während bei Mohl durch den unbestimmten Artikel eine andere, weitere Lesart nahegelegt wird: Ulysses, also Odysseus, steht für einen Helden, der auf eine Irrfahrt gerät. Dass auch bei ihm die Anlehnung an die reiche Tradition des Stoffs von Homer bis Joyce mitklingt, wird durch die distanzierende Bewertung als „[h]ochstapelnd" plausibel. *Ulysses* als Referenzwerk zu betrachten, legt Mohl auch nahe, wenn er seinen Text „als eine Reise ins Innere, ein Stream aus den Hirnregionen" (ebd.) beschreibt. Der *Stream of Consciousness* ist ein wesentliches Kennzeichen des *Ulysses* von Joyce, ebenso wie die Auflösung traditioneller Erzählmuster.[88] An dieses Vorbild aus den 1920er-Jahren lehnt Mohl sich offenbar mit *An die, die wir nicht werden wollen* an. Es folgt nun zunächst eine Annäherung an das Buch in den Dimensionen von Materialität und Paratextualität.

## 7.2 Die paratextuelle und die materielle Dimension

An erster Stelle stehen hier das Buch als Objekt und die ersten Eindrücke, wenn Lesende es in die Hand nehmen. Es interessieren vor allem Hinweise, die eine Einführung in das Objekt sowie eine Einordnung in den Kontext der Fragment-Diskussion ermöglichen.

---

[88] Auf die Bedeutung von *Ulysses* für die Entwicklung des Fragments wurde in Kapitel 3.1 kurz eingegangen.

Abb. 20: Materialitätsgrafik zu ©Mohl, Tyrolia, 2022, Cover und Rückseite mit Klappentext, Foto und Beschriftung: Jentgens 2024

Als erstes springt der Titel des Bandes ins Auge, der fast das gesamte Cover einnimmt (s. Abb. 20). Im Zentrum des Titels steht ein in roter Farbe und in Großbuchstaben gedrucktes „ICH". Dieses bildet offenbar den Nukleus des Textes: Der „Planet Ich" (Mohl 2021: 9) wird erkundet. Die Aussage des Titels beinhaltet des Weiteren eine Adressierung: Das Buch wendet sich an „DIE", die dann im Relativsatz mit einem abgrenzenden Gestus noch genauer charakterisiert werden: „DIE WIR NICHT WERDEN WOLLEN". Eine weitere Personengruppe, mit der sich das Ich offenbar identifiziert, wird hier angesprochen: „WIR". Es ist also auch eine „communal voice" (vgl. Gansel 2014: 62), die hier spricht. Wird der Untertitel in die Deutung einbezogen, so ergibt sich, dass mit dem „WIR" Teenager gemeint sind und „DIE" als „die Erwachsenen" zu verstehen ist. Hieraus lässt sich bereits auf eine Doppeladressierung des Bandes an Jugendliche und Erwachsene schließen. Außerdem werden – im Sinne Bachtins (1934/1935)

– bereits hier mehrere Stimmen des Textes angekündigt, die zu Wort kommen werden: das Ich und das Wir.

Der Untertitel scheint neben der Adressierung eine Genre-Einordnung zu versprechen, allerdings rekurriert er nicht auf eine literarische, sondern eine musikalische Terminologie. Das Wort Symphonie leitet sich aus dem Griechischen ab von syn = zusammen und phonie = Ton, Laut oder Klang, bedeutet also „Zusammenklang" (Harden 2007: 170). Es bezeichnet ein mehrsätziges Orchesterwerk, bei dem unterschiedliche Instrumente zusammenklingen. Im Unterschied zur musikalischen Symphonie kann im linearen Medium des gedruckten Textes die Parallelität der Klänge verschiedener Instrumente nur schwer abgebildet werden. Mohl verweist in dem Interview mit Kemmann darauf, dass die Bild-Ebene, die Kehn geschaffen hat, für den symphonischen Charakter eine wichtige Rolle spielt (Kemmann 2021: 6:10–7:10). Das Bild ist also vergleichbar mit einem weiteren Instrument der Symphonie. Auch in den verbalen Text ist an verschiedenen Stellen eine Ton-Spur eingewoben: Mal gibt es einen sprachlich repräsentierten Trommelwirbel (Mohl 2021: 15), sägende Geigen (vgl. ebd.: 80) oder einen „Track" mit verschiedenen Geräuschen (ebd.: 25). Mohl gibt in dem Interview mit Kemmann Auskunft darüber, wie er auf den Untertitel gekommen sei, und verweist auf eine Platte von Brian Wilson, die nie erschienen ist – ein weiteres entstehungsgeschichtliches Fragment: *Smile. A Teenage Symphony to God* war ein Konzeptalbum, bei dem mit unterschiedlichen musikalischen Stilrichtungen, akustischen Effekten, Wortmalereien, Tonbandmanipulationen und vielem mehr experimentiert werden sollte (vgl. White 2004). Dieser experimentelle, vielgestaltige Zugang charakterisiert offenbar auch Mohls Buch, das sich einer eindeutigen literarischen Gattungszuordnung entzieht:

> Der Text erzählt introspektiv von der Zeit des Erwachsenwerdens, ohne ein Roman zu sein. Er hat lyrische Momente, ohne ein klassischer Gedichtband zu sein. Er hat eine Geschichte und besitzt eine strenge poetische Form, ohne sich einer Gattung wirklich zuordnen zu lassen. (Mohl 2021a)

Der Text ist also eine Kompilation mit unterschiedlichen Gattungsbezügen. Es gibt paratextuelle Hinweise auf einen langen Entstehungszeitraum, u. a. auch im Buch selbst auf der letzten Seite, auf der Mohl – versehen mit dem Papierflieger-Symbol für Versenden – auf die Entstehungsorte und den Entstehungszeitraum verweist: „Hamburg & Amrum, 2005–2009 & 2018–2021" (Mohl 2021: 167). Hierdurch deutet sich, wie oben schon erwähnt, ein diaristischer Bezug an. Das Buch als Objekt ist kein Fragment. Von außen betrachtet, weist es keine Spuren der Zerstörung auf, aber schon die Gestaltung des Umschlags durch Regina Kehn sowie der Klappentext geben Anhaltspunkte für einen Fragment-Stil. Der Untergrund des Covers ist weiß mit hellgrünen Flecken oder Pinselspuren sowie graublauen Zeichen- und Kritzelspuren versehen. Zum Teil lassen sich eckige Formen erkennen, die aber kein konkretes Objekt bilden. Oberhalb des Autorennamens sind drei von Hand geschriebene Wörter zu entziffern: „erfüllt leider immer", wobei zwischen dem ersten und dem zweiten Wort ein Abstand von circa zwei Zentimetern ist. Auf der Rückseite wird die Hintergrund-Gestaltung des Covers fortgesetzt. Am unteren linken Bildrand ergibt sich durch eine dunkle Schattierung und eine größere helle Fläche scheinbar die Form eines Buchs oder Blattes, die sich aber zum rechten Rand hin auflöst. Insgesamt erweckt die Hintergrundgestaltung den Eindruck eines Ausschnittes einer flüchtigen, skizzenhaften Arbeit. Einem ähnlichen Stil folgen auch die wie mit einem Pinsel geschriebenen Druckbuchstaben auf dem Cover sowie die Unterstreichungen unter dem Autorennamen und dem letzten Wort des Titels. Der Strich ist ungleichmäßig und nicht symmetrisch. Die typographische Gestaltung erinnert an ein selbstgemaltes Demonstrationsschild. Die Wirkung ist eher beunruhigend und bricht mit romantisierenden Vorstellungen von Jugend.

Sprachlich bildet sich das Fragmentarische ebenfalls in der Formulierung des Klappentextes ab: Hier ist von einer „[…] Zeit des Noch-Nicht, aber Schon-Bald und des Bald-nicht-Mehr" die Rede. Hierdurch wird eine Gegenwart des Übergangs zwischen Schulzeit und Erwachsenenleben umschrieben. Die sprachliche Kennzeichnung dieser Zeit deutet etwas Unfertiges an – sowohl in die Zukunft als auch in die Vergangenheit gerichtet.

## 7.3 Charakterisierung von *An die, die wir nicht werden wollen*

Über *Es war einmal Indianerland* schreibt Michael Schmitt in der Süddeutschen Zeitung:

> [Mohl] zerlegt die Geschichte von Mauser und seiner aufreibenden Reise an die Küste, die sich in wenigen Ferientagen abspielt, in kleinste Partikel, löst sich von jeder chronologischen Erzählweise und auch von jedem traditionellen Schema eines Problemromans; er schafft stattdessen ein Mosaik von Vor- und Rückgriffen, das sich wie ein Spiegel dessen liest, was im Kopf von Mauser abläuft [...]. (Schmitt 2012)

Schon in dieser Beschreibung durch Schmitt deutet sich über die Formulierung „zerlegt [...] in kleinste Partikel" ein Hinweis auf Fragmentierungstechniken im Schreiben von Mohl an. Auch in *An die, die wir nicht werden wollen* setzt sich der Text aus zahlreichen kleinen Partikeln zusammen.

Um den Lesenden eine Vorstellung von dem Inhalt des zu besprechenden Artefakts zu geben, soll zunächst ein Überblick über die verschiedenen Versatzstücke sowie ein Versuch der Strukturierung gegeben werden. Eine vertiefende Analyse erfolgt später, wenn die verschiedenen Dimensionen nach Staiger (2022) in den Blick genommen werden (vgl. Abschnitt 6.4).

*An die, die wir nicht werden wollen* gibt Einblicke in die Irrungen und Wirrungen der geistigen Odyssee eines 17-jährigen auf der Suche nach dem eigenen Ich und einer Lebensaufgabe. Zugleich ist es das Aufbegehren gegen ein Leben im Mittelmaß. Mohl selbst beschreibt den Inhalt des Buchs so:

> Es handelt von den letzten Tagen und Stunden vor dem 18. Geburtstag – und ist eine Reise ins Innere, ein Stream aus den Hirnregionen, in denen unaufhörlich der Dialog mit sich selbst läuft. Es geht um die Sehnsüchte und Ängste der Jugend am Ende der Jugend. (Mohl 2021a)

Dabei spricht nicht nur das jugendliche Ich mit sich selbst. Es ist auch das erinnernde Subjekt, das sich in das jugendliche Gehirn zurückversetzt: „Und im Erinnern bin ich = Zwei." (Mohl 2021: 94). Es sind „Zwei Ichs, die sich in die Augen blicken [...]" (ebd.: 63) – das 17-jährige Ich, ein „schulpflichtiger Dingsdabums aus Schießmichtot" (ebd.: 13), und das erwachsene Alter Ego. „Ich bin ein Geisterhaus, lehre zwei Monstern das Fürchten, mich und den bejahrten Traum von einem Leben, das lebensgefährlich ist." (ebd.: 99) Das sprechende Subjekt blickt zurück auf die Schulzeit am Gymnasium, spiegelt seine gegenwärtigen Gedanken sowie Alltagsbeobachtungen und spielt mit Zukunftsfantasien. So präsentiert der Text auch keine einheitliche, linear erzählte Geschichte. Er setzt sich aus vielen Versatzstücken zusammen. Das Vorgehen wird im Text selbst beschrieben: „Ich lese, lese alles auf von / den Screens, den Plakatwänden, den fremden / Gesichtern." (ebd.: 14) Es ist – wie der Untertitel schon sagt – eine „Teenager-Symphonie" entstanden.

Die Versatzstücke des symphonischen Gewebes lassen sich sortieren in: *Dialogische Passagen*: Es gibt mindestens fünf verschiedene Varianten dialogisch gestalteter Textpassagen. Dazu gehören Selbstgespräche eines lyrischen Ich, z. B. beim Aufwachen am Morgen (vgl. ebd.: 9), ebenso wie Dialoge zwischen mehreren Figuren unter dem Titel „Kommentare", die wie Blog-Einträge gestaltet sind (z. B. ebd.: 17 f.).[89] In diesen fiktiven Einträgen in digitale Kommentarspalten treten diverse Sprecher:innen auf, z. B. Ann Super G, PoETZ1, m*Rember, Der Sehmann, Juniormensch jr. 2.0, Himmelarschundbjörn und später auch Klimbimson (ebd.: 139). Die Einträge ergeben einen vielstimmigen, meist witzigen und verknappten Dialog, in dem für die digitale Kommunikation typische Abkürzungen und Icons verwendet werden (z. B.; D oder @, ebd.: 17 f.). Die „Kommentare" beziehen sich z. B. auf ein Worträtsel (vgl. ebd.: 17, 32) oder auf ein Gedicht (vgl. ebd.: 21), das ihnen unmittelbar vorausgeht. Ebenfalls als Dialog gestaltet ist der mit „Kommunikaze" überschriebene Absatz (ebd.: 48–50), in dem ein Ich, das demnächst 18 wird, und ein Gegenüber über den Tod und die Unsterblichkeit sprechen. Hier sind die Dialogpartner nicht näher bezeichnet. Es wird lediglich durch rote Spiegelstriche markiert, wann die Aussage des jeweiligen Sprecher-Subjekts beginnt.[90] Zwei Dialogpartner, das Ich und das Du, tauchen auch in den als „Mitteilungen" titulierten Absätzen wieder auf (vgl. ebd.: 58 f., 79 f., 87 f., 132, 156 f.). Diese Gespräche zwischen Ich und Du sind pointierte Schlagabtausche, bei denen es um die Schule, Ohnmächtige und Mächtige, Zukunftsgedanken, Gott und – im letzten Abschnitt – den 18. Geburtstag geht. Neben diesen dialogischen Texten gibt es auch noch Text-Nachrichten an den „Besucher von ‚Planet Ich' " (ebd.: 80, 84). Insgesamt liegt ein vielstimmiger Text vor, in dem das sprechende Ich in mehrere Stimmen aufgespalten ist, mal wird es zur Figur, mal zum Dialogpartner, mal zum Ich-Erzähler.

---

89 Die weiteren Stellen sind: Mohl 2021: 21 f., 27 f., 32 f., 71 f., 137, 139 f., 144 f., 152 f.

90 Diese Technik, die wörtliche Rede mit Spiegelstrichen anzuzeigen, verwendet Mohl schon in *Es war einmal Indianerland*.

*Narrative Passagen*: Mehrere Abschnitte des Textes erzählen von Klimbimson Kreuzer. Seine Geschichte ist wie ein Epos in Verse gesetzt. Rund um die Figur Klimbimson entwickelt sich eine absurd tragisch-komische Geschichte mit einigen Leerstellen. Er ist auf einer einsamen Insel mit „Palmen, Sand, Meer, ein[em] spärlich möblierte[n] Heim, Satellitenfernsehen und kaum Abwechslung" (ebd.: 8) gestrandet. Wie es dazu kam, erfahren die Lesenden nicht. Klimbimson ist einsam, er ruft um Hilfe, doch kein Schiff, kein „Flugobjekt" (ebd.) taucht auf, um ihn zu retten. Schließlich freundet er sich mit „ein paar Kokosnüssen aus der Nachbarschaft an" (ebd.). Stundenlang liegt er auf einer Luftmatratze und verbrennt sich den Rücken, trinkt vom Meer angespültes Dosenbier und findet eines Tages einen in den Sand geschriebenen Schriftzug: Uckulele (vgl. ebd.: 74), den er gleich korrigiert, wegwischt und in korrekter Rechtschreibung neu in den Sand schreibt. Er hat Hunger und sehnt sich nach Supermarktkost (vgl. ebd.: 142). Schließlich wird er vom Ich-Erzähler gerettet, der ihn am Ende der Geschichte mit den Worten begrüßt: „'Hallo, Klimbimson, mein Held, wir sind gerettet!'" (ebd.: 164). Auch die Geschichte von Klimbimson hat eine dialogische Form, da die Hauptfigur vom Erzähler während des gesamten Textes als Du angesprochen wird. Erst am Ende wird enthüllt, dass Ich-Erzähler und Hauptfigur identisch sind. Es kann von einem autodiegetischen Erzähler gesprochen werden, der sich selbst aus seiner Einsamkeit rettet. Der Name Klimbimson Kreuzer hat mehrere Bedeutungsebenen: Klimbim ist ein onomatopoetischer Begriff für unnützes Beiwerk und war der Titel der ersten Comedysendung im bundesdeutschen Fernsehen, die ab 1973 ausgestrahlt wurde. Die Endung „-son" bedeutet im Isländischen Sohn, ist aber wohl eher eine Anspielung auf Robinson, mit dem Klimbimson gemeinsam hat, auf einer einsamen Insel gestrandet zu sein und einen Freund mit Namen Montag zu haben (vgl. ebd.: 54).[91] Kreuzer ist wiederum ein Schiffstyp. Auf die Bedeutung des Motivs der Seefahrt wird noch gesondert einzugehen sein. Klimbimson wird im Text mit aphoristischen Aussprüchen immer wieder zitiert (vgl. ebd.: 23, 53, 73, 92, 141). Seine Stimme verleiht dem gesamten Text eine gewisse

---

91 Es wird unmittelbar Bezug genommen auf den Hypotext, wenn es heißt „dein Name sei … Montag" (Mohl 2021: 54).

Rhythmisierung und einen locker gesponnenen roten Faden. Narrative Elemente finden sich auch in den „Fragmente[n] meiner Autobiografie als Seefahrer" (ebd.: 114). Hier gibt es mehrere Geschichtenanfänge, die noch im Einzelnen analysiert werden.

*Lyrische Passagen und Bilder aus Zeichen*: Im Grunde könnte das gesamte Buch auch als Graphic Poetry gedeutet werden, also als eine Kombination aus Bild und Lyrik. Der Übergang zwischen Bild- und Verbalsprache ist dabei fließend gestaltet. Das Buch beinhaltet rund siebzig mit einer eigenen Überschrift versehene Gedichte. Fließtexte sind in dem Band die Ausnahme (vgl. ebd.: 124 f.). Es gibt Anlehnungen an konkrete Poesie, Lieder und Wortspiele. Digitale Schreibweisen spielen eine große Rolle. Mithilfe der Zeichen, welche die Computertastatur bietet, formen sich aus roten und schwarzen horizontalen Strichen, Slashs, Doppelpunkten, Semikolons, Größer- und Kleinerzeichen, Sternchen, Klammern unter anderem (Galgen-)Männchen, Emojis, Worträtsel oder das Bild von Straßen mit „stockende[m] Verkehr" (ebd.: 12). Das titelgebende Gedicht befindet sich auf Seite 104 und 105: „An die, die wir nicht werden wollen Vol I". Es ist eine Abrechnung mit dem Erwachsenenleben in einem normalen 40-Stunden-Bürojob, mit Heirat, „um heimlich fremdzugehen" (ebd.: 104), dem Wegducken und Schulterzucken, mit einer eingefahrenen Routine. Dies „kann kein Vorbild sein" (ebd.: 105), heißt es am Ende. Es ist keine zukunftsfähige Vision für das lyrische Ich. Ergänzt wird dieses Gedicht auf Seite 124 und 125 von einer Rede oder einem Pamphlet: „An die, die wir nicht werden wollen Vol II".

*Rede*: Der einzige längere Fließtext ist die besagte Ansprache des jugendlichen Ich an sein vierzigjähriges Alter Ego (vgl. ebd.: 125). Indem der gesamte Text in Anführungszeichen gesetzt ist, wurde er als mündliche Aussage gekennzeichnet und kann als Rede gedeutet werden. Inhaltlich ist es eine provokante, anklagende Schrift, ein Pamphlet, das sich polemisch an den Erwachsenen richtet:

> [...] ich bin so maßlos enttäuscht von dir. [...] Vielleicht ekelst du dich ja selbst vor dir. Na, dann los! Exit: Einen Notausgang gibt's immer. [...] Tu's für mich. Tu's für uns! Und kneif ja nicht, weil du dir vor dem Tod in die Hosen scheißt [...] (ebd.).

Diese Aufforderung zum Selbstmord wird schon früher im Text formuliert: „Das hier kann gleich dein Abschiedsbrief sein. Leugnen hilft nichts: Du hast das alles geschrieben – du selbst!" (ebd.: 124) Damit wird wiederum die Identität von sprechendem Ich und dem adressierten Du sowie einem Autoren-Subjekt nahegelegt.

*Anlehnungen an faktuale Texte*: Auf mehreren Seiten finden sich wie Infokästen gestaltete Auflistungen (vgl. ebd.: 36, 37, 38, s. Abb. 21). Mal sind es Bilanzierungen des kurz vor seinem achtzehnten Geburtstag stehenden Jugendlichen, mal scheinbar absurde Zusammenstellungen.

**Die Welt ist kein Rätsel, die Menschen sind es wohl**

| | |
|---|---|
| Tödliche Krokodilunfälle weltweit: | *ca. 2.000 p. a.* |
| Verkehrstote weltweit: | *ca. 1,3 Millionen p. a.* |
| Herzkontraktionen täglich: | *100.000* |
| Temperatur des Erdkerns: | *ca. 4.100° C* |
| Körpertemperaturanstieg Verliebter: | *ca. 2° C* |

Abb. 21: ©Mohl, Tyrolia, 2022: 37

Des Weiteren greifen die „Selbstbefragungsbögen" (ebd.: 41, 113, 123) und die Pseudodefinitionen, z. B. zum „lyrischen Ich" (ebd.: 34) und zu „Meerchen" (ebd: 114), sowie das Quiz auf Seite 122 auf faktuale Textformate zurück.

*Entlehnungen aus dem Schreiben von Drehbüchern*: Beispielsweise steht der Begriff „Outtake" (ebd.: 117, 119, 121) für Szenen, die aus einem Film herausgenommen wurden. Bei Mohl sind die drei Outtakes im Stil eines Stream of Consciousness geschrieben und wie Fußnoten mit dem Haupttext auf den jeweiligen Seiten verknüpft. Ebenfalls auf den Kontext filmischen Schreibens verweist die Überschrift „Deleted Scene" (ebd.: 40), der „Fund: Neuland Staffel 1, Episode 1–7" (ebd.: 62) sowie ein „Programmtipp" (ebd.: 68) mit dem Hinweis auf die Fortsetzung durch „Staffel 2 jetzt ab Seite 94" (ebd., vgl. ebd.: 100).

*Zitate*: Auf rotem Untergrund sind vier durch ein überdimensionales Anführungszeichen als Zitat gekennzeichnete Sentenzen von Klimbimson zu lesen (vgl. ebd.: 53, 73, 92, 141), mal in der Art eines Rätsels formuliert, mal als aphoristischer Ausspruch (z. B.: „Realität ist reine Ansichtssache." Ebd.: 92).

*Bilder*: Die Bilder von Regina Kehn spielen eine wichtige Rolle für die Wirkung des Buchs. Mohl selbst hat sich, aufgrund seiner Begeisterung für das *Literarische Kaleidoskop* (2013) von Kehn, bewusst für diese Künstlerin entschieden (vgl. Kemmann 2021: 6:40–6:46). So ist eine sehr enge Verbindung von Bild und Text entstanden. Kehn hat vor allem gezeichnet, aber auch collagiert. Es gibt zehn ganzseitige Bilder, die mit einer Zahl absteigend von 10 bis 0 versehen sind, sowie Text-Bild-Verknüpfungen, die als Doppelseiten konzipiert sind, und diverse kleinere in die Seiten integrierte, punktuelle Illustrationen. Die verwendeten Farben sind schwarz und rot. Eine der letzten Illustrationen ist ein Porträt, das eindeutig den erwachsenen Mohl zeigt, der am Meer auf einem Steg oder einer Mole an einem Tisch sitzt und schreibt (s. Abb. 22).

Abb. 22: ©Kehn, in: Mohl, Tyrolia, 2022: 148

Kehn verweist hiermit nicht nur auf den Entstehungsraum des Textes (Hamburg und Amrum), sondern legt auch die Interpretation nahe, dass Mohl selbst Teil des Textes ist.[92]

Zusammenfassend ergibt sich aus diesem Überblick ein Eindruck von der auf den ersten Blick verwirrenden Vielfalt unterschiedlicher sprachlicher, bildlicher und buchgestalterischer Aspekte von *An die, die wir nicht werden wollen*. Mohl selbst spricht von einem „verrückte[n] Buch" (2021a). In einem nächsten Schritt soll versucht werden, mögliche Strukturen im Aufbau des Buchs zu erkennen.

Regina Kehns Interpretation des Textes gibt einen deutlichen Hinweis zur Strukturierung des Buchs. Sie zählt in ihren Bildern einen Countdown von zehn bis null herunter. Hiermit greift sie eine Textstelle bei Mohl auf:

> Volljährigkeit – das ist keine!
> Countdown läuft, läuft, läuft.
> (Zwei Handvoll Tage noch.) (Ebd.: 15)

Durch den Countdown rückt das Ende des Buchs bzw. der ablaufenden Zeit von Anfang an ins Bewusstsein. Das wird auch durch die Aussage auf der zweiten Seite unterstützt, auf der es heißt „Wir nähern uns dem Ende" (ebd.: 7) – eine Äußerung, die gleich mehrere Deutungen zulässt: Bezogen auf das jugendliche Sprecher-Subjekt könnte es bedeuten: Wir nähern uns dem Ende der Jugend und der Schulzeit. Eine andere Deutung wäre: Wir nähern uns dem Ende unseres Lebens.[93] Und auf einer metafiktionalen Ebene bedeutet es: Wir nähern uns von Anfang an dem Ende des Buchs.

Offensichtlich ist, dass es noch zehn Tage bis zur Volljährigkeit des jugendlichen Protagonisten sind, durch die der Text gegliedert wird. Mohl schildert nicht wie in einem Tagebuch, was dem Protagonisten an diesen

---

92 Auch die Porträts auf den Seiten 20, 70 und 136 können Darstellungen von Mohl aus jüngeren Lebensaltern sein. Sie weisen Ähnlichkeiten mit den Fotos auf, die Mohl von sich auf Instagram gepostet hat.

93 Dies entspricht möglicherweise auch der Perspektive des Autors, der 2021 fünfzig Jahre alt geworden ist und offenbar über sein Älterwerden reflektiert. Zumindest die Fotoserie auf Instagram legt dies nahe, die seine Entwicklung vom Baby zum Erwachsenen optisch nachvollziehen lässt.

Tagen im Detail widerfährt. Es gibt aber immer wieder Bezüge zum Alltag des Sprecher-Subjekts. Mal deutet sich eine weitere zeitliche Einordnung an, wenn z. B. das Erwachen des Protagonisten beschrieben wird (vgl. ebd.: 9) oder wenn Wochentage erwähnt werden (vgl. ebd.: 10, 78, 89). Die scheinbare Orientierung wird aber auch gleich wieder verunsichert, wenn es heißt: „Es ist Dienstag, es ist Mittwoch, es ist Donnerstag – oder vielleicht auch Dienstag. (Ist es wirklich egal?)" (Ebd.: 78) Der Erzähler hinter diesen Aufzeichnungen erweist sich hier – wie auch an anderen Stellen – als unzuverlässig.

Die Abstände zwischen den durch die mit Zahlen markierten Seiten bzw. Tage sind unregelmäßig. Während von der zehn bis zur sieben immer nur drei bis fünf Seiten Abstand liegen, folgen nach der sieben 39 Seiten, nach der sechs 66 Seiten. Nach der fünf beschleunigt sich der Countdown wieder (zwischen einer und neun Seiten Abstand). Jeder der elf Abschnitte beginnt mit einem Gedicht oder einem Wörterrätsel, das die entsprechende Zahl aufgreift von 10 bis 0. Die Überschriften lauten:

> Wort mit 10 Buchstaben (Ebd.: 17)
> 9 Zeilen Ego-Probleme (Ebd.: 21)
> Ich: 8 x nicht Teil des Problems (Ebd.: 27)
> Wort mit 7 Buchstaben (Ebd.: 32)
> 6 x nicht allein mein Problem (Ebd.: 71)
> Ich: 5 Zeilen in der Klemme (Ebd.: 137)
> Ich: 4 x immun (Ebd.: 139)
> Wort mit 3 Buchstaben (Wir) (Ebd.: 144)
> 2 do! (Ebd.: 149)
> 1-fache Selbsteinschätzung / Zusammenfassung (Ebd.: 152)
> Punkt (Ebd.: 162)

In dieser Aufzählung deutet sich neben der zeitlichen Strukturierung auch eine inhaltliche Linie an: von der Depression – der Auflösung des Wortes mit 10 Buchstaben – und Ego-Problemen hin zum „Wir" und einem zukunftsgewandten „To Do" sowie einer abschließenden „Zusammenfassung" am Ende des Buchs; von der einsamen Schreibtischinsel (vgl. ebd.: 19) zum „rettende[n] Ufer" (vgl. ebd.: 147). Dazwischen kommt es noch zu einer psychischen Eskalation, die in der Rede und der Aufforderung zum Selbstmord ihren Höhepunkt findet. Am Ende klebt am Kühlschrank ein Zettel: „Mach weiter!" (ebd.: 158) heißt es darauf. Und vor dem Ende des Countdowns steht das eher versöhnlich klingende Gedicht:

> *Hmm, ach ja ... offen ist das Meer,*
> *aber anders als das Ende*
> *hat's Inseln – bei aller Fremde*
> *ist's doch niemals leer.*
> (Ebd.: 160)

In diesem Gedicht wird ein zweites, viele Texte verbindendes, Element erwähnt: das Meer und die Insel als topographische Räume. Das Meer und die Insel sind Handlungsorte der Klimbimson-Erzählung sowie verschiedener Gedichte. Sie werden darüber hinaus auch leitmotivisch verwendet: Immer wieder ist von dem Seefahrer (ebd.: 114), wortspielerisch dem „Sehmann" (ebd.: 18) oder dem „Meerchen" (ebd.: 114) sowie der „Einsame[n] Insel" (ebd.: 19) die Rede. Das Meer steht – insbesondere in dem oben zitierten Gedicht – für das Leben. Wie ein Gestrandeter treibt das Lyrische Ich auf dem Meer des Lebens. Tröstlich ist, dass das Meer „niemals leer" ist und der gestrandete Klimbimson am Ende gerettet wird.

Ein weiterer Ort, der in diversen Texten immer wieder aufgegriffen wird, ist die Großstadt mit ihrem „Hundegebell", „Baustellengediesel", „[d]umpfe[n] LKW-Wummern" (ebd.: 9), ihrem „Stadtrandbeton"[94] (ebd.: 11), „Taubenkot", einem „Hafen", „Straßen" (ebd.: 12), „[b]emannte[n] Schlafsäcke[n]" (ebd.: 13), dem „Supermarkt" (ebd.: 37), der Schule (vgl. ebd.: 55–61, 75–81), den Büros und Kantinen (vgl. ebd.: 84).

Die beiden Entstehungsorte der Texte, die Großstadt Hamburg und die Nordseeinsel Amrum, sind in die Topographie der Texte eingewoben und zu einem Bindeglied der disparat erscheinenden Texte geworden.

## 7.4 Hinweise auf einen fragmentarischen Stil

Hier soll nun näher erläutert werden, inwiefern die Texte disparat wirken und woraus sich die Zuschreibung eines fragmentarischen Stils ergibt. Dabei dienen die Analysedimensionen für multimodale Texte nach Staiger (2022) als Orientierungshilfe. Die paratextuelle und materielle Ebene wurde bereits unter Abschnitt 7.2 angesprochen. Es folgt eine Untersuchung

---

94 Der Begriff „Stadtrandbeton" kann auch als intertextueller Verweis auf die Stadtrand-Trilogie von Mohl gelesen werden.

des Fragmentarischen in den Dimensionen des Narrativen, des Verbalen, des Bildlichen, des Intermodalen sowie des Kontextuellen.

Abb. 23: ©Kehn, in: Mohl, Tyrolia, 2022: [7]

Mohl erzählt keine lineare Geschichte, obwohl, wie schon gezeigt werden konnte, eine zeitliche Chronologie die Texte strukturiert und offenbar auch eine Entwicklung des Protagonisten angedeutet wird. Das Artefakt ist gekennzeichnet von Abbrüchen und einem verwirrenden Spiel mit der Erzählperspektive bzw. dem Lyrischen Ich. Schon das sprechende Ich ist bei Mohl ein – im Sinne Bachtins[95] – polyphones, disparates Konstrukt. Als Beispiel seien hier die ersten Seiten des Buchs näher betrachtet. Gleich die zweite Seite schreit den Lesenden entgegen: „Hello! I am bored tonight." 33mal wird dieser Satz wiederholt. Wer dies ausruft? Ein lyrisches Ich, das sich an ein Gegenüber wendet, in das World Wide Web, die Welt

---

95  Vgl. Bachtin 1934/1935: 154–300.

oder das All ruft. Es gibt eine Zeitangabe: heute Abend. Und es gibt eine Gefühlslage: Langeweile. Mehr erfahren die Lesenden nicht. Regina Kehn hat dieser Seite eine Illustration gegenübergestellt, auf der ein Handy zu sehen ist, in dem sich das Selfie einer Person quasi bis ins Unendliche perpetuiert (s. Abb. 23). Es ist ein ins Unendliche gespiegeltes *Mise en Abyme*. Dies ähnelt Mohls Beschreibung seines eigenen Vorgehens, wenn er sich in den Kopf eines Jugendlichen versetzt: Wie bei einer russischen Matrjoschka-Puppe dringe er von Schicht zu Schicht immer weiter nach innen vor. Die Schichten der Matrjoschka vergleicht er mit Erinnerungsschichten (vgl. Kemmann 2021: 14:40–15:05).[96] Mit dem Bild von Kehn wird also das zentrale Thema eingeleitet: Der Text ist eine Form der Selbstbespiegelung, bei dem das Ich aufgespalten ist in einen gegenwärtigen Zustand, Erinnerungsschichten und Projektionen.

Nach der Bildseite folgt der erste Teil der Klimbimson-Erzählung, in welcher der Erzähler den Protagonisten als „Du" anspricht. Wer hier spricht, bleibt bis Seite 164 unklar, erst da offenbart sich der Ich-Erzähler. Die erste Geschichte über Klimbimson bricht mit der Nennung des Namens ab. Auf der gegenüberliegenden Seite spricht wieder ein lyrisches Ich, offenbar ein jugendliches Subjekt:

> Wer schützt mich
> … vor dem, was ich will?
> … vor dem, was ich wollen soll?
> (Ebd.: 9)

Es beschwört sich in einem Selbstgespräch, keine Angst zu haben. Von der Ich-Perspektive springt der Text über in das „wir": „Stehen wir auf" (ebd.). Kurz darauf folgt ein Ausruf:

> Hallo, guten Morgen, Planet Ich,
> liebe Welt, Mitmenschen & Nachbarn, hallo!
> Hörthört, hörthört! (Ebd.)

Der Aufruf, zu hören, wird in den nächsten Zeilen aufgegriffen, indem Alltagsgeräusche gelistet werden, die Außenwelt also wahrgenommen wird. Gleichzeitig wird der „Planet Ich" als ein Gegenüber angesprochen. Die

---

96 Mohl spricht in dem Interview von einer russischen Babuschka. Er meint aber offensichtlich die Matrjoschka-Puppe.

Sinne und Wahrnehmungen richten sich gleichermaßen von innen nach außen als auch von außen nach innen.

Die Lesenden werden auf diesen Seiten mit Ausrufen, einem Geschichtenanfang, Gedankenfetzen, akustischen Alltagsfragmenten, einem lyrischen Ich, einer Figur, einer unklaren Erzählinstanz und zwei Erzählorten konfrontiert. Fragmentarisierung deutet sich auf der Ebene des *discours* wie auf der der *histoire* an. Es geht um ein einsames Subjekt, gelangweilt und voller Zukunftsfragen sowie -ängste, gestrandet und ohne Kontakt zur Außenwelt, dessen Sprechen über sich in mehrere Ich-Abspaltungen zerfällt.

Gleich auf den beschriebenen ersten Seiten zeigt sich Fragmentierung auch in den im Schrifttext eingesetzten Mitteln der Textgestaltung. Wie eine Regieanweisung, zerrissen durch drei dazwischen geschobene Textzeilen des Selbstgesprächs, wird das Erwachen angedeutet:

  : Im Hirn
  dimmt//

          °°
    Ich habe keine Angst
    Ich habe keine Angst
    Ich! H a b e! K e i n e! A N G S T!
          °°

                  //das Licht
                  Hoch –
                  (ebd.).

Gedichte werden durch Seitenumbrüche zerrissen (vgl. z. B. ebd.: 13), gepunktete oder durchgezogene Linien trennen Textteile voneinander (vgl. ebd.: 15, 17), immer wieder tauchen Ellipsen auf (u. a. Vgl. ebd.: 27, 61, 86), ganze Zeilen sind durchgestrichen (vgl. ebd.: 84, 86, 130) und fast alle Seiten sind von viel Weißraum geprägt. Neben diesen gestalterischen Elementen wird auch explizit darauf hingewiesen, dass Textpassagen gelöscht seien (vgl. ebd.: 13, 154). Unter einem Titel folgt der Vermerk „[Titel hiermit geblockt, Inhalte folgen später nach...]" (ebd.: 57) – auch dies bleibt nur ein Bruchstück und verweist auf einen Entstehungskontext am Computer. Selbst einzelne Wörter werden zerlegt: „... Bi§her in den ver-<u>nein</u>-igten Kleinlanden von No!tugal..." (ebd.: 80). Der Text bildet auf einer metatextuellen Ebene seinen eigenen Entstehungsprozess ab, wenn es kommentierend heißt „[Über Alternativen nachdenken]" (ebd.: 86, vgl. ebd.: 87) oder „[*Du-Form seltsam; Trivialität der Gedanken prima. Trotzdem löschen?*]" (ebd.: 131).[97] Bewusst ist dem Text eine vorläufige, skizzenhafte Eigenschaft eingeschrieben. Er präsentiert sich nicht als abgeschlossenes Produkt, sondern als Werkstatt-Text. Hierauf deutet auch die Überschrift „[raw footage]" (ebd.: 91) hin, die Mohl über einzelne Textsequenzen setzt. Als *raw footage* wird das ursprüngliche, unbearbeitete Filmmaterial bezeichnet, das bei den Dreharbeiten aufgenommen wurde.

*An die, die wir nicht werden wollen* ist ein diskontinuierlicher Text mit zahlreichen intermedialen Bezügen, bei dem die Fragmentierung bis in die kleinsten Einheiten der verbalen Dimension dringt und die Textsequenzen wie „Puzzleteilchenteilchen" (ebd.: 159) wirken.

Abb. 24: ©Kehn, in: Mohl, Tyrolia, 2022: 30 f.

---

97 Auch hier bestätigt sich durch den Begriff „löschen" die Vermutung, dass der Text am Computer entstanden ist oder zumindest der Logik einer digitalen Schriftkultur folgt.

Dies setzt sich auch in der bildlichen Dimension fort: In Regina Kehns Bildern werden immer wieder fragmentarisierte Menschenkörper gezeigt. Schon auf dem ersten Bild zeigt sie auf einem Handy-Bildschirm ein Gesicht (vgl. ebd.: [7], s. Abb. 23), dessen Nase, Mund und Kinn verdeckt sind. Das Selfie im Handy gewinnt zwar Tiefe, zeigt aber nur einen Ausschnitt des Menschen. Etwas später sehen die Betrachter:innen einen Unterleib mit zwei Beinen, die wie bei einem Kniefall einzuknicken scheinen (vgl. ebd.: 25). Der obere Teil des Körpers fehlt. Dem Kopf, der den siebten Abschnitt einleitet, fehlt das Gesicht (vgl. ebd.: 31, s. Abb. 24), der Rand des schwarzen Hintergrundes ist unregelmäßig, flüchtig. Auf dem dunklen Untergrund sind einzelne Wörter, ein Pinocchio, ein Hase, ein Auge mit zwei Beinen und verschiedene skizzenhafte Gesichter zu sehen. Die zwölf ausgeführten Porträts, die auf der gegenüberliegenden Seite auf quadratischen Panels abgebildet sind (vgl. ebd.: 30), wirken wie Mosaiksteinchen, die wahlweise in die Leere des Gesichts eingefügt werden könnten – es sind gewissermaßen Möglichkeiten, keine passt aber wirklich in die Form. Besonders eindrücklich im Sinne der Fragmentierung von Körpern ist der Kopf in einer verschlossenen Box, den Kehn der Rede „An die, die wir nicht werden wollen Vol II" beigefügt hat. Es ist ein auf der Seite liegender körperloser Schädel, den die Betrachter:innen von außerhalb der Schachtel durch die Seitenwände sehen können. Fragmentiert ist auch der Luftballon, auf dem in Druckbuchstaben „ich" steht (vgl. ebd.: 39). Er wird gehalten von einer Figur, welcher der Unterleib und die rechte Hand fehlen. Auf Ihrem Pullover ist als Aufdruck „ES" abgebildet. Das Unterbewusstsein hält ein fragmentiertes Ich an der Leine.

Ein ähnliches Bild wie das des Kopfes in der Box befindet sich auf den Seiten 134/135. Zu sehen ist eine waagerecht schwebende Figur, deren Kopf auf einer Stele, umgeben von Gitterstäben, ruht. Der Körper ist gleichsam eingehüllt, wobei die Figur zu den Füßen hin in einem unregelmäßigen Pinselstrich ausgleitet. Am unteren Seitenrand bildet der Schatten der Stele eine ähnliche Form wie die Figur. Im Text auf der linken Buchseite, der von der Illustration teilweise umrahmt wird, beschreibt ein homodiegetischer Erzähler eine Szene: Eine „Erwachsene" (ebd.: 134) ist aufgrund eines Migräneanfalls beim Arzt, von dem sie eine Spritze erhält. Die Metaphern, die den Kopfschmerz charakterisieren, sind „Ein eingekerkerter Blitz" (ebd.) und „ein/weggesperrtes Mädchen" (ebd.). Diese Assoziationen vom Kerker, in dem die weibliche Figur eingesperrt ist, korrespondieren mit den Gitterstäben, die Kehn um den Kopf der Figur gefügt hat. Die Qual der Gegenwart wird im Text mit einem früheren, zerstörerischen Ereignis in Zusammenhang gebracht:

> Unter welcher Qual ein Mensch versucht,/ etwas in sich zum Schweigen zu bringen./ Es macht mir Angst, wie lebendig das Kind/ in der Erwachsenen zu sein scheint. Will/ einen ja auch keiner wissen lassen,/ dass derart schlimme Dinge passieren/ können, die nie wieder gut werden. Nie. (Ebd.)

Dies ist eine der wenigen Stellen in dem Buch, in dem das sprechende Subjekt über den Rand seines „Planeten Ich" hinausschaut und ein weibliches Subjekt in den Blick nimmt. Bild und Text sprechen gleichermaßen über die Fragmentierung eines Menschen durch eine zerstörerische Kindheitserfahrung. Im Bild von Kehn hat die Frau die Bodenhaftung verloren, ihr Körper ist getrennt von der Welt, ihr Kopf eingesperrt.

Wie bei diesem Beispiel, das aufgrund seines Bezugs zum Thema der Fragmentarisierung hier herausgehoben wurde, stehen die Bilder von Kehn in einem sehr engen Bezug zu Mohls Text, manchmal illustrieren sie ihn, wenn z. B. ein aufziehbarer Vogel, der im Text erwähnt wird, abgebildet ist (vgl. ebd.: 67), manchmal verdeutlichen sie Mohls Metaphern (z. B. ebd.: 19 und 146/147), manchmal verweisen sie auf die Verbindung zur Realität des Autors, oft weisen sie über den Text hinaus, z. B. wenn Kehn bei dem Gedicht „zirkus der halbschlafartistik" einen Bezug zum Freud'schen Instanzenmodell von Ich, Es und Über-Ich herstellt (vgl. ebd: 39) oder eine intertextuelle Anspielung auf *Pincocchio* einfügt (vgl. ebd: 26).

Das Wechselspiel von Kehns Bildern und Mohls Texten setzt sich in den zehn Clips fort, die Mohl auf Instagram vom 3. August bis zum 5. Oktober 2021, immer dienstags, eingestellt hat. Diese Miniserie von kurzen Videoclips setzt das Buch als eine transmediale Bricolage fort. Dabei fragmentiert Mohl Teile des Buchmaterials und setzt es mit neuen, filmischen Elementen zusammen.

Ausgangspunkt sind jeweils die Countdown-Seiten von Kehn, wobei Mohl die Reihenfolge umgekehrt hat. Er zählt nun von der eins zur zehn hoch. Der Countdown wurde auf Mohls Instagramseite schon am 27.07.2021 in einem kleinen Videoclip, den offenbar Kehn erstellt hat (Mohl 2022), genutzt, um auf das Erscheinen des Buchs aufmerksam zu machen. Die Miniserie beginnt aber erst im August 2021.

Die Clips haben alle einen ähnlichen Aufbau: Zum Einstieg wird die jeweils entsprechende Countdown-Illustration von Kehn von einem fokussierten Punkt aus abgefilmt, unterlegt ist dies mit einer meist minimalistischen Musik oder einer Geräuschkulisse. Mal ist eine Abfolge von Gitarrenklängen zu hören, mal ein einzelner Klavierton, der wie ein Echolot rhythmisiert ist und mit Grillenzirpen und Stimmengewirr kombiniert wird.

Nach der Einstiegssequenz mit der Kehn-Illustration folgt immer eine Videosequenz. Am häufigsten werden hierfür Aufnahmen aus einem fahrenden Auto verwendet, mal ist aus dem Seitenfenster der Fahrbahnrand und eine dahinterliegende Baustelle gefilmt, mal durch die Frontseite die Fahrt über eine Hängebrücke, mal richtet sich die Kamera auf eine nächtliche Autobahn und in einen Tunnel. Andere Videos zeigen Bilder von zwei Booten auf dem Meer und einem Mann, der mit einem Kopfsprung von einem Felsen ins Meer springt. Eines zeigt ein in einer grünen Landschaft stehendes Fragment eines Bauwerks, auf dem in großen Lettern „POESIA" zu lesen ist, dann folgt ein Schnitt und in der nächsten Sequenz ist das Meer mit einem daraus hervorragenden Felsen zu sehen. Deutlich wird, dass die Motive des Buchs auch in den Filmen aufgegriffen werden: das Meer, die Insel, urbane Landschaften.

Von diesen Videosequenzen wird zum Buchcover übergeblendet. Dann folgt ein kurzes Zitat aus dem Buch, z. B. „Hallo Planet Ich" (Video 1), „Hilfe! Ich! Habe! Keine! Angst!" (Video 2) oder „Rief ich je Land in Sicht?" (Video 3). Die Zitate entsprechen oftmals nicht genau dem Wortlaut im Buch, sind aber deutlich hieran angelehnt. Im Buch stehen sie nicht in dem Abschnitt, der zu der jeweiligen Countdown-Illustration gehört. Das Zitat wird in den Clips jeweils verbunden mit einer weiteren Illustration von Kehn aus dem Buch. Die Videos enden in der Regel mit einem der aus Schräg- und Bindestrichen, Sternchen und anderen Symbolen geformten Männchen aus der Print-Vorlage. Mohl arbeitet mit unterschiedlichen Überblendungstechniken und -effekten.

Die „Poesieclips", wie die Videosequenzen in dem Post vom 03.08.2021 bezeichnet werden, sind Montagen aus Fragmenten des Buchs sowie Schnipseln aus Urlaubs- und Alltagsaufnahmen. Sie gehen noch einen Schritt weiter im Sinne eines von Mohl anvisierten symphonischen Artefakts, indem hier auch noch der Ton und bewegte Bilder aufgenommen werden konnten. Die Übergänge zwischen Fiktion und Realität werden in diesen Clips noch diffuser als im Buch, welches keine scheinbar dokumentarischen

Materialien, wie z. B. Fotos, beinhaltet. Die Einordnung der Clips in das Mosaik der Instagram-Posts von Mohl zwischen zahlreiche reale Aufnahmen aus seinem Leben lassen fiktives Material und autobiographische Dokumente miteinander verschmelzen. Leben und Werk werden immer schwerer zu unterscheiden. Das wirft wiederum ein neues Licht auch auf das Buch: *An die, die wir nicht werden wollen* trägt offenbar autofiktionale Züge. Mohls Clips sind diaristische Momentaufnahmen, die das Buchprojekt fortsetzen und damit wiederum auch auf dessen Unabgeschlossenheit schließen lassen. Das Buch-Objekt basiert umgekehrt auf digitalen Notizen, worin literarische Skizzen festgehalten wurden.

Dass der Begriff des Fragments für die Betrachtung von *An die, die wir nicht werden wollen* relevant ist, bezeugt Mohl selbst, in dem er eine zentrale Passage des Buchs so bezeichnet: „Fragmente meiner Autobiografie als Seefahrer" (ebd.: 114). Da hier die Einordnung als Fragment im Titel vorkommt, soll diese Textpassage gesondert betrachtet werden.

## 7.5 Literarische Selbstzuschreibung: „Fragmente meiner Autobiografie als Seefahrer"

Die „Fragmente meiner Autobiografie als Seefahrer" (ebd.: 114 ff.) sind offenbar konzeptuelle Fragmente, da sie vom Autor selbst so eingeordnet werden und weder beschmutzt noch zerrissen oder angefressen sind. Sie sind kein Opfer einer zufälligen oder absichtsvollen Zerstörung, sondern Ergebnis einer schriftstellerischen Entscheidung. Nicht ganz klar ist, an welcher Stelle die Sequenz endet, da kein neuer, ähnlich gestalteter Zwischentitel folgt. Für die Analyse wurde als Endpunkt das Quiz auf Seite 122 gewählt, da hier zum letzten Mal Inhalte der „Autobiografie als Seefahrer" aufgegriffen werden.

Die „Fragmente"-Passage besteht aus einem diskontinuierlichen Text des autobiographischen Diskurses, der sich aus mehreren Versatzstücken mit unterschiedlichen Genrebezügen zusammensetzt: einer Definition, sechs Gedichten, drei Geschichtenanfängen, drei Outtakes, einem Geschichtenende und einem Quiz. Die Outtakes sind durch gepunktete rote Linien abgegrenzt, das Quiz durch einen schwarzumrandeten Kasten (s. Abb. 25). Die Definition hebt sich durch eine rote Seitenlinie und einen rot unterlegten Titel ab. Die Seiten weisen nur wenige illustrative Elemente auf: Auf der ersten Doppelseite ist am unteren Seitenrand durch mehrere wellenförmige

Pinselstriche in Rot das Meer angedeutet und auf Seite 116 ist eine Katze in einem Boot abgebildet. Auf letztere Illustration wird noch unter dem Aspekt der bildlichen Dimension einzugehen sein. Das Fragmentarische zeigt sich in dieser Sequenz insbesondere auf der narrativen Ebene.

Mohl präsentiert in der „Autobiografie als Seefahrer" drei verschiedene Geschichtenanfänge. Dreimal heißt es: „Die Geschichte beginnt so..." (ebd.: 115 f.). Die erste Variation erzählt ein jugendlicher autodiegetischer Ich-Erzähler. Dabei wird der Beginn zeitlich bestimmt und doch vage verortet: „Vor einigen Tagen, an einem Vormittag gegen Ende meiner Jungend [sic] und am Anfang des Sommers [...]" (ebd.: 115). Der Erzähler begibt sich auf die Suche nach seinem Lieblingsort und verirrt sich dabei. Er reist in Städte, Wälder, an Flüssen entlang bis zum Ozean und „fürchtet" (ebd.), er müsse zur See fahren und es könne darüber Herbst und Winter werden. Er fragt sich, ob er dafür „gerüstet" (ebd.) sei. Dieser Geschichtenanfang erfasst in knapper Form den Kern des gesamten Buchs: Ein Jugendlicher steht am Übergang zum Erwachsenenalter und ist auf der Suche nach Identität und Zukunftsplänen. Die Suche stellt sich aber als ein Prozess heraus, der das ganze Leben andauern wird. Er hat Angst, ist durchdrungen vom Zweifel, ob er für diese Odyssee, die Leben heißt, vorbereitet sei. Am Ende steht eine offene Frage, von einer Ankunft oder einem Scheitern kein weiteres Wort.

Der erste Geschichtenanfang steht im Kontext mit einem Gedicht, das ihm vorangestellt ist:

> *Habe ich gemeutert?*
> *Bin ich gestrandet?*
> *Rief ich je: Land in Sicht?* (ebd.: 115, Hervorh. i. O.)

Während der Ich-Erzähler des Geschichtenanfangs noch nicht zur See gefahren ist, hat das Lyrische Ich des Gedichts diese Erfahrung offenbar schon gemacht. Hier scheint das erwachsene Alter Ego zu sprechen, bei dem die Fragen aber immer noch offen sind. Es ist nicht gewiss, ob es je angekommen sei. Der Unsicherheit auf der Ebene der *histoire* entspricht die Ungewissheit, wie erzählt wird, was sich wiederum auf den Leseprozess auswirkt. Die Lesenden müssen nicht nur mit ständigen Abbrüchen und Gattungswechseln zurechtkommen, sie wissen auch nicht gewiss, wer gerade das sprechende „Ich" ist. Das setzt sich auch bei dem zweiten Geschichtenanfang fort, der ganz anders als der erste erzählt: Ein auktorialer Erzähler präsentiert eine eher unbestimmte Figur – mehr Typus als

Individuum, der aber wieder das Motiv des Reisens aufgreift: „Da war dieser Matrose auf Landgang." (ebd.: 116) Wenige Sätze später wird diese eher distanzierte Erzählhaltung verändert und der Matrose ist – unter Vereinnahmung der Lesenden – plötzlich „unser Freund". Gleich der nächste Satz konfrontiert die Lesenden mit einer überraschenden Information: „Eine Faust umschloss eine Stange Dynamit." (ebd.) Es wird nicht erzählt, was der Matrose mit dem Dynamit vorhat. Die Lesenden erfahren lediglich, dass er mit Dynamit und Stadtplan ausgestattet im Bus sitzt, dort einschläft und sich – wie schon der Ich-Erzähler aus der ersten Variation – verirrt. Der letzte Satz trägt in seiner Doppeldeutigkeit eine Pointe in sich: Der Matrose hatte sich in eine Gegend verirrt, „[…] wo einen die Menschen sofort schräg angucken, fragt man sie nur nach Feuer." (ebd.) Es bleibt den Lesenden überlassen, aus den fragmentarischen Versatzstücken der Geschichte Sinn zu konstruieren. Hinter der hypothetisch angedeuteten Frage nach Feuer verbirgt sich zugleich die Frage, ob der Matrose die Stange Dynamit zünden wird. Diese Geschichte ist die des Meuterers, des Gesellschaftssprengers – ein weiterer Verirrter.

Der zweite Geschichtenanfang steht in direktem Zusammenhang mit dem Quiz auf Seite 122 (s. Abb. 25).

---

**Quiz: Wie kommt ein Matrose an eine Stange Dynamit?**

a) Er hat im Hafen Dynamitanglern das Handwerk gelegt.
b) Er hat den Sprengstoff aus dem Waffenarsenal an Bord entwendet, um auf dem Schwarzmarkt Geld zu machen; in der Heimat erwartet die Liebste ein Kind und das Konto ist leer wie eine ausgenommene Seeforelle.
c) Er hat selbst keine Antwort darauf.
d) Die Wahrheit sprengt einfach unser aller Vorstellungskraft.

---

Abb. 25: ©Mohl, Tyrolia, 2022: 122

Hier bietet Mohl vier Varianten zu der Frage an „Wie kommt ein Matrose an eine Stange Dynamit?" (Ebd.: 122) Antwort „a) Er hat im Hafen Dynamitanglern das Handwerk gelegt." (ebd.) deutet eine spannende Vorgeschichte an. Antwort b) liefert nicht nur eine Antwort auf die Frage nach der Herkunft des Dynamits (Diebstahl aus dem Waffenarsenal an Bord), sondern gibt zudem eine Motivierung der Handlung (Armut und Vaterschaft) und eröffnet damit zugleich den Horizont für eine Fortführung der Handlung (Verkauf des Dynamits auf dem Schwarzmarkt). Die Antworten c) und d) sind offen. Durch die Form des Quiz verstärkt Mohl den Aufforderungscharakter, den schon die Geschichtenabbrüche haben. Die Lesenden sollen in das Spiel der narrativen Möglichkeiten der autobiographischen Fragmente einbezogen werden.

Der dritte Geschichtenanfang beginnt im dramatischen Erzählmodus mit der vagen Äußerung eines alten Seebären: „Unterwegs auf den Weltmeeren gibt es viel zu sehen, aber auch nicht viel mehr als anderswo." (ebd.) Dieser Ausspruch richtet sich an den Ich-Erzähler, „die Landratte" (ebd.). Mehr passiert auf der Handlungsebene nicht in diesem Geschichtenanfang. Inhaltlich geht es um ein metatextuelles Spiel mit der Erzählperspektive. Die erste Irritation erzeugt die Aussage, dass der Seebär von allen der „Erzähler" genannt werde. Die Geschichte wird aus der Perspektive eines Ich-Erzählers geschildert. Unwillkürlich taucht die Frage auf, ob der Seebär mit dem Ich-Erzähler identisch sei. Der Ich-Erzähler erweist sich zudem für die Lesenden gleich als ein unzuverlässiger Erzähler, wenn er sich fragt: „Wird man mir glauben, dass er ein Holzbein hatte?" (Ebd.) Der Erzähler offenbart sich als Erfinder einer Fiktion, nicht als zuverlässig Abbildender einer Realität. Im Kontrast dazu steht die Beteuerung, er wolle „so objektiv wie nur möglich" (ebd.) berichten. Der Ich-Erzähler behauptet, er reflektiere seinen „Antrieb" und sein „Ansinnen" beim Erzählen: Er wolle nicht unterhalten, nicht das Lied der Seefahrerromantik anstimmen, „[h]öchstens ganz leise in Nebensätzen" (ebd.). Auch hier hebt die eine Aussage die andere wieder auf. Weiter bekundet der Erzähler, es solle das „Jetzt aus maritimer Sicht" (ebd.) ausgelotet werden. Das „Jetzt aus maritimer Sicht" gestaltet sich für die Lesenden als schwankender Untergrund. So entsteht im dritten Geschichtenanfang ein weiterer Irrweg, eine dritte Art der Odyssee – die der Lesenden.

Die drei Geschichtenfragmente erzählen von Irrwegen und treiben ein verwirrendes Spiel mit den Lesenden. Ein Bindeglied ist das Motiv des Matrosen, das Mohl auch noch in fünf Gedichten auf den folgenden Seiten fortsetzt. Gemeinsam ist diesen Gedichten das Motiv und das Erzählen vom Scheitern: einem Matrosen, dem das Fernweh „wegstirbt" (ebd.: 117), der stürzt („Bananenschale", ebd.: 118), dessen Geliebte der Fusel ist („Feierabend", ebd.: 119), der sich übergibt („Shanty", ebd.: 120) und schließlich vor der „Glotze" „sehkrank" (ebd.: 121) wird. Die „Autobiografie als Seefahrer" scheint letztlich die eines Scheiterns zu sein. Dazu passt auch das Geschichtenende:

> Und wenn sie nicht geborgen ist, so rottet die Fregatte, auf der das Kind einst in Gedanken glücklich Segel setzte Richtung neuer Kontinente, noch bis ins hohe Alter und bis zum Ende aller Tage in der Vergessenheit dahin. (Ebd.: 122)

In parodistischer Anlehnung an Schlusssätze von Märchen formuliert Mohl auch hier eine Perspektive des Scheiterns, des Verlusts der kindlichen Entdeckungslust.

Der erste Geschichtenanfang endet mit einer offenen Frage: „Ob ich dafür gerüstet bin?" (Ebd.: 115) Der zweite beginnt völlig unvermittelt: „Da war dieser Matrose auf Landgang." (Ebd.: 116) Es wird nicht erklärt, wer dieser Matrose ist, wann die Geschichte spielt oder wo genau der Matrose sich befindet. Der dritte Geschichtenanfang endet mit einer metatextuellen Reflexion, in der die Handlungsebene völlig verlassen wird und es plötzlich um „Nebensätze" (ebd.) geht. Schon diese Beispiele zeigen, dass sich das Fragmentarische auch in der verbalen Dimension zeigt. Noch offensichtlicher wird dies in den Outtakes. Hier ein Auszug aus dem Outtake über den Begriff „Berufsrisiko", das an das gleichnamige Matrosengedicht anknüpft:

> „die wellen die den himmel in bewegung setzen die vögel die tun was sie können der weltraum über allem der einfach leer ist wie der blick des mannes an der reling und ganz anders als sein kopf durch den so einiges geistert ein kalauer *arzt sagen wenn du krank weil du nur matrose warum du nicht einfach kaufen buddelschiff (ist so mini-bastelschiffchen in flasche) dann du auch ein bisschen kapitän* im kontrast dazu eine ganze reihe trüber gedanken die auf vollendete weise unfertig bleiben
>
> in kaputten sätzen auslaufen" (ebd.: 117)

Der letzte Satz legt nahe, dass Erzähler, Autor und Seefahrer identisch sind: Im Stream of Consciousness laufen die Gedankenströme des Autors auf dem Papier aus wie das Schiff des Seefahrers aus dem Hafen. Die Sätze des Erzählers bzw. Autors sind „kaputt", fließen ohne eine strukturierende Zeichensetzung ineinander – von einer Beobachtung zum Kalauer zu seinen trüben Gedanken, die „unfertig bleiben". Es sind Fragmente![98]

Alle drei „Outtakes" knüpfen jeweils an den Titel eines der Matrosengedichte an und sind stilistisch als Stream of Consciousness gestaltet. Der Begriff „Outtake" verweist wiederum auf einen Prozess der Fragmentierung. Mohl vermittelt also auch auf der begrifflichen Ebene den Eindruck, als habe er Reste verwertet und zusammenmontiert.

Da die bildliche Dimension in dieser Passage des Buchs eine eher geringe Rolle spielt, sei sie hier nur kurz und auch gleich mit dem Blick auf die intermodale Dimension hin betrachtet. Die Illustration auf Seite 116 ist mit rotem Filzstift oder roter Tinte gezeichnet. Sie zeigt eine Katze, die in einem Boot über ein durch Wellenlinien angedeutetes Meer fährt. Das Boot sieht wie ein gefaltetes Papierboot aus. Es trägt den Namen „Miau". Die Katze hat ein getigertes Fell, ihr Schwanz mündet in einer zur Spirale gebogenen Form. Ihr Kopf ist zur Seite gedreht, so dass sie die Betrachter:innen direkt anschaut. Ihr Mund ist schmal und geschlossen, die Augen schräg. Die Iris ist nicht zu sehen. In ihren Pfoten hält die Katze zwei Ruder. Das vordere Ruder ist deutlich als Messer zu erkennen, das die Wellen durchschneidet. Diese Darstellung lässt sich unmittelbar auf eine Textstelle aus dem Gedicht „Berufsrisiko" beziehen, das sich auf der gegenüberliegenden Seite befindet:

> Sticht'n Matrose in See,
> ohne feste Mordabsicht,
> gibt's trotzdem 'n totes Meer: (ebd.: 117)

Kehn hat Mohls Wortspiel mit der Redewendung „in See stechen" aufgegriffen und die Metapher im Bild umgesetzt. So wird aus dem Ablegen eines Bootes ein tödlicher Akt, ein weiteres Bild der Fragmentierung.

---

98 Mohl spielt hier vermutlich auf das *Athenäums*-Fragment 206 von Friedrich Schlegel an, wenn er die Gedanken des Erzählers mit der Formulierung „auf vollendete weise unfertig" kennzeichnet.

Eine Katze hat Kehn für das Buch insgesamt drei Mal illustriert (vgl. ebd.: 26, 116, 161). Das letzte Katzenbild steht in einem direkten Bezug zu der Katze auf Seite 116. Auch am Ende sitzt eine Katze in einem Boot und fährt über das Meer, allerdings ist diese Katze angezogen, wirkt stärker vermenschlicht, und die Ruder, die sie in den Pfoten hält, sind Pinsel.[99] Sie sticht nicht mehr in See, sondern treibt ihr Lebensboot mit künstlerischer Arbeit voran. Dazu passt auch das hoffnungsvolle Gedicht auf der gegenüberliegenden Seite (vgl. ebd.: 160), das bereits unter 7.3 zitiert wurde.

Über die bildliche Gestaltung hinaus weisen die intermedialen Bezüge zum Film, die beispielsweise über den bereits besprochenen Begriff „Outtakes" hergestellt werden. Mittels dieser Textsequenzen erklärt sich auch die Bezugnahme zu *Ulysses* von James Joyce, die Mohl selbst in seinen Interview-Äußerungen nahelegt (vgl. Mohl 2021a), denn gerade in den Outtakes verwendet er die Form des Stream of Consciousness. Ein weiterer literarischer Hypotext könnte beim dritten Geschichtenanfang relevant gewesen sein. Die Anspielung, dass der alte Seebär möglicherweise ein Holzbein habe, lässt an John Long Silver aus der *Schatzinsel* (1883) von Robert Louis Stevenson denken.

Mohl wechselt in der als Fragmente bezeichneten Passage zwischen Lyrik, Lied (Shanty), Prosa, Sachtext und Film. Er treibt bewusst ein Verwirrspiel mit Gattungs- und Genrebezügen. So kündigt der Titel ein fragmentarisches, persönliches, autobiographisches Dokument an, denn es heißt „Fragmente meiner Autobiografie". Nach dem Titel beginnt aber keine fiktive, autobiografische Erzählung, sondern es folgt zunächst die Definition eines Genres, das Mohl erfunden hat: „Das Meerchen" (ebd.: 114). Die erste, einem Lexikon-Eintrag nachempfundene Erläuterung zu dem Begriff lautet „*Begriff der Ozeanologie, Singular, Neutrum*" (ebd., Hervorh. i. O.). Diese, scheinbar in die Naturwissenschaften führende, Bestimmung mündet in der weiteren „Definition" (ebd.) in eine metatextuelle Überlegung:

> Meerchen sind Misch-Gewässer, um die sich Geschichten von überschaubarer Tiefe ranken. Diese Geschichten verbreiten sich zumeist in Textform und wollen den Eindruck erwecken, sich streng an Fakten zu orientieren. Die Gefühlswelt

---

99 Hier hat Kehn vermutlich die eigene Perspektive als bildende Künstlerin in die Illustration einfließen lassen.

der Protagonisten illustriert meist die seelische Verfassung der Schöpfer, was diese zur Fiktion erklären. Dafür müssen viele Tasten gedrückt werden. (ebd.)

Mohl verwischt hier in mehrerlei Hinsicht die Grenzen zwischen Fiktion und Realität. Die „Gefühlswelt der Protagonisten" setzt er in Zusammenhang mit der „seelischen[n] Verfassung der Schöpfer". Die Realitätsebene des Erschaffens eines Textes wird auch durch das Bild der Tasten – vermutlich einer Computertastatur –, die gedrückt werden müssen, angesprochen. Im „Meerchen" steckt, unschwer zu erkennen, eine Anspielung auf das Märchen, dem Mohl hier eine „überschaubare Tiefe" attestiert. Der Bezug zum Märchen wird auch durch das Geschichtenende unterstrichen (vgl. ebd.: 122). Durch den Zusatz, die Meerchen wollten „den Eindruck erwecken, sich streng an Fakten zu orientieren", wird auf die Vermischung des Faktualen und des Fiktionalen verwiesen.[100] Mohl reflektiert hier Charakteristika des autobiographischen Diskurses im diaristischen Schreiben: die Hybridität der Formen, die „Normenenthobenheit" (Runschke 2020: 21) und die Identität von Autor und Protagonist.

## 7.6 Fragment und fraktale Identität

Nils Mohl, der immer wieder als autodiegetischer Erzähler oder als lyrisches Ich in den autofiktionalen Texten hervortritt, treibt ein Verwirrspiel mit den Lesenden. Er gibt ihnen Fragmente, die sie wie bei einem Rätsel zusammensetzen und verbinden dürfen. Trotz des Wechsels der Gattungen und Genres, der Erzählperspektiven, -orte und -zeiten, der bruchstückhaften Prosa, der solistischen Sentenzen und Gedichte voller Leerstellen, ergibt sich über die 167 Seiten ein roter Faden. In fragmentierter Form wird von der Angst – nicht nur am Ende der Jugend – vor einem scheiternden Leben gesprochen, von der Angst vor Anpassung und Routine. Es wird von einem Ich erzählt, das Krisen erlebt, aber schließlich doch weitermachen wird. Auch wenn Mohl am Ende des Buchs das Fragment „Hell" (=Hölle) des Wortes „Hello" (ebd.: 165) stehen lässt. Dann macht er noch einen „Kratzfuß" und fordert den Lesenden auf: „Lies dies: hab Dank!" (Ebd.: 167)

---

100 Dies entspricht auch seinem Ansatz in dem Kinderbuch *Wilde Radtour mit Velociraptorin* (2023).

Mohl konstruiert einen Diskurs zwischen seinem Gegenwarts-Ich und (s)einem fiktiven jugendlichen Ich, einen Diskurs, in den sich viele Stimmen, v. a. aus Chats, und Geräusche des Alltags mischen. Die Praxis des digitalen, skizzenbuchartigen Aufzeichnens, auf der das Buch beruht, ist ein Prozess der Selbstkonstruktion oder Selbst-Fingierung, wie er bei autobiographischen Aufzeichnungen als kulturelle Praxis anzunehmen ist (vgl. Moser, Nelles 2006: 9). Der Konstruktionsprozess gerät bei Mohl aber eher zu einer Dekonstruktion, bei der auch die Fiktion des Selbst in Fragmente zerfällt. Was am Ende bleibt, ist das Bild des Irrfahrers, der im Schreiben seine Spuren hinterlässt.

Von diesem Punkt aus soll noch einmal zum Anfang des Buchs zurückgekehrt werden: Es wurde bereits darauf hingewiesen (vgl. 7.4), dass Kehn mit ihrer Illustration am Anfang des Textes (s. Abb. 23) auf dessen zentrales Thema hinleitet: die Selbstreflexion eines Subjekts. Ihre Mise en Abyme-Darstellung der sich selbst im Handy-Bildschirm bespiegelnden Person zeigt ein Fraktal.[101] Im Bild von Kehn scheint es „die Ödnis des Immergleichen" (Kümmel 2005: 228)[102] zu sein, die die Selfie-Welt des Handys erzeugt. In der Gesamtschau ergibt sich allerdings ein neues Bild, zu dessen Charakterisierung das Konzept der fraktalen Person herangezogen werden soll. Es ist aus der Anthropologie entlehnt: Den Begriff „fractal person" hat Roy Wagner (1991) geprägt, um ein Phänomen der melanesischen Kultur charakterisieren zu können, das er mit herkömmlichen Begriffen nicht erfassen konnte.[103] Der Grundmodus der fraktalen Person „umgreift und *realisiert* [...] immer den einzelnen und das soziale Gefüge gleichzeitig [...]" (Kümmel 2005: 237, Hervorh. i. O.), also das Ich und das Wir, die bei Mohl schon im Titel auf dem Cover auftauchen.

---

101 Fraktal ist ein Begriff, der sowohl in der Mathematik als auch in der Biologie genutzt wird. In der Natur bezeichnet man die wiederkehrenden Makro- und Mikrostrukturen, z. B. bei Farnen, als Fraktale. Kennzeichen dieser Strukturen sind ihre Selbstähnlichkeit und Selbstreferentialität. In der Literatur sind vergleichbare Phänomene die Iteration und die Mise en Abyme.
102 Kümmel bezieht sich hier auf Jean Baudrillards Text *Videowelt und fraktales Subjekt* (1989).
103 Details hierzu können entweder bei Wagner (1991) selbst oder bei Kümmel (2005: 236–238) nachgelesen werden.

Als Bild für das Konzept der fraktalen Person wählt Kümmel die russische Matrjoschka, die Schachtelpuppe, die Versionen ihrer selbst in sich trägt. Bemerkenswerterweise wählt auch Mohl den Vergleich mit diesem Puppentypus, um sein forschendes Vorgehen bei der Erkundung seines jugendlichen Ich zu erläutern. Das Ergebnis dieser Erforschung ist keine lineare Narration, sondern eine Möglichkeit *„multipler Identitätskonstruktionen"* (vgl. Moser, Nelles 2006: 15, Hervorh. i. O.).[104] Moser und Nelles bauen mit dieser Terminologie auf die Ergebnisse des amerikanischen Soziologen Richard Sennett auf, der die Folgen des globalisierten Kapitalismus für die Selbstkonstitution beschreibt. „Sennett zufolge lautet das Zauberwort der neuen Globalkultur ‚Flexibilität'." (Ebd.) Diese führe dazu, dass Lebenswege von zahlreichen Brüchen gekennzeichnet seien und sich nicht mehr in einer Erzählung bündeln ließen. Multiple Identitätskonstruktionen sind demnach nicht-linear, fragmentarisch, beobachterabhängig, multimodal und -perspektivisch. Das Ergebnis ist zumindest in der Darstellung von Mohl eine fraktale Person. Sie ist zugleich Vereinzelter (der gestrandete Klimbimson) und Teil eines Beziehungsgeflechts (z. B. in der Chat-Kommunikation), erinnertes jugendliches Ich und erwachsenes Gegenwarts-Ich, fiktive und reale Person, Figur und Schöpfer. Es sind viele Stimmen und viele Sprachen[105] (lyrische und erzählerische, bildliche und filmische, alltagssprachliche Schriftlichkeit und fingierte Mündlichkeit), die hier aufeinanderprallen und sich wiederum in eine polyphone Vielfalt aufspalten und dabei keine Entität, sondern eine Bricolage in fragmentarischem Stil formen.

---

104 Dies gilt auch schon für *Es war einmal Indianerland* (2011).
105 „[...] die Sprache des Romans ist ein System von ‚Sprachen'" (vgl. Bachtin 1934/1935: 156).

# 8. Funktionen des Fragmentarischen in der Kinder- und Jugendliteratur – Resümee und Ausblick

Die Schriften der drei hier beispielhaft vorgestellten Autor:innen verweisen auf ein breites Spektrum sehr unterschiedlicher Phänomene des Fragments in der Jugendliteratur. Die Spannbreite reicht vom Fragment aus der Vergangenheit über das utopisch aufgeladene Fragment zum Fragment als Symbol und Signum zerstörerischer Epochen und Vorgänge bis zum stilistischen Äquivalent einer prozessualen Identitätskonzeption.

Zusammenfassend sollen nun drei zentrale Fragen der Untersuchung noch einmal in den Blick genommen werden: In welchem Verhältnis stehen Identitätskonstruktionen und Fragmentarisierung in diaristischen Texten? Welchen Stellenwert hat das diaristische Fragment für die Erinnerungskultur? Und inwiefern entfaltet sich im Fragment ein in die Zukunft gerichtetes Potenzial?

## 8.1 Identitätskonstruktion und Fragmentierung

Tagebücher sind Orte der Selbstfindung, der Selbstbildung und der Selbstermächtigung, wie bereits in Kapitel 4 ausgeführt wurde. Sie dienen den Schreibenden – zumal den jugendlichen Schreibenden – zur Konstruktion einer Identität. Entsprechend lauten die Titel der Sekundärliteratur zu diaristischen Texten „Sich-selbst-Erzählen" (Thibaut 1990) oder „Medienbasierte Selbsttechnologien" (Fröhlich 2018). Die Selbst-Konstruktionen im Tagebuch sind nicht unabhängig von den physischen und räumlichen Gegebenheiten sowie der Materialität des Schreibzeugs, das zur Verfügung steht.

> Identität und Subjektivität sind eng an die jeweils gegebenen technischen und medialen Gelegenheitsstrukturen gebunden, in denen das eigene Selbst und das eigene Verhalten thematisiert und in den Mittelpunkt der Kommunikation gerückt werden kann. (Ebd.: 10)

Dies zeigt sich besonders im Vergleich von Anne Franks Tagebüchern und Nils Mohls Notizen, die ganz offensichtlich in sehr unterschiedlichen Zeiten mit verschiedenen Werkzeugen verfasst wurden. Während Franks

Tagebuch von Hand und unter Papiernot geschrieben wurde, in mehrere Teile und Versionen zerfällt und – zumindest der erste Teil – eine Bricolage aus zusammengeklebten Papieren und Bildern darstellt, ist Mohls Montage Zeugnis einer digitalisierten Welt, in der ständig Kommentare aus dem Web eindringen, sich Fetzen von Geschichten, Gedichten, Szenen und Reflexionen aneinanderreihen. Zudem sind *An die, die wir nicht werden wollen* und *Verloren in Eis und Schnee* Bücher aus vielen Händen.[106] Hier haben die Stimmen von Illustrator:innen und Buchgestalter:innen sich eingewoben in den Text, den die Lesenden und Betrachtenden wahrnehmen. *An die, die wir nicht werden wollen* weitet sich sogar zum intermedialen Phänomen aus, so dass noch mehr Kontexte den Fokus erweitern und zugleich kaleidoskopisch in Prismen aufsplittern.

Bei Frank lässt sich die Entwicklung einer Idee vom eigenen Selbst beobachten: Aus dem Mädchen, das sich Gedanken um Geburtstagsgeschenke und Freund:innen macht, wird eine Schreibende, die ein Zukunftsbild von sich als Autorin entwickelt und an diesem arbeitet. Die Fragmentierung dieser Person und ihrer Erzeugnisse kommt von außen – auch wenn die äußeren Umstände ebenfalls zu innerer Zerrüttung führen. Mohls autofiktionale Selbstkonstruktion ist dagegen eher eine Dekonstruktion. So zerfällt schon die Erzählstimme in mindestens zwei verschiedene Stimmen, die des jugendlichen Ich und die des älteren Alter Egos, denen gemeinsam ist, dass sie ihr Leben als Irrfahrt wahrnehmen. Es zeichnet sich kein Ziel ab, bei Mohl heißt es einfach „weitermachen". So entsteht keine Entität, sondern eine prozesshafte Persönlichkeitskonstruktion.

Ganz anders verhält es sich bei Morosinotto, der als Autor deutlich zu unterscheiden ist von den Erzählstimmen seines Jugendromans. Während bei Frank eine weibliche und bei Mohl männliche Erzählstimmen zu Wort kommen, lässt Morosinotto in dem Zwillingspaar einen weiblichen und einen männlichen Part sprechen. Die weibliche Protagonistin bewegt sich geographisch in einem weit engeren Raum als die männliche Hauptfigur, dennoch erzählen ihrer beider Geschichten gleichermaßen von einem Prozess der Selbstermächtigung, sie werden immer mehr zu Akteur:innen ihrer

---

106 Für Anne Franks Tagebücher gilt dies in gewisser Weise ebenfalls, insofern ihr Vater, die Verleger und Übersetzer:innen jeweils in die Textgestalt eingegriffen haben.

eigenen Geschichte. Als Ganzheit empfinden sich die Zwillinge allerdings erst wieder nach ihrer Zusammenführung. Morosinotto veranschaulicht jugendliche Identitätskonstruktion in einer chaotischen Welt. Im Schreiben – besonders bei Nadja –, in der Übernahme von Verantwortung und der Entwicklung sowie Durchsetzung eigener Entscheidungen und in der eigenen Handlungsermächtigung werden aus den Kindern, die weggeschickt werden, Akteure ihres eigenen Lebens. In einer fragmentierten, gewalttätigen Welt werden sie zu moralisch integren Persönlichkeiten. Hier werden heroische Geschichten erzählt, wie es in den Worten von Viktor gleich zu Anfang des Romans selbstbewusst geäußert wird: „An meinem vierzehnten Geburtstag wurde ich zu einem Helden." (Morosinotto 2018: 5)

Die drei ausgewählten Textbeispiele von Frank, Morosinotto und Mohl zeigen charakteristisch, wie in durch Fragmentarisierung gekennzeichneten Texten der Versuch unternommen wird, Identitäten zu konstruieren – mal als Held, mal als fragmentierte oder als fraktale Persönlichkeit – und wie sie ein Bild der jeweils dargestellten Zeiten entwerfen. So sind diese Texte zugleich als erinnerungskulturelle Beiträge zu betrachten.

## 8.2 Fragment und Erinnerungskultur

Die drei Text-Beispiele sind im Sinne der *Memory Studies* deutlich voneinander zu unterscheiden. Anne Franks Tagebücher sind zunächst Gedächtnisliteratur gewesen. Sie archivierte hierin ihre persönlichen Alltagsbeobachtungen und Gedanken. Dabei blickt sie auch aus der Distanz der Jugendlichen und in vollkommen neue Lebensumstände gezwungenen Person auf ihre eigene Kindheit zurück.

*Dienstag, 7. März 1944*

Liebe Kitty,
wenn ich über mein Leben von 1942 nachdenke, fühlt es sich wie etwas Unwirkliches an. Dieses Leben hat eine ganz andere Anne als die erlebt, die im Hinterhaus erzogen wird. Zu Hause, auf dem *Merry*, scheint es mir von hier aus gesehen so herrlich gewesen zu sein, viele Freunde und Freundinnen, verwöhnt von Vater und Mutter, viele Süßigkeiten, genug Geld, was will man mehr? (Frank 2019: 172)

Mit dieser Analepse wird der Kontrast zwischen idyllischer Kindheit und der gegenwärtigen Situation im Hinterhaus deutlich. Zugleich grenzt sich Anne Frank von diesem Kind ab. Das Erinnern dient auch der Neudefinition der eigenen Person. Es vollzieht sich aus dem Bewusstsein der Gegenwart heraus. Neben dieser persönlichen Ebene des Erinnerns gewinnt das schreibende Erinnern von Anne Frank schon in dem Überarbeitungsprozess eine gesellschaftliche Bedeutung. *Het Achterhuis* wurde für sie zu einem Projekt, mit dem sie einen Beitrag zur kollektiven Erinnerungskultur leisten wollte, was letztlich auch gelungen ist. Denn die Tagebücher sind aus heutiger Sicht als historische Quellen zu betrachten, die über jüdisches Leben in den Niederlanden während der nationalsozialistischen Besatzung Auskunft geben. Darüber hinaus haben sie als literarischer Versuch ihre Wirkung entwickelt. Aus den persönlichen Aufzeichnungen sind erinnerungskulturell bedeutsame Dokumente geworden. Das veröffentlichte Tagebuch ist Teil einer kinder- und jugendliterarischen Erinnerungskultur, in der die Auseinandersetzung mit dem Holocaust und dem Zweiten Weltkrieg einen großen Stellenwert einnimmt.

Diese jugendliterarische Einordnung gilt auch für den Text von Morosinotto. Seine Basis-Erzählung ist ein Text aus Kinderperspektive, wobei er polyperspektivisch erzählt – mit den zwei homodiegetischen kindlichen Erzählstimmen auf der ersten Gegenwartsebene und dem Erzähler Smirnow auf der extradiegetischen Erzählebene.[107] Bei den Tagebuch-Aufzeichnungen von Viktor und Nadja handelt es sich allerdings, anders als bei Franks Tagebüchern, um fiktionale Gedächtnisliteratur. Im Rahmen der Fiktion sind diese Aufzeichnungen als staatlich sanktionierte, als unterdrückte Erinnerungen gekennzeichnet, denn sie werden von Oberst Smirnow als streng geheim eingestuft. Morosinotto nutzt diese Information einerseits strategisch als Botschaft an die Lesenden, dass sie Teil einer verschworenen Gemeinschaft mit den Zwillingsgeschwistern sind, andererseits ist es aber auch eine Aussage über reale staatliche Restriktionen in der Sowjetunion und über die Unterdrückung von Erinnerungen. Die Veröffentlichung wirkt insofern wie ein Akt der Rebellion gegen staatliche Repression – hier verbindet sich die reale mit der fiktionalen Ebene. Die Stimmen der beiden Geschwister ermöglichen darüber hinaus ein multiperspektivisches Bild der zeitgeschichtlichen Ereignisse. Räumlich werden die Lesenden durch die verschiedenen Perspektiven an unterschiedliche Orte geführt und mit

---

107 Modell 2 der Modelle des Erzählens nach Gansel (2014: 66).

diversen – teils historischen – Ereignissen konfrontiert. Morosinottos Text ist ein literarischer Beitrag zum kulturellen Gedächtnis. Zugleich verweist der Autor in seinem Nachwort auch auf eine kommunikative Gedächtnisspur, die durch die Gespräche mit seinem eigenen Großvater in ihm gelegt wurde und ebenfalls in seine Arbeit am Text einfloss.

Mohls Text ist zugleich Gedächtnisliteratur und Erinnerungsroman, denn er thematisiert das Erinnern selbst, indem er es als dialogische Auseinandersetzung zwischen seinem jugendlichen und seinem erwachsenen Ich konstruiert. Dabei montiert er zwei Gegenwartsebenen ineinander: die des erinnerten jugendlichen Ich und die des erwachsenen Ich. Die Schilderung vergangener Ereignisse interessiert ihn im Grunde nicht, sondern die Gedanken der sprechenden Instanzen. Es ist ein ständiger Dialog, bei dem das erinnerte Ich „Geräusche aus der Zukunft …?" (Mohl 2021: 10) hört und das erwachsene ich als „Lappen" oder „Zombie" (ebd.: 124) beschimpft, während das erwachsene Alter Ego sich fragt: „Bin ich gestrandet?" (ebd.: 115). Indem er weitgehend von persönlichen Erlebnissen abstrahiert, zeichnet er mehr als nur ein Bild der eigenen Jugend in einer bestimmten Zeit. Er verbindet die Erinnerung an die eigene Jugend mit den Versatzstücken einer Jugend in der heutigen Zeit und so wird das fiktionale Ich in seinem Text zum „Wir", also zur „communal voice" (Gansel 2014: 62). In Abwandlung von Karin Richters Aussage, Kinderliteratur sei „Roman der Kindheit" (1996), ist Mohls Text ein „Roman der Jugend". Unabgeschlossenheit, Diskontinuität und Fragmentarität sind Kennzeichen dieses Textes. Dies sind zugleich die drei Kennzeichen, die Gansel als Charakteristika des Erinnerungsromans nennt (ebd.: 70 f.). Vielleicht liegt sogar ein gewisser sentimentalischer Blick, wie Gansel ihn den meisten Texten des Memory-Booms in der deutschen Kultur attestiert (ebd.: 61), in Mohls Erinnerung an das rebellische, suchende 17-jährige Ich.

Inwiefern stehen nun Erinnerungstexte mit Fragmentierungsprozessen in einem Zusammenhang? Selbst das noch so akribisch geführte Tagebuch ist nur ein Fragment des Erlebten. Erinnerung ist nie identisch mit der Erfahrung selbst. Es sind nur Momentaufnahmen des gelebten Lebens. Insofern haftet der Erinnerung immer etwas Fragmentarisches an. In den vorgestellten Textbeispielen von Frank und Morosinotto ist Fragmentierung zugleich auch Abbild einer historischen, von Krieg und Gewalt geprägten Gegenwart. Bei Mohl dient die Fragmentierung auf der Ebene des *discours* als Ausdruck einer Weltwahrnehmung, wie sie charakteristisch für die Literatur der Moderne ist.

## 8.3 Das Fragment aus der Zukunft

Alle drei Textbeispiele können auch im romantischen Sinne als Fragmente aus der Zukunft gelesen werden. Sie sind Spuren einer geplanten oder Samen einer möglichen Zukunft, die allerdings noch nicht eingetreten, also als Utopie zu lesen ist.

Anne Frank nutzt ihr Tagebuch, um ein zukünftiges Bild von sich zu entwerfen und daran zu arbeiten. Utopisches Potenzial liegt aber auch im Vorbildcharakter des Tagebuchs, der sich in Äußerungen von Rezipient:innen wiederspiegelt. So wird Anne Franks Tagebuch von heutigen Jugendlichen immer noch als mögliches Modell für das eigene Schreiben wahrgenommen und zugleich wird der Text als passende Adoleszenz-Lektüre eingeordnet. Als Beispiel hier das Zitat einer Jugendlichen:

> Ich finde, sie schreibt auch sehr schön. So wie ich vielleicht auch ein Tagebuch schreiben würde. Und ich finde, man kann sich sehr gut in sie reindenken und sie verstehen, weil man häufig das Gleiche fühlt und die gleichen Situationen hat. (Born 2019)

Zudem wird der veröffentlichte Text von einigen Jugendlichen in einen politischen Appell transformiert.

> Ich kenne dieses Buch schon seit einigen Jahren und bin immer wieder bewegt, wenn ich es lese. Es ist einfach unvorstellbar, was damals geschehen ist. Ich selbst bin in dem Alter, als Anne Frank starb und könnte mir nicht vorstellen – nein, ich will mir das gar nicht vorstellen – wie sie im Krieg zu leben. Es is[t] wirklich kaum zu glauben, was damals passiert ist und das sollten vielleicht auch einmal die Neonazis von heute denken. Die wissen überhaupt nicht, wovon sie reden. [...] Zum Glück sind nicht alle so. Wir müssen uns viel mehr gegen die Neonazis wehren!! (Caty 05.02.2009)

Anne Franks Tagebuch wird als Antikriegsbuch, als ein Buch gegen rassistische Diskriminierung und eine nationalsozialistische Weltanschauung gelesen. Rezeptionsästhetisch betrachtet, entwickelt es ein gegenwarts- und zukunftsbezogenes Potenzial.

Eine appellative Funktion scheint auch in der musealen Überhöhung des überlieferten, fragmentarischen Artefaktes in Form des rotkarierten Tagebuchs, das in einer gläsernen Schutzhülle ruht, zu liegen. Die Inszenierung macht nicht nur die Werthaftigkeit des Gegenstandes deutlich, sondern sie zeigt zugleich das Fragment, das vom Leben der Anne Frank übrigblieb, nachdem es gewaltsam beendet wurde. In diesem Erinnerungsdokument liegt zugleich die Aufforderung für die Zukunft, die Vergangenheit nicht zu wiederholen.

Diese Aufforderung impliziert auch das Buch von Morosinotto, wenn es als ein Antikriegsbuch gelesen wird. Er zeigt deutlich, wie der Krieg eine Familie auseinanderreißt, dass der Vater der beiden Hauptfiguren und viele andere Menschen, denen die Zwillinge begegnen, sterben, wie die Belagerung von Leningrad eine Hungersnot auslöst, wie Wertvorstellungen sich verändern. Auch wenn nur an wenigen Stellen des Buchs Kampfhandlungen direkt dargestellt werden, expliziert Morosinotto doch die Auswirkungen des Krieges sehr markant, so dass bei der Lektüre Krieg als etwas Negatives wahrgenommen wird. Insbesondere die Figur von Viktor weist aber auch auf eine Ambivalenz hin: Viktor ist anfänglich Patriot und überzeugter Kommunist, er möchte sich als Held bewähren. Im Verlauf der Handlung nehmen angesichts der Kriegserfahrungen und der Erlebnisse im Gulag seine Zweifel allerdings zu. Morosinotto lässt die Figur durch diese Phase des Zweifelns hindurchgehen und letztlich doch zum Helden werden, nicht durch kriegerische Handlungen, sondern indem er einen Weg für Hilfslieferungen nach Leningrad aufweist, also durch einen humanitären Akt. An Viktor und Nadja führt Morosinotto exemplarisch einen Weg vor, auf dem aus Kindern Jugendliche und eigenständig denkende sowie moralisch handelnde Personen werden, die selbstständig Entscheidungen treffen und für andere eine wegweisende Rolle einnehmen. Dabei treten insbesondere durch die Kommentare von Smirnow die permanenten Regelverstöße der Kinder hervor. Der utopische Gehalt dieser Darstellung ist eine Aufforderung sich in Unrechtssystemen nicht an die Vorgaben zu halten, sondern selbstständig nach moralischen Kriterien zu entscheiden und zu handeln. Es ist eine Spielart der Kindheitsautonomie und kindlicher Rebellion im System der Erwachsenen, wie es in den Klassikern der Jugendliteratur immer wieder aufzufinden ist. Vergleichbar wäre etwa *Die rote Zora* (1941) von Kurt Held (vgl. Jentgens 1995). Morosinotto greift hier also auf ein bekanntes Muster der Kinderliteratur zurück. Der utopische Kern liegt – ähnlich wie bei Kästner oder Held – in der Selbstermächtigung des Kindes oder Jugendlichen und seiner Rolle als Leitfigur.

Anders verhält es sich bei Mohls Protagonisten. Auch hier gibt es Auflehnung und Rebellion, allerdings vor allem gegenüber dem erwachsenen Ich. Eine gesellschaftliche Dimension erhält die Auflehnung stellenweise, so wenn es um die Ödnis des Berufsalltags geht. In den „Fragmenten meiner Autobiografie als Seefahrer" kommt als eine Variante auch der Gesellschaftssprenger vor. Aber insgesamt spielt sich die Abgrenzung von der Erwachsenenwelt eher auf einer persönlichen Ebene ab. Was Mohl allerdings leistet und worin er sich von Morosinotto abhebt, ist der Entwurf einer postmodernen Identität, die eben nicht auf eine Entität abzielt, sondern prozessual und fraktal ist. Im Diskurs zwischen dem jugendlichen und dem erwachsenen Ich entsteht ein Zukunftsraum, der oftmals eher dystopische als utopische Züge hat, in seiner Konstruktion und der inhaltlichen Verabschiedung von der Vorstellung eines Wesenskerns, auf den sich ein Individuum hin entwickeln sollte, für die Jugendliteratur aber durchaus zukunftsträchtig wirkt.

## 8.4 Forschungsausblick

Die vorliegende Studie stellt nur einen kleinen Ausschnitt aus möglichen Perspektiven auf das Fragment in der Kinder- und Jugendliteratur dar. Durch die Konzentration auf drei diaristische Texte konnten andere Gattungen und Genres der Kinder- und Jugendliteratur nur gestreift werden, indem z. B. bei der Untersuchung von Mohls Text auch epische, lyrische und rein dialogische Textpassagen betrachtet werden konnten. Hier gibt es noch ein weites Feld unterschiedlicher Ausformungen des konzeptionellen Fragments zu erforschen. Ebenso wurde das überlieferungsgeschichtliche Fragment in der Kinder- und Jugendliteratur mit nur einem Beispiel, dem Tagebuch der Anne Frank, repräsentiert. In den Bänden des *Handbuchs zur Kinder- und Jugendliteratur* (Brüggemann 1982, Brüggemann 1991) finden sich weitere Hinweise auf fragmentarisch überlieferte Texte. Eine weitergehende Beschäftigung mit diesen Fragmenten steht allerdings meines Wissens in der historischen Kinder- und Jugendliteraturforschung noch aus.

Ganz andere Aspekte rücken in den Blick, wenn die beiden entstehungsgeschichtlichen Fragmente von Siobhan Dowd und Michael Ende betrachtet werden, die jeweils von einem zeitgenössischen Kinderbuchautor vollendet wurden.[108] Hier wären zum einen die Vorgehensweise der Bearbeiter und das Verhältnis von überliefertem Text und dem von zweiter Hand entworfenen Text von Interesse. Zum anderen könnte die grundsätzliche Frage diskutiert werden, inwiefern kinder- und jugendliterarischen, fragmentarisch überlieferten Texten ein anderer Status zukommt als entsprechenden Text-Fragmenten der Erwachsenenliteratur.

Die drei analysierten Text-Beispiele sind tendenziell eher der Jugendliteratur zuzuordnen. Insofern fehlt noch eine genauere Betrachtung von Beispielen in den Segmenten von Bilder- und Kinderbuch. Dass die bildliche Dimension eine große Rolle bei der Untersuchung des Fragmentarischen einnimmt, hat bereits die narratologische Analyse zu *Verloren in Eis und Schnee* und *An die, die wir nicht werden wollen* gezeigt. Im postmodernen Bilderbuch spielt das Fragmentarische eine große Rolle. Man denke z. B. an *Johanna im Zug* (2009) von Kathrin Schärer. Für die Bilderbuchforschung könnte ein Fokus auf das Fragmentarische ergiebig sein. Für die Motivforschung würde sich auch eine Perspektivierung des Fragmentarischen im illustrierten Kinderbuch lohnen. So taucht der Fragmentierungsprozess einer Kamishibai-Bilderreihe als Motiv in Rafik Schamis Erzählung *Der Wunderkasten* (1990), illustriert von Peter Knorr, auf. Und in Joke van Leeuwens Geschichte *Weißnich* (2003) sind Teile des Textes von der Abbildung eines Lappens überdeckt. Weitere Beispiele für das Fragment als Motiv im Bilder- und Kinderbuch ließen sich leicht finden. Eine vergleichende Studie, die das Motiv in seinen verschiedenen Ausformungen analysiert, würde sich anbieten. Schon in der Betrachtung der Beispiele von Schami und van Leeuwen deuten sich unterschiedliche Funktionen des Motivs an.

Im Bereich der Jugendliteratur bliebe beispielsweise zu untersuchen, inwieweit Nils Mohls fragmentarischer Stil sich auch in anderen aktuellen Jugendbüchern wiederfinden lässt und ob dies möglicherweise eine neue Strömung in der Jugendliteratur darstellt. Ein Indiz hierfür wäre z. B. Sarah Michaela Orlovskýs *Eine halbe Banane und die Ordnung der Welt* (2021) (vgl. Jentgens 2022).

---

108 Siehe hierzu den Hinweis in Kapitel 2, Fußnote 2.

Weiterhin wäre eine intensivere Auseinandersetzung mit der Differenzierung von Fragmentarischem, Leerstelle und offenem Ende wünschenswert. So schließt dieses Buch mit der Erkenntnis, wie wenig umfassend und fragmentarisch das Bild des Fragments in der Kinder- und Jugendliteratur hier dargestellt werden konnte. Zugleich bietet dieser letzte Forschungsausblick eine hoffnungsvolle Perspektive auf weitere Untersuchungen des Fragmentarischen in der Kinder- und Jugendliteratur.

## Persönliche Schlussbemerkung

Es war ein glücklicher Zufall am Ende meiner Arbeit an diesem Buch auf die Performance von Francesco Marzano im Folkwang Museum zu treffen, dessen Fragmentierungsakt so viel hoffnungsvolles Potenzial in sich trägt. Gleichzeitig ist dieses Buch in einer Zeit voller Fragmentierungsphänomene entstanden: In Europa herrscht seit Jahrzehnten zum ersten Mal wieder Krieg. Der Konflikt zwischen Palästinensern und Israelis droht sich immer mehr auszuweiten. Teile des Gazastreifens sind eine Trümmerlandschaft. Viele Menschen werden ihrer Heimat, ihrer Lebensgrundlagen und ihres Lebens beraubt. Umweltkatastrophen, wie übermäßige Trockenheit und Überschwemmungen, bestimmen die Nachrichtenmeldungen. In Deutschland gewinnen rechte Kräfte immer mehr Zuspruch von einer breiteren Bevölkerungsgruppe. Die gesellschaftliche Spaltung wird vorangetrieben und notwendige politische Schritte im Sinne der Ökologie werden verhindert. Der Eindruck, auf eine Katastrophe zuzulaufen, verdunkelt derzeit die Aussicht auf einen möglichen utopischen Kern des Fragmentarischen.

# 9. Literatur- und Abbildungsverzeichnis

## Primärliteratur

de Bruijn, Peter (Hg.) (2021): Anne Frank – Manuscripten. Onder auspiciën van Huygens Instituut voor Nederlandse Geschiedenis (KNAW) en Anne Frank Stichting. Met medewerking van Elli Bleeker en Marielle Scherer. Online publicatie verzorgd door de Vereniging voor Onderzoek en Ontsluiting van Historische Teksten. Brüssel. URL: https://annefrankmanuscripten.org (zuletzt aufgerufen: 07.02.2024).

Calvino, Italo (1987): Wenn ein Reisender in einer Winternacht. Roman. München: dtv.

Diderot, Denis (1767): Salons. Texte établi et présenté par Jean Seznec, Volume III, Second Edition, Oxford: Clarendon Press 1983.

Frank, Anne (2019): Liebe Kitty. Ihr Romanentwurf in Briefen. Aus dem Niederländischen von Waltraud Hüsmert. Zürich: Secession Verlag für Literatur.

Dies. (2019b): Das Hinterhaus. Het Achterhuis. Die Tagebücher von Anne Frank. Mit einem Geleitwort von Audrey Azoulay. Aus dem Niederländischen von Mirjam Pressler. Frankfurt am Main: S. Fischer.

Dies. (1942): Dagboek. Faksimile, autorisiert durch das Nederlands Instituut voor Oorlogsdocumentatie und den Anne Frank Fond, im Auftrag der Anne Frank Stiftung, Amsterdam, Juni 2001, Nr. 2.

Dies. (1943–1944): Dagboek. Faksimile, autorisiert durch das Nederlands Instituut voor Oorlogsdocumetantie und den Anne Frank Fond, im Auftrag der Anne Frank Stiftung, Amsterdam, August 2002, Nr. 2.

Dies. (1944): Dagboek. Faksimile, autorisiert durch das Nederlands Instituut voor Oorlogsdocumetantie und den Anne Frank Fond, im Auftrag der Anne Frank Stiftung, Amsterdam, August 2002, Nr. 2.

Goethe, Johann Wolfgang von (1798): Einleitung in die Propyläen. In: Ders. (1981): Werke. Hamburger Ausgabe in 14 Bänden. Bd. 12: Schriften zur Kunst. Schriften zur Literatur. Maximen und Reflexionen. München: dtv, S. 38–55.

Heine, Heinrich (1824): Die Harzreise. In: Ders. (1981): Reisebilder. Vollständige Ausgabe, Bremen: Carl Schünemann Verlag, S. 7–88.

Herder, Johann Gottfried von (1767): Über die neuere deutsche Literatur. Erste Sammlung von Fragmenten. Bd. 1, Riga, In: Deutsches Textarchiv. URL: https://www.deutschestextarchiv.de/book/view/herder_litteratur01_1767?p=1 (zuletzt aufgerufen: 18.11.2021).

Hofmannsthal, Hugo von (1891): Aufzeichnungen aus dem Nachlaß. In: Bernd Schoeller (Hg.) (1980): Hofmannsthal. Gesammelte Werke in zehn Einzelbänden, Bd. 10: Reden und Aufsätze III, Frankfurt am Main: S. Fischer, S. 311–595.

Ders. (1902): Ein Brief. In: Bernd Schoeller (Hg.) (1979): Hofmannsthal. Gesammelte Werke in zehn Einzelbänden, Bd. 7, Frankfurt am Main: S. Fischer, S. 461–472.

Kästner, Erich (1929): Emil und die Detektive. München: dtv, 2. Aufl. 1999.

Ders. (1961): Notabene 45. Ein Tagebuch. Berlin: Cecilie Dressler Verlag.

Kleist, Heinrich von (1808): Penthesilea. Ein Trauerspiel. Stuttgart: Philipp Reclam Jun. 1983.

Mohl, Nils (2021): An die, die wir nicht werden wollen. Bilder von Regina Kehn, Innsbruck: Tyrolia.

Ders. (2021a): Opus magnum mini. An die, die wir nicht werden wollen. URL: https://www.nils-mohl.de/opus-magnum-mini-an-die-die-wir-nicht-werden-wollen (zuletzt aufgerufen: 13.09.2021).

Ders. (2020): Montagsgedichte. 01.05.2020, URL: https://www.youtube.com/watch?v=u6NHSUIIBMQ (zuletzt aufgerufen: 08.03.2022).

Ders. (2022): Nils Mohl. URL: https://www.instagram.com/nilsmohl/ (zuletzt aufgerufen: 21.06.2022).

Morosinotto, Davide (2022): Die dunkle Stunde des Jägers. Aus dem Italienischen von Cornelia Panzacchi. Mit Bildern von Fabio Visintin, Stuttgart: Thienemann [EA Milano: Mondadori 2021].

Ders. (2022): Shi Yu. Die Unbezwingbare. Aus dem Italienischen von Cornelia Panzacchi. Mit Bildern von Fabio Visintin, Stuttgart: Thienemann [EA Milano: Mondadori 2021].

Ders. (2021): Der Ruf des Schamanen. Unsere abenteuerliche Reise in das Herz der Dunkelheit. Aus dem Italienischen von Cornelia Panzacchi. Mit Bildern von Paolo Domeniconi, Stuttgart: Thienemann [EA Milano: Mondadori 2021].

Ders. (2018): Verloren in Eis und Schnee. Die unglaubliche Geschichte der Geschwister Danilow. Aus dem Italienischen von Cornelia Panzacchi. Stuttgart: Thienemann [EA Milano: Mondadori 2017].

Ders. (2017): La sfolgorante luce di due stelle rosse. Il caso dei quaderni di Viktor e Nadya. Milano: Mondadori.

Ders. (2019): La sfolgorante luce di due stelle rosse. Il caso dei quaderni di Viktor e Nadya. Milano: Mondadori: Prima editioni Oscar Bestsellers maggio.

Ders. (2017): Die Mississippi-Bande. Wie wir mit drei Dollar reich wurden. Aus dem Italienischen von Cornelia Panzacchi. Stuttgart: Thienemann [EA Milano: Mondadori 2016].

Nietzsche, Friedrich (1882): Die Fröhliche Wissenschaft. 3. Buch, 125. Der tolle Mensch. In: Karl Schlechta (Hg.) (1954): Friedrich Nietzsche. Werke in drei Bänden. Bd. 2, München: Hanser, S. 126–128. URL: http://www.zeno.org/Philosophie/M/Nietzsche,+Friedrich/Die+fr%C3%B6hliche+Wissenschaft/Drittes+Buch/125.+Der+tolle+Mensch (zuletzt aufgerufen: 29.11.2021).

Novalis (1798): Blüthenstaub. In: Richard Samuel (Hg.) (1960): Novalis: Schriften. Die Werke Friedrich von Hardenbergs. Bd. 2: Das philosophische Werk, Stuttgart: Kohlhammer, S. 413–464. URL: http://www.zeno.org/Literatur/M/Novalis/Fragmentensammlung/Bl%C3%BCthenstaub (zuletzt aufgerufen: 11.11.2021)

Pressler, Mirjam (Hg.) (2022): Anne Frank Tagebuch. Edition von Mirjam Pressler (Version d, in Überarbeitung der Fassung von Otto H. Frank). Aus dem Niederländischen von Mirjam Pressler, Frankfurt am Main: S. Fischer.

Rijksinstituut voor Oorlogsdocumentatie [RvO], Niederländisches Staatliches Institut für Kriegsdokumentation (1993): Die Tagebücher der Anne Frank. Aus dem Niederländischen von Mirjam Pressler, Frankfurt am Main: S. Fischer.

Schlegel, Friedrich (1798): Fragmentensammlungen. Fragmente. [Athenäum-Fragmente]. In: Ernst Behler (Hg.) (1967): Kritische Friedrich-Schlegel-Ausgabe. Erste Abteilung: Kritische Neuausgabe, Bd. 2, München u. a.: Thomas, S. 165–256. URL: http://www.zeno.org/Literatur/M/Schlegel,+Friedrich/Fragmentensammlungen/Fragmente (zuletzt aufgerufen: 18.11.2021)

## Sekundärliteratur

Adorno, Theodor W. (1973): Ästhetische Theorie. Hrsg. von Gretel Adorno und Rolf Tiedemann. Frankfurt am Main: Suhrkamp Taschenbuch Verlag.

Allerkamp, Andrea (2019): Urszenen der Zerreißung. Zur Überschreitung von Gattungsgrenzen in Penthesilea. In: Andrea Allerkamp/Matthias Preuss/Sebastian Schönbeck (Hgg.): Unarten. Bielefeld: transcript Verlag, S. 135–154. URL: https://doi.org/10.14361/9783839435007-006 (zuletzt aufgerufen: 19.11.2021).

Anne Frank Fonds Basel (03.05.2019): Otto Frank talks about Annes diary. URL: https://www.youtube.com/watch?v=fuNAdok2TtY (zuletzt aufgerufen: 07.02.2024).

Appadurai, Arjun (Hg.) (1986): The Social Life of Things. Commodities in Cultural Perspectives. Cambridge: Cambridge University Press.

Bachtin, Michail M. (1934/1935): Das Wort im Roman. In: Rainer Grübel (Hg.) (1979): Die Ästhetik des Wortes. Aus dem Russischen von Rainer Grübel und Sabine Reese. Frankfurt am Main.: Suhrkamp, S. 154–300.

Benjamin, Walter (1930): Krisis des Romans. Zu Döblins „Berlin Alexanderplatz". In: Hella Tiedemann-Bartels (Hg.) (1991): Walter Benjamin. Gesammelte Werke. Bd. III, Frankfurt am Main: Suhrkamp, S. 228–234.

Bergmann, Lukas (2017): Urbanisierung in Deutschland. URL: https://www.planet-wissen.de/gesellschaft/wirtschaft/industrialisierung_in_deutschland/industrialisierung-deutschland-urbanisierung-100.html (zuletzt aufgerufen: 29.11.2021).

Bleeker, Elli (2021): Anne Frank als schrijfster. URL: https://annefrankmanuscripten.org/anne-frank-als-schrijfster (zuletzt aufgerufen: 01.09.2022).

Boerner, Peter (1969): Tagebuch. Stuttgart: Metzler [Sammlung Metzler 65].

Boltes, Dorothea (1989): Wortkult und Fragment. Die poetologische Poesie Francis Ponges, ein postmodernes Experiment. Heidelberg: Carl Winter Universitätsverlag [Studia Romanica H. 74].

Book on a Tree (2022): Red Stars. Davide Morosinotto. URL: https://www.bookonatree.com/en/red-stars?fromsearch=1 (zuletzt aufgerufen: 11.07.2022).

Born, Carolin (2019): Anne Frank. Vorbild für Jugendliche. URL: https://www.deutschlandfunkkultur.de/anne-frank-vorbild-fuer-jugendliche-100.html (zuletzt aufgerufen: 02.08.2023).

Braun, Michael (2002): Hörreste, Sehreste. Das literarische Fragment bei Büchner, Kafka, Benn und Celan. Köln: Böhlau Verlag [Habilitation].

Brüggemann, Theodor (Hg.) (1982): Handbuch zur Kinder- und Jugendliteratur. Von 1750 bis 1800. In Zusammenarbeit mit Hans-Heino Ewers. Stuttgart: J.B. Metzler.

Ders. (Hg.) (1991): Handbuch zur Kinder- und Jugendliteratur. Von 1570 bis 1750. In Zusammenarbeit mit Otto Brunken. Stuttgart: J.B. Metzler.

Brunken, Otto/Bettina Hurrelmann/Klaus-Ulrich Pech (Hgg.) (1998): Handbuch zur Kinder- und Jugendliteratur. Von 1800 bis 1850. Stuttgart und Weimar: J.B. Metzler.

Burdorf, Dieter/Christoph Fasbender/Burkhard Moenninghoff (Hgg.) (2007): Metzler Lexikon Literatur. 3. Aufl., Stuttgart und Weimar: J.B. Metzler.

Ders. (2010): Blätter, Rosen, Gärten. Zur Theorie des lyrischen Fragments beim jungen Friedrich Schlegel (1794–1798). In: Christian Benne/Ulrich Breuer (Hgg.): Antike – Philologie – Romantik. Friedrich Schlegels altertumswissenschaftliche Manuskripte. Paderborn u. a.: Verlag Ferdinand Schöningh, S. 101–146.

Ders. (2020): Zerbrechlichkeit. Über Fragmente in der Literatur. Göttingen: Wallstein Verlag.

Camion, Arlette/Wolfgang Drost/Geraldi Leroy/Volker Roloff (Hgg.) (1999): Über das Fragment – Du fragment. Band IV der Kolloquien der Universitäten Orléans und Siegen. Heidelberg: Universitätsverlag C. Winter.

Caty (05.02.2009): [Kommentar zu Anne Franks Tagebuch]. In: Weltbild. URL: https://www.weltbild.de/kommentare/buch/das-tagebuch-der-anne-frank_13626897-1?seite=2 (zuletzt aufgerufen: 02.08.2023).

Confabulare (2022): Davide Morosinotto. Autore Open Air 2021. URL: https://www.confabulare.it/author/36 (zuletzt aufgerufen: 06.06.2024).

Cramer, Florian (2019): Häuser aus Staub. In: Klaus Scherpe/Elisabeth Wagner (Hgg.) (2019): Non-finito. Un-fertig. Fluchtlinien des Kreativen in Kunst und Literatur (Mosse-Lectures an der Humboldt-Universität zu Berlin) Berlin: Vorwerk 8, S. 166–176.

Dällenbach, Lucien/Christiaan L. Hart Nibbrig (Hgg.) (1984): Fragment und Totalität. Frankfurt am Main: Suhrkamp.

Dinger, Christian (2021): Die Aura des Authentischen. Inszenierung und Zuschreibung von Authentizität auf dem Feld der deutschsprachigen Gegenwartsliteratur. Göttingen: Vandenhoeck & Ruprecht Verlage.

Der kleine Stowasser (1971). Lateinisch=deutsches Schulwörterbuch, bearbeitet von Dr. Michael Petschenig. München: G. Freytag Verlag.

Dusini, Arno (2005): Tagebuch. Möglichkeiten einer Gattung. München: Wilhelm Fink Verlag.

Eco, Umberto (2019): Das offene Kunstwerk. Aus dem Italienischen von Günter Memmert. Frankfurt am Main: Suhrkamp [EA 1973].

Ewers, Hans-Heino (2012): Literatur für Kinder und Jugendliche. Eine Einführung in Grundbegriffe der Kinder und Jugendliteraturforschung. 2. Aufl., Stuttgart: UTB.

Fetscher, Justus (2001): Fragment. In: Karlheinz Barck/Martin Fontius/Dieter Schlenstedt/Burkhart Steinwachs/Friedrich Wolfzettel (Hgg.): Ästhetische Grundbegriffe. Bd. 2: Dekadent–Grotesk. Stuttgart und Weimar: J. B. Metzler, 551–588.

Fröhlich, Gerrit (2018): Medienbasierte Selbsttechnologien 1800, 1900, 2000: Vom narrativen Tagebuch zur digitalen Selbstvermessung, Bielefeld: transcript Verlag.

Gansel, Carsten (2014): „Darinnen noch einmal zu sein, dort noch einmal einzutreten". Oder: Vom Versuch Kindheit zu erinnern. In: Caroline Roeder (Hg.): Topographien der Kindheit: Literarische, mediale und interdisziplinäre Perspektiven auf Orts- und Raumkonstruktionen. Bielefeld: transcript Verlag, S. 59–81.

Gerig, Karin (2000): Fragmentarität. Identität und Textualität bei Margaret Atwood, Iris Murdoch und Doris Lessing. Tübingen: Gunter Narr Verlag.

Gockel, Heinz (1979): Friedrich Schlegels Theorie des Fragments. In: Ernst Ribbat (Hg.): Romantik. Königstein/Ts.: Athenäum, S. 23–37.

Görner, Rüdiger (1986): Das Tagebuch. Eine Einführung. München und Zürich: Artemis.

Habicht, Werner/Wolf-Dieter Lange/Brockhaus-Redaktion (Hgg.) (1988): Der Literatur Brockhaus. Erster Band: A-Ft, Mannheim: F.A. Brockhaus.

Hahn, Hans Peter (2015): Vom Eigensinn der Dinge. Für eine neue Perspektive auf die Welt des Materiellen. Berlin: Neofelis.

Harden, Ingo (2007): Epochen der Musikgeschichte. Entwicklung und Formen der europäischen Musik. Hildesheim: Gerstenberg.

Hocke, Gustav René (1963): Das europäische Tagebuch. Wiesbaden: Limes Verlag.

Internationales literaturfestival berlin & Peter Weiss Stiftung e.V. (2022): Davide Morosinotto. URL: https://literaturfestival.com/authors/davide-morosinotto/ (zuletzt aufgerufen: 28.06.2022)

Iser, Wolfgang (1976): Der Akt des Lesens. Theorie ästhetischer Wirkung. München: Fink.

Jentgens, Stephanie (1995): Robin Hood der Kinderwelt. „Die rote Zora und ihre Bande" von Kurt Held. In: Bettina Hurrelmann (Hg.): Klassiker der Kinder- und Jugendliteratur. Berlin: Fischer Taschenbuch, S. 502–519.

Jentgens, Stephanie (2021): Essayistisches Schreiben in der Kinder- und Jugendliteratur. Berlin: Peter Lang.

Jentgens, Stephanie (2022): Das Fragment in der Kinder- und Jugendliteratur – Zeugnisse einer brüchigen Realität. In: Libri Liberorum, H. 56–57, S. 118–129.

Jurgensen, Manfred (1979): Das fiktionale Ich. Untersuchungen zum Tagebuch. Bern und München: Verlag Francke.

Kemmann, Oliver (17.08.2021): Das digitale Sofa. Bookspecial: „An die, die wir nicht werden wollen" – Nils Mohl, Jugendbuchautor # 121. URL: https://www.dasdigitalesofa.de/bookspecial-an-die-die-wir-nicht-werden-wollen-nils-mohl-jugendbuchautor-121/ (zuletzt aufgerufen: 08.03.2022).

Kluge, Friedrich (1995): Etymologisches Wörterbuch der deutschen Sprache. Bearb. von Elmar Seebold. 23. erw. Aufl., Berlin und New York: de Gruyter.

Kochinka, Alexander (2008): Psychisches Geschehen im Tagebuch. Kulturpsychologische Fallstudien. Weilerswist: Velbrück Wissenschaft.

Kümmel, Albert Heinrich (2005): Mighty Matryoshka: Zum Konzept der fraktalen Person. In: Werner Huber/Martin Middeke/Hubert Zapf (Hgg.): Self-Reflexivity in Literature. Würzburg: Königshausen & Neumann, S. 223–239 [text & theorie Bd. 6].

Lefevere, André (2016): On the construction of different Anne Franks. In: Translation, rewriting and the manipulation of literary fame. London: Routledge, S. 45–54.

Leopold, Ronald (2023): Anne Frank. In Zusammenarbeit mit Bas von Benda-Beckmann, Gertjan Broek und Menno Metselaar. Aus dem Niederländischen von Waltraud Hüsmert, München: C. H. Beck.

Literarisches Kolloquium Berlin (2024): Nils Mohl. URL: https://www.literaturport.de/Nils.Mohl/ (zuletzt aufgerufen: 07.02.2024).

Mackrodt, Cori (2007): Fragment. In: Dieter Burdorf/Christoph Fasbender/Burkhart Moenninghoff (Hgg.): Metzler Literatur Lexikon. Begriffe und Definitionen, begr. von Günther und Irmgard Schweikle, 3. neu bearb. Aufl., Stuttgart/Weimar: J.B. Metzler, S. 250–251.

Mennemeier, Franz Norbert (1968): Fragment und Ironie beim jungen Friedrich Schlegel. Versuch der Konstruktion einer nicht geschriebenen Theorie. In: Poetica 2, S. 348–370.

Meyer, Mathias (1995): Zwischen Ethik und Ästhetik. Zum Fragmentarischen im Werk Hugo von Hofmannsthals. In: Gerhard Neumann/Ursula Renner/Günter Schnitzler/Gotthart Wunberg (Hgg.): Hofmannsthal. Jahrbuch. Zur europäischen Moderne, Bd. 3, S. 263–272.

Mogendorf, Janina (2017): Nils Mohl. URL: https://www.borromaeusverein.de/auslese/portraets/portraet-nils-mohl (zuletzt aufgerufen: 08.03.2022).

Mondadori Libri (2022): Libri per ragazzi. La sfolgorante luce di due stelle rosse. URL: https://www.ragazzimondadori.it/libri/la-sfolgorante-luce-di-due-stelle-rosse-davide-morosinotto-9788804683674/ (zuletzt aufgerufen: 11.07.2022).

Moser, Christian/Jürgen Nelles (Hgg.) (2006): AutoBioFiktion. Konstruierte Identitäten in Kunst, Literatur und Philosophie. Bielefeld: Aisthesis Verlag.

Ostermann, Eberhard (1991): Das Fragment. Geschichte einer ästhetischen Idee. München: Wilhelm Fink Verlag.

Paape, Harry (1993): „… zugezogen aus Frankfurt am Main". In: Rijksinstituut voor Oorlogsdocumentatie (Niederländisches Staatliches Institut für Kriegsdokumentation) (Hg.): Die Tagebücher der Anne Frank. Aus dem Niederländischen von Mirjam Pressler, Frankfurt am Main: S. Fischer, S. 23–29.

Ders. (1993a): Die Verhaftung. In: Rijksinstituut voor Oorlogsdocumentatie (Niederländisches Staatliches Institut für Kriegsdokumentation) (Hg.): Die Tagebücher der Anne Frank. Aus dem Niederländischen von Mirjam Pressler, Frankfurt am Main: S. Fischer, S. 1–22.

Polkinghorne, Donald E. (1998): Narrative Psychologie und Geschichtsbewußtsein. Beziehungen und Perspektiven. In: Jürgen Straub (Hg.): Erzählung, Identität und historisches Bewußtsein. Die psychologische Konstruktion von Zeit und Geschichte. Frankfurt am Main: Suhrkamp, S. 12–45.

Roloff, Volker (1999): Fragmentierung und Montage: Intermediale Aspekte (am Beispiel surrealistischer Texte, Bilder, Filme). In: Camion, Arlette et al. (Hgg.): Über das Fragment – Du fragment. Band IV der Kolloquien der Universitäten Orléans und Siegen. Heidelberg: Universitätsverlag C. Winter, S. 239–259.

Runschke, Kerstin S. (2020): Das private Tagebuch Jugendlicher: Textualität und Stil von Tagebucheinträgen. Eine mikroanalytische Untersuchung. Berlin: Peter Lang [Bd. 24 der Rh. Sprache – Kommunikation – Kultur. Soziolinguistische Beiträge, hrsg. von Eva Neuland].

Scherpe, Klaus R./Elisabeth Wagner (Hgg.) (2019): Non-Finito. Un-fertig. Fluchtlinien des Kreativen in Kunst und Literatur. (Mosse-Lectures an der Humboldt Universität zu Berlin) Berlin: Vorwerk 8.

Schmitt, Michael (2012): Es war einmal Indianerland. In: Süddeutsche Zeitung, 05.04.2012, URL: https://www.buecher.de/shop/deutscher-jugendliteraturpreis/es-war-einmal-indianerland/mohl-nils/products_products/detail/prod_id/29840355/ (zuletzt aufgerufen: 09.03.2022).

Scholz, Susanne/Ulrike Vedder (2018): Handbuch Literatur & Materielle Kultur. Berlin und Boston: De Gruyter.

Schönborn, Sibylle (2007): Tagebuch. In: Georg Braungart/ Harald Fricke/Klaus Grubmüller/Jan-Dirk Müller/Friedrich Vollhardt/Klaus Weimar (Hgg.): Reallexikon der deutschen Literaturwissenschaft. Neubearbeitung, Bd. 3, Berlin: de Gruyter, S. 374–377.

Schwalm, Helga (2007): Tagebuch. In: Dieter Burdorf, Christoph Fasbender, Burkhard Moenninghoff (Hgg.): Metzler Lexikon Literatur. 3. Aufl., Stuttgart und Weimar: J.B. Metzler, S. 750–751.

Seuss, Siggi (2018): Ein Besuch bei Davide Morosinotto – Das Genre weit überschritten. In: Deutschlandfunk. Büchermarkt – Bücher für junge

Leser. 29.09.2018. URL: https://www.deutschlandfunk.de/ein-besuch-bei-davide-morosinotto-das-genre-weit-100.html (zuletzt aufgerufen: 13.07.2022).

Sontag, Susan (2016): The Doors and Dostojewski. Das ‚Rolling-Stone'-Interview. Von Jonathan Cott, aus dem Englischen von Georg Deggeric, 2. Aufl., München: btb.

Sorg, Reto; Stefan Bodo Würffel (Hgg.) (2006): Totalität und Zerfall im Kunstwerk der Moderne. München: Wilhelm Finck Verlag.

Sparr, Thomas (2023): „Ich will fortleben, auch nach meinem Tod". Die Biographie des Tagebuchs der Anne Frank. Frankfurt am Main: S. Fischer.

Spinner, Kaspar H. (2006): Literarisches Lernen. In: Praxis Deutsch 200/2006, S. 6–16.

Staiger, Michael (2022): Kategorien der Bilderbuchanalyse – ein sechsdimensionales Modell. In: Ben Dammers/Anne Krichel/Michael Staiger (Hgg.): Das Bilderbuch: Theoretische Grundlagen und analytische Zugänge. Stuttgart: J.B. Metzler, S. 3–27. URL: https://doi.org/10.1007/978-3-476-05824-9 (zuletzt aufgerufen: 15.03.2023).

Steiner, George (1984): Das totale Fragment. In: Lucien Dällenbach, Christiaan L. Hart Nibbrig (Hgg.): Fragment und Totalität. Frankfurt am Main: Suhrkamp, S. 18–29.

Strack, Friedrich (1997): Romantische Fragmentkunst und modernes Fragmentbewußtsein. In: Bernd Bräutigam, Burghard Damerau (Hgg.): Offene Formen. Beiträge zur Literatur, Philosophie und Wissenschaft im 18. Jahrhundert. Frankfurt am Main: Peter Lang, S. 322–351.

Stütz, Paul (2019): Wie Geschwister ums Überleben kämpfen. In: Kirchenzeitung.at, 14/2019. URL: https://www.kirchenzeitung.at/site/themen/bewusstleben/buecher-sind-wie-grosse-abenteuer (zuletzt aufgerufen: 13.07.2022).

Tamerl-Lugger, Gerlinde (2017): Michelangelos Non-Finito. Universität Insbruck (Diss.). URL: https://diglib.uibk.ac.at/ulbtirolhs/download/pdf/2217622?originalFilename=true (zuletzt aufgerufen: 18.11.2021).

Thibaut, Mattias (1990): Sich-selbst-Erzählen. Schreiben als poetische Lebenspraxis. Untersuchungen zu diaristischen Prosatexten von Goethe, Jean-Paul, Dostojewski, Rilke und anderen. Stuttgart: Hans-Dieter Heinz, Akademischer Verlag Stuttgart [Rh. Stuttgarter Arbeiten zur Germanistik Nr. 239].

Thienemann-Verlag (2022): Davide Morosinotto beschließt seine außergewöhnliche Roman-Trilogie. In: Presseinformation. Der Ruf des Schamanen. URL: https://www.thienemann.de/fileadmin/Thienemann-Esslinger.de/Verlag/Presse_und_Blogger/Pressemeldungen/Presse mappe_Morosinotto_Der-Ruf-des-Schamanen.pdf (zuletzt aufgerufen: 06.06.2024).

Ders. (2022a): Davide Morosinotto. URL: https://www.thienemann.de/autor/davide-morosinotto-1712 (zuletzt aufgerufen: 05.02.2024).

Ders. (2022b): Verloren in Eis und Schnee. URL: https://www.thienemann.de/produkt/verloren-in-eis-und-schnee-isbn-978-3-522-20251-0 (zuletzt aufgerufen: 05.02.2024).

Ders. (2022c): Auf den Spuren von Laila und El Rato. URL: https://www.thienemann.de/blog/auf-den-spuren-von-laila-und-el-rato (zuletzt aufgerufen: 05.02.2024).

Tietmeyer, Elisabeth/Claudia Hirschberger/Karoline Noack/Jane Redlin (Hgg.) (2010): Die Sprache der Dinge. Kulturwissenschaftliche Perspektiven auf die materielle Kultur. Münster und New York: Waxmann.

Töns, Andreas (1998): „Nur mir gegenübergestellt" – Ich-Fragmente im Figurenfeld. Reduktionsstufen des Doppelgängermotivs in Kafkas Erzählprosa. Bern: Peter Lang.

Tretjakow, Sergej [1929]: Biographie des Dings. Deutsch von Ruprecht Willnow. Reihe Arbeitsblätter für die Sachbuchforschung. Hrsg. vom Forschungsprojekt „Das populäre deutschsprachige Sachbuch im 20. Jahrhundert". Berlin und Hildesheim 2007, S. 4–8. URL: https://edoc.hu-berlin.de/bitstream/handle/18452/6147/12.pdf?sequence=1&isAllowed=y: (zuletzt aufgerufen: 07.11.2023).

Tyrolia Verlag (2021): Pressetexte: Nils Mohl / Regina Kehn: An die, die wir nicht werden wollen. URL: www.tyroliaverlag.at (zuletzt aufgerufen: 05.06.2024).

Unglaube, Tomas (2018): Verloren in Eis und Schnee. Die unglaubliche Geschichte der Geschwister Danilow – von Davide Morosinotto. In: Arbeitskreis Zukunft braucht Erinnerung (Hg.): Zukunft braucht Erinnerung. Das Online-Portal zu den historischen Themen unserer Zeit. 19.10.2018. URL: https://www.zukunft-braucht-erinnerung.de/verloren-in-eis-und-schnee-von-davide-morosinotto/ (zuletzt aufgerufen: 13.07.2022).

Van der Stroom (1993): Die Tagebücher, „Het Achterhuis" und die Übersetzungen. In: Rijksinstituut voor Oorlogsdocumentatie, Niederländisches Staatliches Institut für Kriegsdokumentation (Hg.): Die Tagebücher der Anne Frank. Aus dem Niederländischen von Mirjam Pressler, Frankfurt am Main: S. Fischer, S. 67–89.

Vogelsang, Claus (1971): Studien über Diarium und diaristische Elemente in der Literatur. Universität Berlin, Dissertation.

Voß, Torsten (2019): Kunsttheorie, Autor- und Zeitgenossenschaft in Fragmenten paratextuell pointiert. In: LiLi – Zeitschrift für Linguistik und Literaturwissenschaft H. 49, S. 569–582, URL: https://doi.org/10.1007/s41244-019-00148-w (zuletzt aufgerufen: 14.12.2021).

Wagner, Roy (1991): The Fractal Person. In: Maurice Godelie/Marilyn Strathern (Hgg.): Big Men and Great Men: Personifications of Power in Melanesia. Cambridge: Cambridge UP, S. 159–173.

Weiß, Johannes (2015): Das frühromantische Fragment. Eine Entstehungs- und Wirkungsgeschichte. Paderborn: Wilhelm Fink [Laboratorium Aufklärung Bd. 27].

White, Eric (2004): Revolutionary Sequence: Brian Wilson Presents Smile at Royal Festival Hall, 21.02.2004. URL: http://earcandy_mag.tripod.com/smileliveRFH2-21-04.htm (zuletzt aufgerufen: 23.03.2022).

Wild, Gerhard (1999): „Der Stil des Kaputten". Fragment und Zitat in der Musik der Jahrhundertwende. In: Camion, Arlette et al. (Hgg.): Über das Fragment – Du fragment. Band IV der Kolloquien der Universitäten Orléans und Siegen. Heidelberg: Universitätsverlag C. Winter, S. 260–271.

Wilpert, Gero von (1979): Sachwörterbuch der Literatur. 6., verb. u. erw. Aufl., Stuttgart: Kröner.

Wuthenow, Ralph-Rainer (1990): Europäische Tagebücher. Eigenart - Formen - Entwicklung. Darmstadt: Wissenschaftliche Buchgesellschaft.

Zinn, Ernst (1959): Fragment über Fragmente. In: Josef Adolf Schmoll gen. Eisenwerth (Hg.): Das Unvollendete als künstlerische Form. Ein Symposium. Bern und München: Francke, S. 165–175.

# Verzeichnis der Abbildungen

| Abb. | Titel | Quelle |
|---|---|---|
|  | Umschlagabbildung: ©Jentgens 2023 | Stephanie Jentgens, Foto aufgenommen bei der Performance von Francesco Marzano im Folkwang Museum 2023 |
| 1 | Francesco Marzano, Foto: Jentgens, Essen 2023 | Stephanie Jentgens, Foto aufgenommen bei der Performance im Folkwang Museum 2023 |
| 2 | Alltagsfragment, Foto: Jentgens 2023 | Stephanie Jentgens 2023 |
| 3 | Schematische Übersicht über die verschiedenen Versionen von Anne Franks Tagebüchern, angelehnt an van der Stroom 1993: 70 | Stephanie Jentgens nach Van der Stroom 1993: 70 |
| 3a | ©Sabine Sadžakov 2023 | Aquarell von Sabine Sadžakov 2023 |
| 4 | Internationale Ausgaben, Foto: Jentgens, aufgenommen im Anne Frank Haus, Amsterdam 2022 | Stephanie Jentgens, Anne Frank Haus, Amsterdam 2022 |
| 5 | Materialitätsgrafik zu: Frank 1942, Tagebuch 1: Cover, ©ANNE FRANK FONDS Basel, Beschriftung: Jentgens 2024 | Anne Frank Fonds Basel |
| 6 | Frank, Tagebuch 1: 91, 91a, 91b, aus: RVO 1993: 182, 184, ©ANNE FRANK FONDS Basel | aus: Rijksinstituut voor Oorlogsdocumentatie [RvO], Niederländisches Staatliches Institut für Kriegsdokumentation (1993): Die Tagebücher der Anne Frank. Aus dem Niederländischen von Mirjam Pressler, Frankfurt am Main: S. Fischer, S. 182, 184, Anne Frank Fonds Basel |
| 7 | Frank, Tagebuch 2: 28, 29, aus: RVO 1993: 174, ©ANNE FRANK FONDS Basel | ebd.: 174, Anne Frank Fonds Basel |

| Abb. | Titel | Quelle |
|---|---|---|
| 8 | Frank, Tagebuch 3: Vorsatzblatt, aus: RVO 1993: 696, ©ANNE FRANK FONDS Basel | ebd.: 696, Anne Frank Fonds Basel |
| 9 | Frank, Het achterhuis: 85, aus: RVO 1993: 355, ©ANNE FRANK FONDS Basel | ebd.: 355, Anne Frank Fonds Basel |
| 10 | Materialitätsgrafik zum Schutzumschlag der italienischen Originalausgabe, ©Mondadori 2017, Beschriftung: Jentgens 2024 | https://www.amazon.de, Beschriftung: Stephanie Jentgens |
| 11 | Materialitätsgrafik zum Cover der deutschen Ausgabe, ©Thienemann 2018, Beschriftung: Jentgens 2024 | https://www.amazon.de, Beschriftung: Stephanie Jentgens |
| 12 | Cover der italienischen Ausgabe, ©Mondadori 2017 | Morosinotto, Davide (2017): La sfolgorante luce di due stelle rosse. Mondadori, Foto: Stephanie Jentgens |
| 13 | Schutzumschlag der italienischen Ausgabe, Rückseite ©Mondadori 2017 | ebd., Foto: Stephanie Jentgens |
| 14 | Buchdeckel der deutschen Ausgabe, Rückseite ©Thienemann 2018 | Morosinotto, Davide (2018): Verloren in Eis und Schnee. Thienemann, Foto: Stephanie Jentgens |
| 15 | Schreibtisch von Smirnow, ©Mondadori, Morosinotto 2017: 8 f. | aus: Morosinotto, Davide (2017): La sfolgorante luce di due stelle rosse. Mondadori, S. 8 f., Foto: Stephanie Jentgens |
| 16 | Spiralheft, ©Mondadori, Morosinotto 2017: 13 | ebd.: 13, Foto: Stephanie Jentgens |
| 17 | Kinder mit Gasmasken, ©Mondadori, Morosinotto 2017: 47 | ebd.: 47, Foto: Stephanie Jentgens |
| 18 | Coverabbildungen internationaler Ausgaben: englisch, französisch, niederländisch, dänisch, galizisch (von links nach rechts) | https://www.amazon.de |

## Verzeichnis der Abbildungen

| Abb. | Titel | Quelle |
|---|---|---|
| 19 | Flugblatt, ©Mondadori, Morosinotto 2017: 43 | aus: Morosinotto, Davide (2017): La sfolgorante luce di due stelle rosse. Mondadori, S. 43, Foto: Stephanie Jentgens |
| 20 | Materialitätsgrafik zu ©Mohl, Tyrolia, 2022, Cover und Rückseite mit Klappentext, Foto und Beschriftung: Jentgens 2024 | Mohl, Nils (2022): An die, die wir nicht werden wollen. Tyrolia, Fotos und Beschriftung: Stephanie Jentgens |
| 21 | ©Mohl, Tyrolia, 2022: 37 | aus: Mohl, Nils (2022): An die, die wir nicht werden wollen. Tyrolia, S. 37 |
| 22 | ©Kehn, in: Mohl, Tyrolia 2022: 148 | ebd.: 148 |
| 23 | ©Kehn, in: Mohl, Tyrolia, 2022: [7] | ebd.: [7] |
| 24 | ©Kehn, in: Mohl, Tyrolia, 2022: 30 f. | ebd.: 30 f. |
| 25 | ©Mohl, Tyrolia, 2022: 122 | ebd.: 122 |

## Kinder- und Jugendkultur, -literatur und -medien
## Theorie – Geschichte – Didaktik

Herausgeber: Prof. Dr. Hans-Heino Ewers, Prof. Dr. Gabriele von Glasenapp und Prof. Dr. Michael Staiger

Die Bände 1-99 finden Sie auf unserer Webseite unter
https://www.peterlang.com/view/serial/KJLM

Band 100  Margarete Hopp: Sterben, Tod und Trauer im Bilderbuch seit 1945. 2015.

Band 101  Iris Schäfer: Von der Hysterie zur Magersucht. Adoleszenz und Krankheit in Romanen und Erzählungen der Jahrhundert- und der Jahrtausendwende. 2015.

Band 102  Christine Ansari (Hrsg.): Adoleszenz in Medienkontexten. Literaturrezeption, Medienwirkung und Jugendmedienschutz. 2016.

Band 103  Susann Sophie Schmitt: Nachwuchs für die Literatur. Kinder- und Jugendprogramme ausgewählter Literaturhäuser Deutschlands, Österreichs und der Schweiz. 2016.

Band 104  Hans-Heino Ewers (Hrsg.): Erster Weltkrieg: Kindheit, Jugend und Literatur. Deutschland, Österreich, Osteuropa, England, Belgien und Frankreich. 2016.

Band 105  Nina Holst / Iris Schäfer / Anika Ullmann (eds./Hrsg.): Narrating Disease and Deviance in Media for Children and Young Adults / Krankheits- und Abweichungsnarrative in kinder- und jugendliterarischen Medien. 2016.

Band 106  Agnes Blümer: Mehrdeutigkeit übersetzen. Englische und französische Kinderliteraturklassiker der Nachkriegszeit in deutscher Übertragung. 2016.

Band 107  Michael Stierstorfer: Antike Mythologie in der Kinder- und Jugendliteratur der Gegenwart. Unsterbliche Götter- und Heldengeschichten? 2017.

Band 108  Philippe Clermont / Danièle Henky (éds.): Littérature de jeunesse: la fabrique de la fiction. 2017.

Band 109  Liping Wang: Figur und Handlung im Märchen. Die „Kinder- und Hausmärchen" der Brüder Grimm im Licht der daoistischen Philosophie. 2., überarbeitete Ausgabe. 2017.

Band 110  Peter Langemeyer / Karen Patrick Knutsen (eds.): Narratology Plus: Studies in Recent International Narratives for Children and Young Adults / Narratologie Plus – Studien zur Erzählweise in aktueller internationaler Kinder- und Jugendliteratur. 2017.

Band 111  Stephanie Robertson: Children of the "Volk". Children's Literature as an Ideological Tool in National Socialist Germany. 2018.

Band 112  Nicolas Rouvière (éd.): Enseigner la littérature en questionnant les valeurs. 2018.

Band 113  Ute Dettmar / Ingrid Tomkowiak (Hrsg.): Spielarten der Populärkultur. Kinder- und Jugendliteratur und -medien im Feld des Populären. 2019.

Band 114  Nadine Seidel: Adoleszenz, Geschlecht, Identität. Queere Konstruktionen in Romanen nach der Jahrtausendwende. 2019.

Band 115  Kodjo Attikpoé: Les pouvoirs de la littérature de jeunesse. 2018.

Band 116 Alain Belmond Sonyem: Kinder- und Jugendliteratur als Gegendiskurs? Afrikavorstellungen in neueren deutschen und deutsch-afrikanischen Kinder- und Jugendbüchern (1990-2015). 2019.

Band 117 Philippe Clermont / Danièle Henky (éds.) : Transmédialités du conte. 2019.

Band 118 Nadine Bieker: Erzählanfänge und Erzählschlüsse im Adoleszenzroman. 2019.

Band 119 Daniela A. Frickel / Andre Kagelmann / Andreas Seidler / Gabriele von Glasenapp (Hrsg.): Kinder- und Jugendmedien im inklusiven Blick. Analytische und didaktische Perspektiven. 2020.

Band 120 Ramona Herz-Gazeau / Katrin Link (Hrsg.): Kinder- und Jugendliteratur im universitären DaF-Unterricht. 2019.

Band 121 Hans-Heino Ewers (Hrsg.): Michael Ende. Zur Aktualität eines Klassikers von internationalem Rang. 2020.

Band 122 Beate Sommerfeld / Eliza Pieciul-Karmińska / Michael Düring (Hrsg.): Kulturelle Diversität in der Kinder- und Jugendliteratur. Übersetzung und Rezeption. 2020.

Band 123 Veljka Ruzicka Kenfel / Juliane House (eds.): Death in Children's Literature, and Cinema, and its Translation. 2020.

Band 124 Ludger Scherer (Hrsg.): Märchenfilme diesseits und jenseits des Atlantiks. 2020.

Band 125 Joanna Dybiec-Gajer / Agnieszka Gicala (eds.): Mediating Practices in Translating Children's Literature. Tackling Controversial Topics. 2021.

Band 126 Stephanie Jentgens: Essayistisches Schreiben in der Kinder- und Jugendliteratur. 2021.

Band 127 Gianna Dicke: Metafiktion in der erzählenden Kinder- und Jugendliteratur. Entwicklung, Formen und Funktionen. 2023.

Band 128 Frank Münschke: Außenseiterfiguren im Jugendfilm. Theorie – Geschichte – Analyse. 2023.

Band 129 Veljka Ruzicka Kenfel / Raffaella Tonin (eds.): Aproximación poliédrica a la cuestión del género en la literatura infantil y juvenil. 2024.

Band 130 Stephanie Jentgens: Das Fragment in der Kinder- und Jugendliteratur. Am Beispiel diaristischer Texte. 2024.

www.peterlang.com

Printed by
CPI books GmbH, Leck